es 1977

edition suhrkamp

Neue Folge Band 977

In der politischen Diskussion dient der Begriff »Individualisierung« inzwischen in allen Lagern als Schlüssel zur Erklärung der grundlegenden Veränderungen innerhalb der Gesellschaft. Es existieren keine allgemein verbindlichen Standards mehr, jeder Mensch muß seine Biographie nach eigenen Motiven ausrichten. Wie aber läßt sich das Abgleiten dieser Individualisierung in einen gesellschaftlich zerstörerischen Egoismus verhindern? Wie können in einer sich individualisierenden Gesellschaft die für jedes Zusammenleben notwendigen Gemeinsamkeiten entstehen? Wie kann verhindert werden, daß die Gesellschaft in nicht mehr auflösbare Interessenkonflikte gerät, die nur durch Zwang beizulegen wären?

Was hält die moderne Gesellschaft zusammen?

Herausgegeben von
Erwin Teufel

Suhrkamp

edition suhrkamp 1977
Neue Folge Band 977
Erste Auflage 1996

Erstausgabe

Satz: Gutfreund, Darmstadt
Druck: Nomos Verlagsgesellschaft, Baden-Baden
Umschlagentwurf: Willy Fleckhaus
Printed in Germany

2 3 4 5 6 – 01 00 99 98 97 96

Inhalt

IX. Was können wir hoffen, was müssen wir tun? Die Verantwortung gesellschaftlicher Gruppen für unsere Zukunft

X. Den Wertewandel nicht beklagen, sondern gestalten – Chancen und Aufgaben der Politik

Vorwort des Herausgebers

Der technologische und wirtschaftliche Wandel greift immer stärker in das Leben von immer mehr Menschen ein. Beeinflußt dadurch und parallel dazu lockern sich traditionelle Bindungen, lösen sich einst festgefügte Milieus zunehmend auf, wird unsere Gesellschaft mobiler, pluralistischer. Parteien, Kirchen, Gewerkschaften, Verbände verlieren an Zustimmung, an Mitgliedern.

Immer mehr Vereine haben heute Schwierigkeiten, genügend Mitglieder, vor allem auch junge Menschen, zu finden, die zum ehrenamtlichen Engagement bereit sind. Fast jeder hat in den vergangenen Jahren in der Heimatzeitung lesen können, daß ein Verein keinen Vorsitzenden, keine Übungsleiter finden konnte.

Dies sind nur einige Indizien für den Umbruch unserer Gesellschaft. Sie reichen vom Rückzug ins Private, von der vielbeschworenen »Politikverdrossenheit«, den hohen Scheidungsziffern, über die niedrige Geburtenrate, die Zunahme von Kriminalität und Korruption bis zur Gewalt gegen Ausländer oder Behinderte oder den Zulauf zu radikalen Protestparteien.

Die Aufklärung hat uns die Freiheit und Autonomie des Individuums gebracht und damit die unverzichtbare Voraussetzung für freiheitliche Demokratie und pluralistische Gesellschaft. Sie hat die geistigen Kräfte entfesselt, die notwendig waren, um die Menschen aus unwürdigen Abhängigkeiten zu befreien, so daß aus rechtlosen Untertanen selbstbestimmte Individuen wurden.

Mit dem Zusammenbruch des Kommunismus haben wir eine Zeitenwende erlebt. Die Zeitenwende geht tiefer als es die Zäsur von 1989 vermuten läßt. Bevor die Mauer fiel, ging das Erinnern zurück auf das Jahr 1789, auf die Französische

Revolution. Zweihundert Jahre Staat und Gesellschaft im Geiste der Aufklärung liegen hinter uns. Ihre Verheißung war, die Menschen von den alten Abhängigkeiten zu befreien. Der Marxismus hat dann, ein halbes Jahrhundert später, die Aufklärung nur radikalisiert, indem er den Menschen und den Völkern versprach, nicht nur die alten Abhängigkeiten, sondern auch die neuen Ungerechtigkeiten zu überwinden. Diese menschenfeindliche Utopie ist sichtbar und weltweit gescheitert.

Was aber ist mit jenen ursprünglichen Versprechen der Aufklärung? Eine eher skeptische Betrachtungsweise läßt sich am Bedeutungswandel ablesen, den so zentrale Begriffe wie Selbstverwirklichung und Individualisierung erfahren haben. Sie haben heute einen anderen Klang als noch vor wenigen Jahren. Sie haben ihren Zauber, ihren selbstverständlichen Optimismus verloren. Gestern noch eine große Verheißung, beschreiben diese Begriffe heute auch die Verluste an Sinn und Orientierung, an Ideen und Zielen, für die es sich zu engagieren lohnt. Zugespitzt könnte man fragen: Frißt jetzt die Aufklärung ihre Kinder?

Es war eine bittere und eine für viele unerwartete Lektion: Individualisierung macht nicht nur frei, sondern auch unsicher, und Gemeinschaften sind nicht nur Bindung und Begrenzung, sie stiften auch Geborgenheit und Chancen. Und so läßt sich fragen: Wie können wir das positive Erbe der Aufklärung, die Menschenrechte und Bürgerfreiheiten bewahren und gleichzeitig erkennbare Fehlentwicklungen verhindern und korrigieren?

Die Menschen – so hat man den Eindruck – sind manchmal ratlos gegenüber der Vielzahl der Möglichkeiten, die ihnen die freiheitliche Gesellschaft eröffnet. Viele sind auf der Suche nach Orientierung und Identifikation.

Vor dem Hintergrund dieser Fragen und Probleme hat die baden-württembergische Landesregierung im April 1995 in Karlsruhe einen Kongreß unter dem Titel »Was hält die moderne Gesellschaft zusammen? Individualismus, Verantwortung, Gemeinschaft im 21. Jahrhundert« veranstaltet. Zu den Referenten gehörten Politiker verschiedener demokratischer Parteien sowie herausragende Repräsentanten aus Wissenschaft, Wirtschaft, Publizistik und Verbänden. Wie erhofft, erwies sich der Kongreß als Forum der grenzüberschreitenden Auseinandersetzung, der offenen Diskussion über politische Lager hinweg, ohne Denk- und Sprechverbote, ohne Scheuklappen, geprägt von dem Willen der Beteiligten, zuzuhören, aber auch Kontroversen auszutragen, die eigene Meinung engagiert vorzutragen, aber auch zu überprüfen.

Der vorliegende Band dokumentiert nahezu alle Referate, die auf dem Kongreß in Plenumssitzungen und Arbeitskreisen gehalten wurden. Die Autoren stellen die Frage, ob und wie ein neues Gleichgewicht zwischen Individuum und Gemeinschaft gefunden werden kann. Sie suchen nach Antworten darauf, wie in einer Gesellschaft, die durch ein hohes Maß an Wohlstand und Freiheit charakterisiert ist, Solidarität, Gemeinsinn und Selbstverantwortung erhalten und gestärkt werden können. Sie versuchen, Antworten zu geben auf die Frage, ob die Suche nach einem wertegebundenen Grundkonsens aller ein sinnloses und zum Mißerfolg verurteiltes oder ein notwendiges und aussichtsreiches Unterfangen ist.

Auch wenn allen Beiträgen die übergreifende Frage nach Integration und Orientierung gemein ist, fallen die Antworten, wie nicht anders zu erwarten, je nach Blickwinkel der Autoren unterschiedlich aus. Anhänger einer falsch verstandenen Sucht nach Harmonie mögen dies bedauern. Aber der Weg zum Konsens ist nur über das Austragen von Konflikten, die Offenlegung des (noch) bestehenden Dissenses möglich. Das vorliegende Buch ist deshalb nicht das Ende einer wichtigen und spannenden Debatte, sondern erst ihr Anfang.

Stuttgart, im Juni 1995 *Erwin Teufel*

I.

Was hält die moderne Gesellschaft zusammen?

Otfried Höffe
Individuum und Gemeinsinn – Thesen zu einer Sozialethik des 21. Jahrhunderts

Von den Fertigkeiten des Lebens unterscheidet sich die Moral wesentlich. Dort gibt es Experten, hier nur das, was das Titelwort »Gemeinsinn« ursprünglich bedeutet: ein uns allen gemeinsames Erkenntnisvermögen, einen Sensus communis oder Common sense. Moralphilosophen verstehen zwar, Begriffe und Argumente zu schärfen; überdies kennen sie die reiche philosophische Tradition; auch eignen sie sich aus beiden Gründen als Ratgeber. Experten im Sinne von Handwerkern, Ärzten und Juristen sind sie aber nicht. Und sie warnen davor, andere für derartige Experten zu halten. Für das Gute und Gerechte einer Gesellschaft gibt es zwar selbsternannte Propheten, aber keine wirklichen Fachleute.

Einer der nachdrücklich bescheidenen, von Grund auf demokratischen Philosophen ist Immanuel Kant. Für den Gemeinsinn stellt er drei Maximen auf. Mit ihrer Hilfe arbeiten wir uns vom Gemeinsinn qua Common sense zum Gemeinsinn qua Verantwortung fürs Gemeinwohl vor. Die Maximen lauten: »1. Selbstdenken; 2. An der Stelle jedes andern denken; 3. Jederzeit mit sich einstimmig denken« (»Kritik der Urteilskraft«, § 40; vgl. »Anthropologie«, 1. Buch, Ende).

1.

Wer schon heute über eine Ethik des nächsten Jahrhunderts redet, braucht kein Prophet zu sein. Denn nicht in allem sieht die Gesellschaftsordnung grundlegend anders aus; noch weniger ändert sich, was wir den Standpunkt der Moral nennen. Gegen anderslautende Thesen skeptisch, weiß die Philosophie, daß jede Gesellschaftsordnung aus Regeln besteht und aus dafür zuständigen, zwangsbefugten Instanzen. Weil Regeln die Handlungsfreiheit einschränken und weil die Instanzen personelle und finanzielle Kosten verursachen, mit anderen Worten: weil mit jeder Vergesellschaftung Pflichten einhergehen, stellt sich nicht erst in der Moderne, sondern schon immer die Legitimationsfrage. Das Muster der Antwort ist ebenfalls seit jeher dasselbe: Vernünftigerweise nimmt man jene Einschränkungen und Kosten auf sich, die sich per saldo lohnen. Zwei Beispiele: Kinder ersetzen in einfachen Gesellschaften die Rentenversicherung und liefern die Pflegeversicherung gleich mit. Und bei der Arbeit bringt die Kooperation die bekannten Vorteile von Arbeitsteilung und Spezialisierung.

In der internationalen Sprache der Wirtschafts- und Sozialwissenschaften, der Spieltheorie, formuliert, rechtfertigt sich eine Gesellschaft nur als ein klares Plus-Summenspiel. Bevor eine Gesellschaft Gemeinsinn einfordern darf, muß sie dem sozialethischen Prinzip der Subsidiariät genügen. Das heißt: Sozialeinheiten sind nicht in sich gerechtfertigt, sondern nur als *subsidium,* als Hilfe und Unterstützung für die Individuen.

Meine erste These: Eine moderne Gesellschaft ist zunächst einmal Gesellschaft wie jede andere: ein System der Kooperation, dessen Rechte und Pflichten sich lohnen müssen.

2.

Durch zwei Zusätze werden Gesellschaften modern. Der erste Zusatz betrifft die Methode gesellschaftlicher Legitimation, der zweite ihren Inhalt. Einerseits überläßt man die Legitimation nicht mehr der Tradition oder der Religion und schon gar nicht einer Führungselite. Um Mißverständnisse erst gar nicht aufkommen zu lassen, ergänze ich: Weder die

Religion noch die Tradition verlieren jede Bedeutung; ihnen gelingt aber nicht mehr eine letzte Legitimation. Gemäß Kants erster Maxime – Selbstdenken – muß jeder die Legitimation für sich nachvollziehen können, unabhängig davon, ob er sich zum Christentum, Judentum, Islam oder zum Atheismus bekennt.

Skeptiker gegen die Modernisierung fürchten, der Platz, der durch die relative Entmachtung von Religion und Tradition frei werde, bleibe unbesetzt. Die Folge sei ein Fiasko, jene vielbeklagten Pathologien, die auf eine »Anarchie aus Bandentum, Geiz und Korruption« hinauslaufen. Um zu sehen, daß das Defizit an Moral nicht aufs Konto der Moderne geht, daß im Gegenteil am Zerfall von Sitte, Recht und Ordnung schon vormoderne Gesellschaften leiden, braucht man nur die biblischen Propheten zu lesen. Und die Mißstände der noch religionsgeprägten Frühzeit der Moderne geißelt der Meßkircher Megerle, bekannt als Abraham a Sancta Clara. Im übrigen bleibt der freigewordene Platz nicht unbesetzt. Dem beim Menschen stets drohenden Egoismus tritt eine jetzt säkulare Moral entgegen. Den verschiedenen Epochen und Kulturen als »Goldene Regel« vertraut, gehört sie zum gemeinsamen Erbe der Menschheit, hält daher einer anderen Bedingung der Moderne, dem Pluralismus, stand. Der Kern dieser Moral führt nun zu einer Verschärfung der Bedingung »Plus-Summenspiel«.

Den Anlaß bildet eine Option, die die bisherigen Legitimationsinstanzen zugelassen haben, selbst die Religion, obwohl sie doch lehrt, alle Menschen seien von Gott gleich geschaffen. Es sind elementare Rechtsungleichheiten bis hin zur Unterdrückung von Minderheiten und zur Sklaverei. Die entsprechende Gesellschaft könnte so umsichtig organisiert sein – und Fogel (1989) behauptet: Für die Südstaaten der USA und Westindien traf es auch zu –, daß nicht bloß die Mehrheit bzw. die Herrenschicht, sondern die Gesamtgesellschaft einen Per-saldo-Vorteil erzielt. Dagegen verlangt die

Moderne, was in Kants zweiter Maxime – an der Stelle jedes andern denken – anklingt: Nicht in jedem Augenblick, aber auf Dauer darf sich die Gesellschaft nicht bloß kollektiv, sie muß sich distributiv: für jeden einzelnen, lohnen.

Die Bedingung klingt nach universalem Egoismus und könnte an der Moderne Kritik provozieren. In Wahrheit verlangt sie nicht mehr, aber auch nicht weniger, als jedem einzelnen einen Eigenwert zuzubilligen, der auf keinen Fall, auch nicht im Namen fremden Wohlergehens, verletzt werden darf. Wer Pathos liebt, spricht von Menschenwürde; die Sozialethik sagt Personalität; und ein Vorbild nüchterner Ethik, Aristoteles, nennt denjenigen *eleutheros,* einen Freien, der nicht um eines anderen, sondern um seiner selbst willen lebt (*Metaphysik,* Kap. I, 2).

Wichtig ist der Zusatz: Ob Menschenwürde, ob Personalität oder die genannte Freiheit – sie gebühren jedem einzelnen. Erst dann verliert die Gesellschaft, was die längste Zeit in der Geschichte der Menschheit vorherrschte: einen Grundzug von Gewalt. Nur einer Gesellschaftsordnung, die für jeden ohne Ausnahme vorteilhaft ist, kann jeder ohne Ausnahme zustimmen. Konsens, hier: im Sinne von Einstimmigkeit, ist die Grundlage moderner Legitimation. Darin liegt Gerechtigkeit, ebenso einfach wie elementar: Wer die unvermeidbaren Lasten der Gesellschaft, ihre zwangsbefugten Regeln, mitträgt, hat ein Anrecht auf deren Nutzen.

Die Umkehrung gilt freilich auch: Wer die Vorteile der Gesellschaft in Anspruch nimmt, muß die Nachteile ebenfalls mittragen; er muß jene Pflichten erfüllen, ohne die die Vorteile gar nicht zustande kommen.

Die Tragweite dieser doppelten Modernisierung – andere sagen: Aufklärung – ist groß. Eine Gesellschaft, die Religion und Tradition als letzte Grundlage entmachtet, zwingt sich selber zur Anerkennung von Moral. Es wäre aber ein Mißverständnis zu glauben, die Anerkennung führe zu einer Moralisierung des Lebens. Eine zwangsbefugte Gesellschaft ist nicht für die Gesamtmoral zuständig, weder für die Moral des guten Lebens noch für jene Mehrforderungen, die, der philosophischen Tradition als Tugendethik bekannt, dem Christen in der Bergpredigt entgegentreten. Anzuerkennen ist lediglich eine Elementarmoral, die Gerechtigkeit oder Rechtsmoral, die jeden Menschen ohne Ansehen von Rang und Macht für elementar gleich hält.

These 2: In der Anerkennung von Moral, freilich einer bescheidenen Moral – »für jeden vorteilhaft« –, liegt der Preis der Moderne.

3.

Einwenden wird man, die Bedingung »für jeden vorteilhaft« sei zu streng. In der Tat fallen unsere gewöhnlichen Interessen so vielfältig aus, daß Einstimmigkeit eine Illusion ist, allenfalls durch Gewalt erzwungen wird. Trotzdem gibt es derartige Interessen, sogar in pluralistischen Gesellschaften. Sie sind nur so elementar, daß man sie unter günstigen Umständen einfach übersieht. Ich meine jene höherrangigen Interessen, die ich als Fachphilosoph »transzendental« nenne und die der Sache nach in »conditions of agency«, in unverzichtbaren Bedingungen für Handlungsfähigkeit, bestehen. Ein klares Beispiel bietet die Integrität von Leib und Leben. Manche sind zwar bereit, ihr Leben zu opfern: für ihre Kinder, für ein religiöses oder ein politisches Ideal. Derartige Märtyrer wollen aber selbst entscheiden, wofür sie ihr Leben opfern, womit auch sie das Leben in einer bestimmten Hinsicht für unverzichtbar halten. Ebenso trifft die Bedingung »Wechselseitigkeit« zu; gesichert wird die Integrität von Leib und Leben durch allseitigen Gewaltverzicht.

Es gibt andere, ähnlich unverzichtbare und zugleich auf Wechselseitigkeit angewiesene Interessen. Eine genaue Liste können wir uns ersparen; das Stichwort »Menschenrechte«

genügt. Allerdings taucht ein neuer Einwand auf: Wenn alles diesem Muster folgt, wenn die Gesellschaft sich stets und überall für jeden lohnt, dann wird sie zu einem reinen Markt, auf dem alles nach Maßgabe von Adam Smith' unsichtbarer Hand abläuft. Auf seiten der Gesellschaft bräuchten wir keine zwangsbefugten Instanzen und auf seiten der Bürger weder Verantwortung noch Gemeinsinn.

Dagegen spricht vieles, zum Beispiel das Phänomen der phasenverschobenen Wechselseitigkeit. Bleiben wir bei der Rentenversicherung einfacher Gesellschaften, dem stillschweigenden Eltern-Kinder-Vertrag. Weil die Kinder die Hilfe im wesentlichen erst erwidern, wenn die Eltern alt geworden sind, besteht jene Gefahr, die bei öffentlichen Verkehrsmitteln Schwarzfahren heißt. Man genießt den Vorteil einer Kooperation und drückt sich um den Preis. Die einfachen Gesellschaften wirken dem mit Tabus, strengen Sitten und Institutionen entgegen, die modernen Gesellschaften fast nur mit Institutionen, namentlich dem demokratischen Rechts- und Verfassungsstaat. Indem dieser mithilft – allein kann er es nicht –, daß sich das Schwarzfahren nicht lohnt und die anderen als die Dummen dastehen, sorgt er für elementare Gerechtigkeit. Diese auch künftig gültige Einsicht konkretisiert Kants erste zwei Maximen.

Dritte These: Für einen Zusammenhalt in elementarer Gerechtigkeit sorgen auch im nächsten Jahrhundert Institutionen, vor allem der demokratische Rechts- und Verfassungsstaat.

Ich weiß, die These ist eine gesellschaftstheoretische Binsenwahrheit. Vier Anmerkungen belegen ihr bleibendes Gewicht: Erstens droht ein sozialpsychologisches Phänomen, das in der Fachsprache »hedonische Diskontierung« heißt. Gemeint ist etwas Einfaches: Sobald Vorteile wie selbstverständlich zustande kommen, ohne Mühe und Unsicherheit, verlieren sie an subjektivem Wert. Nach dem Grundsatz »Die Gesundheit weiß nicht der Gesunde am besten zu schätzen, wohl aber der Kranke« schaue man, um den Wert eines Rechtsstaates wieder zu schätzen, auf das ehemalige Jugoslawien, außerdem vergesse man nicht die totalitären Staaten unseres Jahrhunderts. Im übrigen gibt es Erosionen der Rechtssicherheit auch bei uns, sowohl in der spektakulären Form von Terroranschlägen als auch in trivialer Form: Die Gefahren, die man früher in der wilden Natur fürchtete, drohen heute in vielen Großstädten. Nicht zuletzt gibt es den Versuch, gewisse Aufgaben der Rechtssicherheit nur gegen Rechnung zu übernehmen, also die Rechtssicherheit nicht mehr als einen uneingeschränkten Anspruch anzuerkennen.

Zweitens: Dem Schutz der Menschenrechte dienen Strafrechtsbestimmungen wie die Verbote, zu töten und zu stehlen, die so gut wie alle Rechtskulturen erlassen, lange vor dem Dekalog beispielsweise der Kodex Hammurabi. Diese zweite Erinnerung an ein Rechtserbe der gesamten Menschheit erleichtert der pluralistischen Gesellschaft die Anerkennung. Gefährdet wird das gemeinsame Rechtserbe oft erst später, durch absolutistische Staaten oder durch intolerante Religionen, nicht selten durch beider Zusammenwirken.

Das Recht – meine dritte Anmerkung – hat für die Gesellschaft den Rang einer elementaren (Teil-)Grammatik. Diese kann vielschichtig sein; auch unterliegt sie dem Wandel. Wie die jeweils geltende Grammatik allseits verbindlich ist, so ist aber eine auch noch so pluralistische Gesellschaft zunächst einmal, von der Rechtsordnung her, nicht multikulturell, sondern unikulturell.

Meine letzte Anmerkung: Wenn das Wort stimmen sollte, was manchen so leicht von den Lippen geht, wenn tatsächlich jene Weltgesellschaft im Entstehen ist, in der wir Weltbürger sein können, dann müssen endlich *in* allen und darüber hinaus *zwischen* allen Staaten Rechtsverhältnisse einkehren. Für den zweiten, internationalen Anteil ist ein globaler Gemeinsinn verlangt, der nach Ende des Kalten Krieges mit jener Aufgabe ernst macht, die Kant in der Schrift *Zum ewigen Frieden* behandelt (vgl. Höffe 1995). Ein so wichtiger Text feierte Ende September 1995 sein zweihundertjähriges Jubiläum. Sollte einem Land, das nach zwei Weltkriegen einmal 50 Jahre Frieden genießt, sollte *uns* ein derartiges Datum nicht mehr wert sein als irgendeine akademische Veranstaltung? Warum steht auf der Agenda der großen Gedenktage dieses Jahres nicht Kant; warum verbinden sich nicht Philosophie, Medien und Politik und setzen in Kants Namen ein globales friedenspolitisches Zeichen?

4.

Es versteht sich, daß eine konkrete Gesellschaft mehr als den Schutz von Menschenrechten braucht. Manche Gesellschaft stützt sich bis heute auf Feindbilder oder auf ein Gefühl moralischer Überlegenheit über den Nachbarn. Andere Gesellschaften leben aus den ruhmreichen Anteilen ihrer Vergangenheit und hüllen die nicht so ruhmreichen Anteile in einen Mantel des Schweigens. Mündige Gesellschaften verzichten auf die erste Option ganz und nehmen an der zweiten Option kräftige Korrekturen vor. Trotzdem müssen weder ihre Bindekräfte verarmen noch die Möglichkeit, in ihrem Rahmen ein sinnerfülltes Leben zu führen.

Die noch immer gelebten, auch vernünftigen Gemeinsamkeiten beginnen damit, daß Rechtstexte nicht in mathematischen Formeln, sondern in Französisch, Englisch oder Deutsch formuliert sind. In der jeweils selben Sprache wird im Parlament und der Öffentlichkeit debattiert, mit dem Hintergrund einer bestimmten Rechtstradition, die ihrerseits mit der philosophischen, literarischen und sozialen Kultur vielfältig interferiert.

Mit der Sprache beginnt der Kosmos universaler Partikularismen. Universal sind die Elemente, weil jede Gesellschaft sie braucht, partikular, weil sie – bald mehr, bald weniger – in einer eigentümlichen Gestalt entwickelt werden. In der Vielfalt universaler Partikularismen liegt übrigens ein Reichtum Europas. Ein Gemeinsinn, der sich fürs Gemeinwohl einsetzt, hat eine Schicht, die grundlegender als die Bereitschaft ist, ein öffentliches Amt zu übernehmen oder Mäzen zu werden.

Mit Blick auf die deutsche Philosophie und Literatur hat ein Franzose, Gérard de Nerval, gesagt, Deutschland sei »unser aller Mutter«. Wer die Nachkriegsphilosophie in Frankreich kennt, die dortige Bedeutung von Hegel, Husserl und Heidegger, ferner von Kant und Nietzsche, kann das schmeichelhafte Wort nachvollziehen. Ein Gemeinsinn, zumal ein zukunftsverpflichteter, die vielbeschworene Verantwortung für künftige Generationen, geht mit den Worten – Kulturnation, Volk der Dichter und Denker – sparsam um, nimmt die Sache selbst aber ernst und engagiert sich für die Sprache und Kultur der eigenen Gesellschaft. Und ein Gerechtigkeitsgefühl bemüht sich, den künftigen Generationen beides, gewissermaßen das Kapital an Sprache und Kultur, mindestens ebenso reich zu hinterlassen, wie man es ererbt hat.

Einen zukunftsorientierten Gemeinsinn pflegt beispielsweise eine Universitätsreform, der der Präsident einer nordamerikanischen Universität ein Wunder bescheinigt. Die Humboldtsche Reform, sagt Steven Muller, bringt »genau diejenige Universität hervor, die den Erfordernissen des modernen Industrie-Zeitalters entspricht.« Einen zukunftsorientierten Gemeinsinn pflegt auch eine Gesellschaft, die ihren Wohnbedarf nicht mit neuen Stadtquartieren deckt, die wie das Märkische Viertel die Größe einer deutschen Mittelstadt erreichen und hinsichtlich der sozialen und kulturellen Infrastruktur – von Gaststätten und Kinos bis zu Sportplätzen, Kindergärten und Schulen – unter dem Niveau verarmter Dörfer bleiben. Auch bei Schulen und Hochschulen übersieht man gern, daß es eine Architektur gibt, die die Entfaltung von Gemeinsinn erleichtert, während eine andere ihn erschwert. Ebensowenig darf man vergessen, Orte freien Begegnens und Verweilens zu schaffen, öffentliche Plätze und Parks wie den Englischen Garten.

Schließlich dürfte zu diesem Gemeinsinn die Bereitschaft gehören, den interessierten Nachbarn die eigene Sprache und Kultur zu vermitteln. Beide haben ja einen unschätzbaren Vorteil: In der Regel wächst man mit nur einer Sprache und Kultur auf und kann sich doch dem anderen öffnen, ohne deshalb zu konvertieren. Man lernt fremde Sprachen und studiert andere Kulturen, ohne deshalb das Eigene aufgeben zu müssen. Soweit wir eine europäische Gesellschaft aufbauen, ist es kein Zeichen von Gemeinsinn, wenn wir, bewußt oder fahrlässig, die Hegemonie einer anderen Sprache zulassen, wohl aber wenn wir umfassende Fremdsprachenkenntnisse fördern.

These 4: Mit der Wirtschaft verdient die Gesellschaft ihren Lebensunterhalt; ihren Zusammenhalt findet sie durch die Sprache, durch das Schul- und Hochschulwesen, durch eine Architektur für Gemeinsinn, durch Kunst, Wissenschaft und Philosophie. Zugleich schafft sie mit diesen Elementen einen grenzüberschreitenden Reichtum.

5.

Neben den universalen Partikularismen und zum Teil mit ihnen verquickt gibt es die gewöhnlichen, partikularen Partikularismen. Damit kommen wir zum auffallendsten, aber keineswegs wichtigsten Merkmal moderner Gesellschaften, zu ihrem Pluralismus. Ich bin mir nicht einmal sicher, ob er ein notwendiges Merkmal darstellt; Japan dürfte weniger pluralistisch als die USA sein und kaum aus genau diesem Grund weniger modern.

Bekanntlich hat der Pluralismus viele Eltern. Auf die konfessionelle Spaltung folgt das Interesse an freiem Handeln und Gewerbe, auf beides die philosophische Idee der Toleranz; wichtig sind ferner die bürgerliche und die industrielle Revolution, in Deutschland weiterhin Flucht und Vertreibung, neuerdings, wieder generell, die großen Migrationen. Aus diesen Faktoren hat sich eine Vielfalt ergeben, die ihrerseits vielfältig ist: eine Pluralität nicht bloß der Bekenntnisse und Religionen, sondern auch der Gewohnheiten des Alltagslebens, der zugrundeliegenden Wertvorstellungen; und vor allem gibt es eine Fülle politikbestimmender Kräfte.

Diese Vielfalt ist nicht bloß ein Merkmal; sie hat einen Wert, der auf der Hand liegt. Der Pluralismus vermag, was homogene Gruppen nicht können, er weist einen Reichtum menschlicher Möglichkeiten aus. Er räumt unterschiedlichen Menschen die Freiheit ein, die ihnen zusagende Möglichkeit zu leben, und verbindet diese Freiheit, indem er sie allen gewährt, mit Gerechtigkeit. Trotzdem ist damit erst ein Teil der Wahrheit ausgesprochen, sogar nur ein Drittel. Der Pluralismus als Lebenselixier für Freiheit und Gerechtigkeit – das ist der irenische Begriff des Pluralismus, gewissermaßen sein Festredenbegriff. Europa hat lange gebraucht, bis es die pluralistische Koexistenz gelernt hat; außerdem gibt es noch immer grausame Rückschläge. Im Prinzip jedoch ist die Lektion gelernt; funktionierende Rechtsstaaten nehmen entsprechende Rückschläge in aller Schärfe, aber auch Nüchternheit als Kriminalität wahr.

Daß einer in die katholische, ein anderer in die evangelische Kirche geht, daß der dritte die Synagoge, der vierte die Moschee besucht und daß es die meisten nur auf den Fußballplatz, ins Kino oder vor den Fernsehapparat zieht – immerhin stehen laut Umfrage nur noch 14 % der deutschen Protestanten, allerdings noch 31 % der Katholiken ihrer Kirche nahe (Köcher 1995), nach *Economist* (1992) für Westdeutschland sogar nur insgesamt 13 % der Bevölkerung –, dieser Pluralismus fordert uns keine großartigen Koexistenzfähigkeiten mehr ab. Den Rahmen gibt der Rechts- und Verfassungsstaat vor; und die Bürgertugend, die den Rahmen mit Leben erfüllt, ist eine Toleranz der schlichten Form, das Gelten- und Gewährenlassen fremder Eigenart.

Wer von der Religion eine größere Bindekraft erhofft, sollte zur Kenntnis nehmen, was die Mitglieder einer Religionsgemeinschaft tatsächlich erwarten. Für die Mehrheit ist es in erster Linie die Möglichkeit, ihren Feiern einen würdigen Rahmen zu bieten. Das Gefühl, einer Gemeinschaft anzugehören, ist in den USA stärker lebendig, in Deutschland wird es nur noch einem Drittel (34 % Katholiken, 28 % Protestanten) vermittelt (vgl. Köcher 1995). Und daß es eine Gemeinschaft des Glaubens und der Liturgie sein könnte, erleben noch weniger. Dieses denn doch geringe Gewicht scheint umgekehrt proportional zu der internen Säkularisierung der Kirchen zu stehen. Sie übernehmen gesellschaftlich applaudierte Aufgaben, werden zu karitativen Dienstleistern – und relativieren jene Aufgaben, die ihnen keiner abnehmen kann, die Verantwortung für den Glauben, für persönliche Sinnstiftung und für Liturgie.

Im schwindenden Interesse an Religion und Kirche, verbunden mit der kircheninternen Säkularisierung, tritt der zweite Gesichtspunkt der pluralistischen Gesellschaft zutage: Das Gewährenlassen der Vielfalt geht häufig in ein Einebnen der Unterschiede, in neue Homogenisierungen und in Gleichgültigkeit über. Zu einem Großteil sind unsere Gesellschaften nur scheinbar pluralistisch. Die Kräfte der Homogenisierung sind durchaus sympathisch – vorausgesetzt, daß sich in einem freien Austausch von Gedanken und Interessen neue Gemeinsamkeiten entwickeln. Wie sieht es aber mit jenem Verlust regionaler Eigenarten aus – von der Küche bis zum Lebensstil –, der auf die Macht überregionaler Wirtschafts- und Medieninteressen zurückgeht?

Ein dritter Gesichtspunkt des Pluralismus ergibt sich aus jener anspruchsvolleren Form der Toleranz, die des anderen Lebensrecht und Entfaltungswillen bejaht. Sie setzt allerdings voraus, was mancherorts abhanden kommt: ein eigenes Profil. Aktive Toleranz baut auf einem Bewußtsein des eigenen Werts, auf Ich-Stärke, auf. Verbinden muß sich damit eine nicht bloß intellektuelle Neugier auf anderes, die Bereitschaft, sich in fremde Eigentümlichkeiten, Anschauungen und Lebensweisen einzufühlen.

Daß es an Toleranz gebricht, kann zwei Gründe haben. Immer noch gibt es Gruppen, die eine Überzeugung alleinseligmachender Wahrheit mit dem Anspruch auf eine aggressive Mission und der Bereitschaft zur Gewalt verknüpfen. Es sind jene teils religiösen, teils politischen »Fundamentalisten«, die im europäischen Christentum so gut wie ausgestorben sind, daher, vom Islam abgesehen, eher im Politischen fortleben. Diesen gewaltbereiten Gruppen müssen wir den zu Beginn genannten Prozeß der Modernisierung nicht nur zumuten; wir müssen ihn abverlangen. (Nur in Parenthese: In Richtung Islam wird diese Aufgabe sträflich vernachlässigt.) Anderen Gruppen hingegen fehlt die Toleranz, weil es ihnen an Ich-Stärke mangelt. Hier sollte man sich nicht in moralischer Entrüstung gefallen, sondern überlegen, woher der Mangel an Selbstwertgefühl kommt und wie man ihn am besten überwindet. Dann dürfte geschehen, was bei den meisten von uns der Fall gewesen ist: die Toleranz erwächst »wie von selbst«.

Die Tatsache, daß es im politischen Spektrum neben der Mitte auch Links und Rechts gibt und im religiösen Spektrum Liberal, Orthodox und Fundamentalistisch, wirft keine ernsten Schwierigkeiten auf, wohl aber der Umstand, daß eine Gruppe, welcher Überzeugung auch immer, sich das Privileg der Gewalt herausnimmt. Von manchem Nachbarland aus gesehen, wirken politische Debatten in Deutschland aggressiv. Als ich in der Schweiz lehrte, habe ich mir eine Frage vorgelegt, die man hierzulande lieber verdrängt: Könnte sich in der spracharmen Aggressivität mancher Gruppen nicht die sprachgewandte Aggressivität anderer widerspiegeln?

Pluralistische Gesellschaften kämpfen noch mit einer weit

gewöhnlicheren Schwierigkeit. Die verschiedenen Gruppen leben nicht einfach nebeneinander, vielmehr sucht jede Einfluß, das heißt: Aufmerksamkeit in den Medien, Mitsprache in der Politik, Subventionen vom Staat. Da nicht bloß das Geld notorisch knapp ist, muß auch um Aufmerksamkeit, muß auch um Mitsprache gekämpft werden. Die hier einschlägige Streitkultur braucht man nur noch in Festreden zu beschwören; denn das Recht zu streiten ist längst anerkannt. Woran es noch fehlt, ist zweierlei: einmal jene Kultur im Streit, die das Argument für wichtiger als das Rechthabenwollen hält, außerdem die Einsicht, daß nur dann außer Streit auch Kultur sich entwickelt, wenn die Beteiligten über in etwa gleich starke Waffen verfügen. In der Wirklichkeit sind aber manche Gruppen schon deshalb stark unterrepräsentiert, weil es an entsprechender Organisation fehlt. Die Mohammedaner dürften dazu gehören, was das fällige Gespräch über »Islam, Menschenrechte und Toleranz« erschwert. Andere Gruppen wiederum sind überrepräsentiert, teils aus kontingenten, teils aus strukturellen Gründen. Aus der Logik kollektiven Handelns (noch immer lesenswert: Olson 1968) wissen wir ja, daß sich manche Interessen grundsätzlich besser organisieren lassen als andere.

Hier braucht es eine Form von Gemeinsinn, für die wir noch gar nicht sensibel sind, einen Gemeinsinn auf seiten der Gruppen, selbst der Verbände. Bei Gruppen, die sich aufgrund besonderer Umstände oder aus strukturellen Gründen eines Übergewichts erfreuen, fordert dieser Gemeinsinn, sich im Namen des Gemeinwohls selber zurücknehmen. In der Regel bleibt jedoch die Forderung zur Selbsteinschränkung ein frommer Wunsch. Eine Alternative wären couragierte Medien und couragierte Politiker; aber auch sie beide haben ihre Klientel. Aus der pluralistischen Gesellschaft ist jedenfalls längst eine lobbyistische Gesellschaft geworden, ein Konzert vieler Kräfte, denen alles fehlt, was zu einem gelungenen Konzert gehört: ein Komponist, der die Stimmen, sprich:

Interessen und Kräfte, in ein Gleichgewicht bringt, und ein Maestro, der das Gleichgewicht dirigiert. Führungsschwach wie die lobbyistische Gesellschaft ist, trägt sie Züge der genannten »Anarchie aus Bandentum, Geiz und Korruption.«

These fünf: Pluralistische Gesellschaften verlangen nicht bloß Toleranz und Kompromißfähigkeit, sondern auch die gerechtigkeitsgebotene Fähigkeit, Macht und Einfluß gewisser Gruppen zu bändigen, anderer hingegen zu stärken.

6.

Vom Moralphilosophen erwartet man nur einen Appell für mehr Gemeinsinn. Die Sache ist aber zu wichtig, als daß der wohlklingende Appell genügte. Der Gemeinsinn verdient auch Überlegungen zur Frage, wie man ihn denn befördert.

Ein Kirchenvater der Moralphilosophie, der bis heute weltweit geschätzte Aristoteles, hat die erste je in Europa geschriebene Theorie des Geldes vorgelegt. Niemand Geringerer als Marx rühmt in diesem Zusammenhang das »Genie des Aristoteles« (*Das Kapital, MEW* Bd. 23, S. 74). Eine Philosophie des öffentlichen Geldes ist eine Philosophie der Steuern. Steuern dienen gemeinsamen Projekten, sind aber ein lebendiger Ausdruck von Gemeinsinn, aber realisiert in einer erzwungenen, überdies bürokratisch verwalteten Form. In der Bibel ist vom Zehnten die Rede, in Schwaben gibt es noch vielerorts die Zehntscheuer; unsere Abgabenquote beträgt 1960 33 %, schon vor der Vereinigung aber mindestens ein Drittel mehr. Deutschland darf sich rühmen, was die Öffentlichkeit lieber verschweigt: bei der Abgabenquote gehört das Land zur Weltspitze.

Moderne Gesellschaften sind Virtuosen eines verordneten Gemeinsinns geworden – und verdrängen die alternative Virtuosität, den freien Gemeinsinn, die Freigebigkeit als persönliche Einstellung. Die griechische Sprache ist hier erhellend;

sie sagt für Freigebigkeit *eleutheriotēs*. Wer an seinem Vermögen festklebt und eifersüchtig auf seine Vermehrung achtet, ist ein Krämer; Zeichen des *eleutheros*, des Freien, ist die Bereitschaft, anderen zu geben. (Der aktiven Toleranz dürfte übrigens eine analoge »innere Freiheit« zugrunde liegen.) Gewiß braucht eine Gesellschaft beides, neben dem freien auch den verordneten Gemeinsinn. Ich frage mich aber, ob wir das erforderliche Gleichgewicht nicht längst zugunsten des verordneten Gemeinsinns verloren haben.

These sechs, formuliert als Frage: Traut ein Staat, der die Freigebigkeit so massiv verordnet wie der unsrige, seinen Bürgern so wenig innere Freiheit zu?

Auf die Frage, was ihnen wichtiger sei, Freiheit oder Gleichheit, sprachen sich 1992 in den USA 20 % für Gleichheit und 72 % für Freiheit aus (Großbritannien: 23 % und 69 %). Obwohl in Deutschland ein weit größeres Maß an Gleichheit herrscht, votierten hier doppelt so viele (39 %) für Gleichheit und nur halb so viele (37 %) für Freiheit. Nun wird die Gleichheit von der Obrigkeit, dem Staat, besorgt. Deshalb sollten wir den Mut haben, uns einzugestehen, wie stark wir noch dem Obrigkeitsstaat verhaftet sind.

Nur ein kleiner Aspekt: Vor drei Jahren konnte man in Washington im Museum of Modern Art die Werke bewundern, die nicht etwa im Laufe des 50jährigen Bestehens, sondern bloß aus Anlaß des Jubiläums geschenkt wurden. Die Geschenke füllten so viele Säle, daß manche Landesgalerie stolz wäre, sie hätte einen insgesamt so reichen Bestand. Ein derartiges Mäzenatentum spricht gewiß für Freigebigkeit, für die Freigebigkeit aber nicht nur der Spender, sondern auch eines Steuerrechts, das den freien Gemeinsinn von Mäzenen fördert. Auch im Hochschulwesen verstehen die USA, den verordneten Gemeinsinn um einen geförderten Gemeinsinn kräftig zu bereichern.

Ein zweiter Aspekt: In den USA macht sich eine sozialtheoretische Bewegung breit, die sich Kommunitarismus nennt. Soweit sie den Gedanken einer universalistischen Moral verwirft, bei MacIntyre sogar die Menschenrechte, darf man sich getrost problemgerechteren Theorien zuwenden. Anders sieht es mit ihrer Neubewertung sozialer Bindung aus. Der bis heute maßgebliche Denker, Aristoteles, spricht hier von Freundschaft und versteht darunter nicht etwa lediglich die romantische Seelenfreundschaft. Das englische Verständnis von »friendship« kommt dem griechischen Wort »philia« näher. Dazu gehören das Familienleben und die Nachbarschaft, ferner das, was sich in Vereinen und Bürgerclubs abspielt, selbst was in Seilschaften und anderen Utilitätennetzen geschieht. Aristoteles und die Kommunitaristen sehen zu Recht, daß ein derartiges Zusammenleben, eines, das teils um des gemeinsamen Nutzens, teils um der gemeinsamen Freude willen geschieht, für den gesellschaftlichen Zusammenhalt unerläßlich ist. Weiterhin ist wichtig, daß die Gesellschaft einerseits vielfältig gegliedert ist: nach Sachaufgaben und Lebensbereichen, nach Regionen und Gemeinden usw., und daß andererseits die Glieder vielfach miteinander vernetzt sind.

Im Zuge der Vereinigung, sagen Bürger der neuen Bundesländer, sei die »soziale Wärme« empfindlich gesunken. Soweit keine Täuschung vorliegt – immerhin mußte man allerorten mit Spitzeln rechnen –, liegt zweifelsohne *ein* Grund im neuen wirtschaftlichen und beruflichen Konkurrenzkampf. Es gibt noch einen anderen Grund: Früher suchte man die persönliche Hilfe von Nachbarn und Freunden, heute stellt man Anträge bei Ämtern. (Nur in Klammern: Und von Ämtern und Richtlinien gibt es jene Fülle, die auch hier, in der Bürokratisierung, Deutschland an die Weltspitze geführt hat.) Hochschullehrer können es bestätigen: Wer in die Schweiz oder in die USA wechselt, erhält die ersten Monate reiche persönliche Hilfe; der Rückkehrer nach Deutschland nimmt einen Marathon durch die Ämter in Kauf – und bleibt dabei ziemlich allein.

Hier dürfte ein Junktim bestehen, vor dem wir die Augen schließen: Wer die »soziale Wärme« fördern will, muß den bürokratisierten Gemeinsinn erheblich verkleinern.

7.

Mein sozialethischer Tour d'horizon kommt zu einem letzten Punkt, den ich – da ich mich dazu schon geäußert habe (Höffe 1993) – relativ kurz behandeln kann: Viele Schwierigkeiten moderner Gesellschaften sind nicht schlechthin modern; modern ist lediglich ihre konkrete Gestalt. Zum Beispiel zeichnet den Menschen schon immer aus, was die Griechen Pleonexia nennen: ein Hang zum Mehr-und-immer-mehr-haben-Wollen, eine tendenzielle Unersättlichkeit. Von Natur aus niemals endgültig saturiert, sind weder Individuen noch Gesellschaften je reich genug, um sich alle Wünsche zu erfüllen. Dagegen hilft nur Moral, genauer: eine Einstellung, die in der ethischen Tradition Besonnenheit oder Maß heißt.

Gegen den Raubbau an der Natur braucht es eine ökologische Besonnenheit; sie beginnt dort, wo es jedem weh tut, bei den täglichen Konsumgewohnheiten. Die Frage, ob der sog. Konsumismus, vornehmer Hedonismus genannt, zum guten Leben verhilft, darf privat entschieden werden. Wo er aber, kollektiv praktiziert, zu kollektiven Schäden führt, muß die Gesellschaft reagieren. Dabei liegt in einer sog. Ökodiktatur das Heil gewiß nicht. Erstens sind die Umweltprobleme nur weltweit zu lösen. Will man also eine Weltdiktatur errichten? Wie will man, zweitens, sichergehen, daß die Diktatur tatsächlich der natürlichen Umwelt und nicht den Interessen, einschließlich der Eitelkeit, der Ökodiktatoren dient? Wieso soll, drittens, eine Ökodiktatur für die vielen anderen Probleme kompetent sein: für das Bildungs- und Hochschulwesen, für Kultur und Sprache, für den Gesundheitsbereich, für Sozialpolitik, Außenpolitik usw.? Und vor allem: Wieso rechtfertigt eine – ohne Zweifel dringend gebotene! – ökologische Verbesserung eine Einschränkung der Grund- und Menschenrechte, eine Unterdrückung von Freiheiten und von politischer Mitwirkung?

Ein anderes Thema: Der tendenziell unersättliche Wohlfahrtsstaat muß seinen Aufgabenbereich auf wirkliche soziale Not beschränken. Daß ein Land, das vom Krieg zerstört ist und Millionen Flüchtlinge aufnimmt, mit entschieden weniger Abgaben auskommt als eine saturierte Volkswirtschaft, zeugt gewiß nicht von Besonnenheit. (Unbesonnen ist auch, wer veraltete Wirtschaftszweige noch jahrzehntelang mit Geldern subventioniert, die dann für das Bildungswesen oder die Stadterneuerung fehlen.) Man redet von sozialer Gerechtigkeit und meint oft nur sozialen Neid.

Ein weiteres Problem: Der Mensch verfügt über eine derart erstaunliche Macht, daß er gern ihre Grenzen verdrängt. Die Griechen sagen Hybris und denken an einen frevelhaften Übermut. In der Moderne wird er, eine Allmachtsphantasie, gern zur Methode. Illusionäre Erwartungen hegt man beispielsweise in der Medizin, hier sowohl auf seiten der Forscher als auch der Patienten; ähnlich sieht es in der Technik aus, ähnlich hinsichtlich der Umwelt, ähnlich im Sozial- und Bildungsbereich; ich erinnere an John Gardners, eines amerikanischen Gesundheitsministers, berühmte Frage: »Can we be equal and excellent, too?«

Gegen illusionäre Erwartungen hilft nicht das große Veto, der absolute Einspruch gegen medizinischen und technischen Fortschritt oder gegen Sozialreformen. Vonnöten ist aber eine Skepsis gegen Hyperaktivität, ferner die Bereitschaft, Grenzen der Gestaltung anzuerkennen, weiterhin eine so banale Fähigkeit wie Geduld. (Wie konnte man nur glauben, die wirtschaftlichen und sozialen Schwierigkeiten der Vereinigung ließen sich in 5 oder 10 Jahren lösen?) Insgesamt ist eine Fähigkeit verlangt, die ich Gelassenheit nenne, eine Mitte zwischen dem Gefühl der Allmacht des Menschen und einer

Ohnmacht vor den übermächtigen Verhältnissen, eine Mitte, die uns vor beidem bewahrt: vor einer illusionären Hoffnung ebenso wie vor dem Prinzip Angst.

Ein drittes: Wer Gastarbeiter ins Land holt, holt in Wahrheit Menschen und Familien. Ebenso muß, wer in einem anderen Land arbeitet, sich in dessen Kultur einleben: in das Recht, in die Sprache, in die soziale Welt. Daß die doppelte Aufgabe viele Jahre verdrängt wurde, wissen wir. Ähnliches gilt für den Umweltschutz; ähnliches für eine Wiedervereinigung, die man nur beschwört, statt sich auch darauf vorzubereiten. Ich fürchte, daß wir auch auf die neue Arbeitswelt noch nicht eingestellt sind, weder auf den größeren Anteil der Dienstleistungen noch auf patentgebundene Hochtechnologien, noch auf ein neues Arbeitsverständnis. Nicht zuletzt fehlt es an Vorbereitungen für Europa; Experten gibt es zwar vielerorts, eine so elementare Vorbedingung von Demokratie, eine europäische Öffentlichkeit, aber noch nicht.

Eine Gemeinsamkeit dieser Beispiele: Die Innovationen der Moderne werden so gut wie immer von Schatten begleitet, von Folgelasten, die man selbst dort, wo sie vorhersehbar sind, lieber verdrängt. Die sogenannten Medienautobahnen könnten das nächste Beispiel abgeben.

Die in der Moderne so rasche Veränderung bedarf einer entsprechend hohen Problemlösungsfähigkeit. Zu den Elementen, die eine Gesellschaft zusammenhalten, zählt die Erwartung, daß diese Fähigkeit vorhanden ist. Da ich mich mit dem Thema (einschließlich der Sicherheits- und Haftungsfragen) schon vor längerer Zeit auseinandergesetzt habe (Höffe 1981), darf ich die Genforschung als Beispiel herausgreifen: Kann sich eine Gesellschaft problemlösungsfähig nennen, die in der Anfangszeit der neuen Forschung, in den 70er Jahren, die ethischen Debatten der englischsprachigen Welt überläßt, dafür in den 80er Jahren, als es dank entsprechender Sicherheitsmaßnahmen so gut wie nirgendwo Unfälle gab, Angst und Empörung inszeniert und heute auf eine Weise Forschung verhindert, über die man in den beiden Cambridge, in Tel Aviv und andernorts nur den Kopf schüttelt?

Zur Problemlösungsfähigkeit gehören Fähigkeiten wie Sensibilität, Neugier und Lernbereitschaft, ferner die Courage, sowohl Lobbys als auch eingefahrenen Denkmustern Widerstand zu leisten, außerdem jene höherstufige Klugheit, die den Rang eines intellektuellen Gemeinsinns hat: die Fähigkeit, die vielen, zum Teil konkurrierenden Anforderungen einer demokratischen Industrie- und Dienstleistungsgesellschaft miteinander zu vermitteln. Nicht zuletzt brauchen wir eine Kultur der Rechtzeitigkeit, die da sagt: Wenn schon der Wappenvogel der Weisheit, die Eule der Athene, wie Hegel sagt, nur am Abend fliegt, warum dann nicht am Abend vorher?

Ich schließe mit der These sieben: Die Moderne muß wieder Tugenden lernen, die sie glaubte, verabschieden zu dürfen, Einstellungen wie Besonnenheit, Gelassenheit und Klugheit.

Erwiderung auf den Beitrag »Verantwortung der Religionen und der Kirchen« von *Hans Küng* (in diesem Band):

Der Autor zeigt sich überrascht darüber, daß ich unter den Bedingungen, die die moderne Gesellschaft zusammenhalten, zwar die Philosophie, aber nicht die Religion nenne. Für den Theologen mag die These anstößig sein, vor der Wirklichkeit der modernen (ausdrücklich nicht: jeder) Gesellschaft hält die These aus mehreren Gründen stand. *Erstens* gibt es die Religion nicht im Singular, sondern im Plural, sowohl im Plural der Hochreligionen als auch ihrer Richtungen und Konfessionen. Für die entsprechenden Teile einer Gesellschaft entwickeln Religionen durchaus Bindekräfte, wenn auch in Mittel- und Westeuropa, neuerdings auch Osteuropa zunehmend weniger. Die Bindung gestaltet sich aber nicht häufig konfessionen- und – leider – fast nirgendwo religionenübergreifend. Wir sollten nicht aufhören, in diesem Tatbestand ein Ärgernis zu sehen: daß alle bedeutenden Religionen, obwohl sie Verpflichtungen auf Frieden, Gerechtigkeit, Barmherzigkeit, Nächstenliebe kennen, trotzdem in vielfacher Form Anlaß zum Unfrieden bieten und daß sie zur Rechtsgleichheit der Bürger- und Menschenrechte, wenn überhaupt schon, dann erst spät gefunden haben. *Zweitens* gibt es in der modernen Gesellschaft die kirchenfreie, folglich von den entsprechenden Bindekräften freie Frömmigkeit, ferner Deisten und Atheisten weit mehr als früher. Für die Aufgabe, auch für diese Menschen Bindekräfte bereitzustellen, ist die Philosophie deshalb mit-, aber nicht alleinzuständig, weil sie sich auf nichts anderes als auf eine Gemeinsamkeit der Menschheit, auf die allgemeine Menschenvernunft, beruft, die sich zwar nicht notwendig in einer Stimme, aber in einem einheitlichen und gewaltfreien Diskurs artikuliert. Deshalb gehen die Grundelemente der modernen Gesellschaft, Toleranz, Demokratie und Menschenrechte, mehr auf Vertreter der philosophischen Aufklärung als auf die der Religionen zurück. Und dort, wo Mitglieder der Religionen wichtig werden, sind es vor allem Mitglieder verfolgter Minderheiten. Ein *drittes*: Befaßt habe ich mich vor allem mit der Einzelgesellschaft, weniger mit der weltpolitischen Dimension. In ihr sind die Religionen gewiß nicht zu vernachlässigen; aber auch hier wirken sie – was jeden ernsthaft religiösen Menschen betrübt – zunächst einmal als Konfliktherd. – Moderne Gesellschaften sind an Bindekräften nicht arm, wie manche befürchten, freilich auch nicht so reich, daß sie das Angebot der Religionen ausschlagen sollten. Das Angebot darf aber erstens nicht bloß verbal bleiben, und es muß zweitens die Zustimmung aller Betroffenen finden. Wer wagt beides in naher Zukunft zu erwarten?

Literatur

The Economist 1992: American Values: Life, Liberty and Try Pursuing a Bit of Tolerance too, 5. Sept., 21-23

R. W. Fogel 1989: Without Consent or Contract. The Rise and Fall of American Slavery, New York / London

O. Höffe 1981: Probleme der Genmanipulation, in: ders., Sittlich-politische Diskurse. Philosophische Grundlagen – politische Ethik – biomedizinische Ethik, Frankfurt/M., Kap. 10

– 1993: Moral als Preis der Moderne. Ein Versuch über Wissenschaft, Technik und Umwelt, Frankfurt/M.

– (Hrsg.) 1995: Immanuel Kant, Zum ewigen Frieden, Berlin (= Klassiker Auslegen, Bd. 1)

R. Köcher 1995: Nachhut oder Vorhut? Dem Christentum mangelt es an Selbstbewußtsein und Strahlkraft, in: Frankfurter Allgemeine Zeitung, 5.4.

M. Olson 1968: Die Logik des kollektiven Handelns, Tübingen (engl. 1965)

Daniel Cohn-Bendit
Gelassenheit, Konsens und Streit

Eine Gesellschaft wird fähig, Zusammenhalt zu entwickeln, wenn sie überhaupt erst einmal fähig ist, zu streiten.

Wer der Meinung ist, daß in Baden-Württemberg Schwarz-Grün möglich ist, soll es sagen, nicht sich verstecken und glauben, irgendwann ergäbe sich das. Das gilt zum Beispiel für den Ministerpräsidenten aus Baden-Württemberg ebenso wie für Bündnis 90/DIE GRÜNEN. Wenn dann Herr Mayer-Vorfelder nur noch Vorsitzender des VfB Stuttgart ist, dann ist das auch nicht schlimm, sondern das ist dann so.

Wer der Meinung ist, daß wir zivilisatorische Maßstäbe brauchen, um eine Gesellschaft zusammenzuhalten, muß in der Lage sein, sie zu verteidigen. Wer der Meinung ist, daß man gegen die Gewalt in Bosnien nichts machen kann, soll es sagen. Dann muß er aber auch sagen, daß er der Meinung ist, daß man heutzutage Konzentrationslager, ethnische Säuberung, Vernichtung, Vergewaltigung aushalten muß. Wer der Meinung ist, daß man Konzentrationslager, ethnische Säuberung, Vernichtung und Vergewaltigung nicht aushalten muß und darf, soll es sagen. Das bedeutet, daß er dafür ist, daß man Militärs nach Bosnien schickt. Darüber muß man streiten. Man kann aber nicht beides gleichzeitig haben wollen und wie der deutsche Außenminister so tun, als ob man es nicht aushielte, aber eine Politik vertreten, die es aushält, und dann noch glauben, man könne auf beiden Seiten die Tantiemen einheimsen. Das ist nicht möglich, das macht eine Gesellschaft kaputt: man wird wirr im Kopf, man wird meschugge, weil man gar nicht weiß, was die Leute eigentlich wollen und sagen, denn sie sagen jeden Tag etwas anderes.

Ein weiteres Beispiel: Wenn man der Meinung ist, daß man in Deutschland Arbeitsimmigranten braucht, dann muß man es sagen. Es sind aber Menschen, die zu uns kommen. Dann soll man auch sagen, daß es Grundlage unserer Demokratie ist, daß sie politische Subjekte braucht, die mitreden und streiten können sollen in dieser Demokratie. Wenn aber in einer Gesellschaft wie in Deutschland 7 bis 8 Millionen Immigranten leben, die nicht politische Subjekte sind, dann muß man sagen, man ist zwar für eine Demokratie, aber nur für eine teilweise Demokratie. Das kann man sagen, man darf alles sagen, aber man muß es auch vertreten. Wenn man dagegen der Meinung ist, daß es keine partielle Demokratie geben kann, dann muß man aus den Immigranten politische Subjekte machen, dann muß man ihnen alle politischen Rechte geben, das heißt, man muß ihnen die Möglichkeit eröffnen, in dieser Gesellschaft mitzustreiten. So integriert man sie in das Wesentliche unserer Kultur, nämlich die Demokratie. Die Diskussion um die doppelte Staatsbürgerschaft ist dagegen Pipifax, eine quantité négligeable, denn die doppelte Staatsbürgerschaft ist nicht das Hauptproblem. In einer Generation wird die Diskussion darüber überhaupt vergessen sein. Wir pflegen in Deutschland die Fähigkeit, über unnötige Dinge, auf Nebenkriegsschauplätzen zu streiten, weil wir das Wesentliche scheuen. Deutschland wird nicht untergehen, wenn es eine doppelte Staatsbürgerschaft gibt, und Deutschland wird auch nicht untergehen, wenn es sie nicht gibt. Aber wenn es noch lange in diesem Land Millionen von Menschen gibt, die nicht volle politische Rechte haben, dann wird unsere Gesellschaft kaputtgehen, und wir werden dann jammern. Aber dann nützt Jammern nichts mehr.

Also: streiten, streiten, streiten. Aber: eine Gesellschaft kommt auch nicht aus ohne Konsensfähigkeit, in der Tat müssen wir irgendwann einen Konsens finden. Wir können zum Beispiel nicht nur über richtige und falsche Wege zur Bekämpfung der Arbeitslosigkeit streiten, sondern wir müssen sie endlich beenden. Das heißt, wir müssen die Konsensfähigkeit entwickeln, teilen zu können. Das wird schmerzlich, denn teilen will jeder, indem jeder nehmen will – auf dieser Seite will jeder sein, auf der anderen Seite will niemand sein. Konsensfähigkeit bedeutet, die Kraft zu haben, auch durchzusetzen, daß wir, wenn wir teilen, etwas verlieren werden. Wenn wir dazu nicht fähig sind, werden wir zum Beispiel die Arbeitslosigkeit nicht beseitigen.

Wir brauchen auch mehr Gelassenheit, weil es viele Probleme gibt, die wir nicht lösen werden. Ein Beispiel sind die Graffitis in den Städten. Hören wir auf, uns künstlich aufzuregen, weil junge Menschen die Wände vollmalen. Es ist besser, sie malen die Wände voll, anstatt daß sie sich selbst kaputtmachen. Und in der Tat sind Graffiti Ansätze einer modernen Kunst, die einige von uns nicht verstehen. Aber das war mit der Rockmusik vor 25 Jahren auch so, und heute gibt es keinen Ministerpräsidenten, aus welcher Partei auch immer, der nicht sagt, daß er gerne Rockmusik hört.

Das gehört heute nun einmal dazu, wäre aber vor 25 Jahren nicht denkbar gewesen. Warum gibt es keine Lösung bei den Graffiti? Wenn man den jungen Leuten das Recht gäbe, die Wände vollzumalen, würden sie es nicht mehr wollen. Aber diese jungen Menschen wollen ihre Duftmarke hinterlassen, sich die Städte aneignen, in denen sie geboren wurden und alles zugebaut worden ist. Sie wollen etwas zu diesen Städten sagen, und das zeigen sie künstlerisch. Deshalb sage ich: Gelassenheit. Natürlich wird man das Anbringen von Graffiti verbieten müssen. Aber man muß wissen, daß die jungen Leute es trotzdem machen würden, gerade weil es verboten ist. Das gehört zum Lebensgefühl der modernen Welt. Regen wir uns also nicht künstlich darüber auf, sondern regen wir uns normal darüber auf.

Auch die Aufregung über den Hedonismus erscheint mir künstlich. Es ist doch etwas Positives, die Lust zu erleben, die uns die Gesellschaft ermöglicht. Hedonismus ist an sich nichts Schlechtes, sondern Pietismus ist gefährlicher für die Gesellschaft als Hedonismus. Man darf aber Hedonismus und Egoismus nicht verwechseln. Ich bin für einen zivilisierten Hedonismus, dafür, daß man die Lust auch leben darf, die man auf allen Gebieten hat. Man muß es den Menschen ermöglichen, diese Lust zu leben. In diesem Sinne ist Hedonismus ein Motor von Freiheit und Demokratie in unserer pluralistischen Gesellschaft. Man kann auch nicht sagen: Hedonismus ja, aber bitte nicht zuviel. Der Hedonismus lebt auch von der Faszination des Zuviels. Und wir leben in einer Gesellschaft, die bedrohlich langweilig ist, weil wir uns nicht trauen, zuviel zu denken, zuviel zu leben, zuviel zu machen.

Wenn diese deutsche Gesellschaft nicht endlich lernt, Gelassenheit, Konsens und Streit so zu entwickeln, daß es zu einer politischen Kultur wird, wird diese Gesellschaft an ihrer eigenen Verlogenheit zwar nicht kaputtgehen, aber permanent daran kränkeln. Ein Beispiel ist die aktuelle Diskussion über die Bedeutung des 8. Mai. War es ein Tag der Befreiung oder ein Tag des Elends oder etwas anderes? Diese Frage ist nur ein Problem für einen Teil der Gesellschaft. Die heute 14-, 15-, 16- oder 17jährigen haben solche ideologischen Probleme nicht. Sie nehmen diese Nachkriegsgesellschaft ganz anders wahr. Für linke Lehrer ist das ein Problem. Sie wollen den Jugendlichen erzählen, was Nationalsozialismus ist und müssen erfahren, daß die Jugendlichen gar nichts davon hören wollen. Man muß gelassen sein, um es als Linker, der sein Leben lang seinen Eltern vorgehalten hat, sie wollten über den Nationalsozialismus nichts hören, zu ertragen, daß plötzlich die eigenen Kinder und Schüler sagen: wir wollen darüber nichts hören. Das ist sehr schwer, genauso wie es schwer für alle sein wird, endlich zu verstehen, daß diese Bundesrepublik Deutschland 50 Jahre nach der schlimmsten Katastrophe auf dem Erdboden ein normaler Staat ist. Das heißt: Deutschland ist nicht schlimmer, aber auch nicht besser als ein anderer Staat.

Die Linken müssen aushalten zu wissen, daß Deutschland nicht schlimmer ist als andere Staaten, und die Rechten müssen aushalten zu wissen, daß Deutschland nicht besser ist. Dies ist für beide Seiten sehr schwer, aber ich wünsche mir eine Diskussion über den 8. Mai, die uns diese Dinge gelassen aussprechen läßt. Das ist Normalität, die Welt dreht sich weiter, und wir sind alle älter geworden, aber hoffentlich nicht langweiliger und dümmer.

Marion Gräfin Dönhoff
Verantwortung für das Ganze

Auf die Frage »Was hält unsere moderne Gesellschaft zusammen?« bin ich versucht, zu antworten: Das, was vermutlich auf die Dauer ihre Zerstörung herbeiführen wird. Denn während die bisherigen Gesellschaften stets durch gemeinsame Sitten und Traditionen verbunden waren – in der ganz frühen Zeit war es die Verehrung der Ahnen, später möglichst erschreckende Feindbilder – verhält es sich heute anders. Die moderne Gesellschaft wird meines Erachtens allein durch die sachlichen Voraussetzungen für die Industriegesellschaft zusammengehalten: Leistung, technischer Fortschritt, optimale Rationalität und höchster Grad der Produktivität.

Es kommt also darauf an: Soviel wie möglich zu konsumieren, produzieren und exportieren. Die zentralen Begriffe bei Untersuchungen und Regierungsmaßnahmen sind stets Bruttosozialprodukt, Wachstum, Produktivität. Von Geist und Kultur hört man dagegen sehr wenig. Die ausschließliche Diesseitigkeit, die den Menschen von seinen metaphysischen Quellen abschneidet, der totale Positivismus, der sich nur mit der Oberfläche der Dinge befaßt und die Tiefendimension vergessen läßt – sie können eine dauerhafte Sinngebung für den Menschen nicht darstellen und führen darum zur Frustration.

Unsere heutige, ganz von der Technik und vom Sachlichen bestimmte Kultur wird in ihrer Einseitigkeit noch unterstützt und verstärkt durch das Prinzip der Marktwirtschaft, deren Gesetz die Dynamik und deren Motor der Egoismus ist.

Jede Gesellschaft aber braucht Bindungen. Ohne Spielregeln, ohne Traditionen, ohne einen ethischen Minimalkonsens kann eine Gesellschaft nicht leben, sie würde auf die

Dauer zerbröckeln. Große Leistung, viel Geld und Ansehen – das kann für eine Weile befriedigen, aber auf die Dauer reicht dies nicht aus.

Jeder Bürger muß sich doch klar darüber sein, daß er auch Verantwortung für das Ganze trägt. Heute, im Zeitalter der Globalisierung aller Probleme, muß man nicht nur an den Nachbarn denken und an den Nächsten, sondern wirklich die Welt vor Augen haben. Dafür brauchen wir gemeinsame Verhaltensnormen – ohne sie geht es nicht.

Natürlich ist die pluralistische Demokratie ohne das autonome Individuum nicht denkbar. Es kann sich deshalb nicht darum handeln, wieder von der Emanzipation und der Säkularisation abzurücken – dies wäre im übrigen auch gar nicht möglich –, sondern es handelt sich darum, den Bürger zu größerer Verantwortung zu erziehen und ihm das Gefühl für Solidarität wieder näher zu bringen. In unserer heutigen Welt mit ihren vielfältigen Versuchungen und Reizangeboten ist das Verlangen nach einer moralischen Grundorientierung, nach Normen und einem verbindlichen Wertesystem sehr groß. Wenn wir dem nicht Rechnung tragen, dann wird diese Gesellschaft nicht zusammenhalten.

Helmut Klages
Chancen des Wertewandels

Hinter der bangen Frage »Was hält unsere moderne Gesellschaft zusammen?« steckt die Frage nach dem aktuellen Zustand der sozio-moralischen Bindekräfte in unserer Gesellschaft. Einer sehr weit verbreiteten Meinung zufolge haben diese Bindekräfte in letzter Zeit rapide abgenommen. Landauf-landab ist in Deutschland – wie auch in einigen anderen Ländern – eine scheinbar ins Leben getretene Ego-Gesellschaft, Anspruchsgesellschaft oder Ellenbogengesellschaft zum Gegenstand von Kritiken geworden. Der Durchschnittsmensch und -bürger scheint beim Ego-Trip und damit auf der schiefen Ebene gemeinschaftsfremder Selbstbezogenheit und -verliebtheit angelangt zu sein. Er hat, so scheint es, den Wohlstand und das Wachstum der sozialen Sicherheit nicht verkraftet.

Wenn man die Diskussion in der Bundesrepublik betrachtet, dann ergibt sich, daß die meisten, die sich in diesem Sinne äußern, den gesellschaftlichen *Wertewandel* als den hinter all diesen angeblichen Entwicklungen stehenden Bösewicht dingfest machen zu können glauben. Dieser Wertewandel, mit dem man in den vergangenen Jahren sehr oft Hoffnungen verknüpft hat, wird heute voller Sorgen und Bedenken interpretiert, als Werteverfall gesehen. Auch viele Politiker meinen und sagen heute, daß der Wertewandel in Deutschland schiefgelaufen ist, daß Mitmenschlichkeit und Gemeinsinn aussterben, daß purer Materialismus, Egoismus und egozentrischer Ich-Bezug die Herrschaft ergreifen. Letztlich werden in dieser gesellschaftskritischen Sicht dem Wertewandel als dem allgemeinen Wandlungshintergrund – oder auch dem »Werteverfall«, wie es gewöhnlich heißt, selbst noch die ansteigende Kriminalität und eine angeblich generell zunehmende Neigung zur Gewalt zugerechnet.

Gegen diese Sicht der Dinge, in der sich Richtiges und Falsches in einer ganz gefährlichen Weise vermischen, muß Stellung bezogen werden. Was läßt sich dazu aus der Perspektive der empirischen Sozialforschung sagen?

Erstens: Schon seit den 60er Jahren findet in Deutschland, aber auch in anderen Ländern ein Wertewandel statt, in dessen Verlauf individualistische Selbstentfaltungswerte an Boden gewinnen und Pflicht- und Akzeptanzwerte abnehmen.

Zweitens: Die Pflicht- und Akzeptanzwerte sterben in diesem Vorgang keinesfalls aus. Für die Mehrheit der Bevölkerungsmehrheit läßt sich vielmehr feststellen, daß diese älteren Werte *Synthesen* mit den Selbstentfaltungswerten eingehen.

Drittens: Bei diesen Synthesen zeichnet sich aber nun ein Spannungsgehalt ab, der in unterschiedlichen Wertekonstellationen zum Ausdruck kommt, die man bei einzelnen Gruppen in der Bevölkerung findet. Vor allem bei jungen Menschen entwickelte sich in den 80er Jahren typischerweise eine Wertekonstellation, die als hedonistischer Materialismus bezeichnet wird. Mit dieser Grundeinstellung verbindet sich bei vielen die Neigung, den leichten Weg zu gehen, sich nicht groß zu engagieren, die schönen Seiten des Lebens mitzunehmen, sich auszuleben.

Viertens: Bei einer weitaus größeren Gruppe der Menschen, insbesondere bei den ganz jungen Menschen, die jetzt nachkommen, herrscht dagegen etwas völlig anderes vor, nämlich ein *aktiver Realismus.* Auch diese Menschen möchten sich zwar selbst verwirklichen, auch sie wollen gewissermaßen Subjekt ihres Handelns sein. Sie sind aber auch bereit, sich in die Institution und Organisation der Gesellschaft einzubringen, produktive Rollen zu übernehmen und sich zu stellen, typischerweise allerdings unter der Bedingung, daß diese Rollen Selbständigkeit und Eigenverantwortung, einen Spielraum des eigenen Handelns ermöglichen.

Die Befunde der Forschung laufen darauf hinaus, daß wir alle bisher von dieser Werteentwicklung viel zu wenig wissen, und daß wir auf diese Entwicklung viel zu wenig reagieren oder auch, wo wir reagieren, falsch reagieren und ihr insgesamt gesehen viel zu wenig Chancen der Praktizierung anbieten. Die »wilden« Graffiti zum Beispiel sind ein Symptom dieser Situation. Während wir über den angeblich schieflaufenden Wertewandel lamentieren, halten wir ängstlich an alten Strukturen und Gewohnheiten fest, die noch abstellen auf das Vorhandensein und Vorherrschen von Pflicht und Akzeptanzwerten, die die Menschen so nehmen, als ob sie ausschließlich diese Werte hätten, und die den Menschen mit gewandelten Werten zu wenige institutionell geregelte Möglichkeiten anbieten, mit einem entsprechenden erweiterten Handlungsspielraum eigenverantwortlich und eigenkreativ tätig zu sein und sich darin dann als Subjekt ihres Handelns zu bestätigen.

Meine These ist, daß wir heute unsere Zukunftsfähigkeit ernsthaft gefährden, indem wir uns gegenüber dem positiven Potential des Wertewandels taub stellen, indem wir immer nur weinerlich und oft verzagt über Probleme des sozialen Wandels spekulieren, das heißt, über Probleme, die großenteils, soweit sie vorhanden sind, Folgen des mangelnden Ergreifens und Förderns der in der Gesellschaft vorhandenen neuartigen Fähigkeiten und Bereitschaften sind. Denn wenn man vorhandene Bereitschaften und Entwicklungswünsche nicht aufgreift und institutionell fördert und entwickelt, dann verkommen sie, dann driften sie ab. Dann produzieren sie Frust und Enttäuschung, dann führen sie zu Verdrossenheit, zu Resignation, zum Sich-Hängen-Lassen, zur Selbstbeschädigung in verschiedensten Formen oder auch zum Protest und zur passiven oder aktiven Systemabwendung und im Einzelfall auch zur Rebellion. Die Folgerung lautet: Beschäftigen wir uns ernsthafter und produktiver mit den sozialpsychologischen Wandlungen in unserer Gesellschaft, und tragen wir dadurch dazu bei, unsere moderne Gesellschaft zusammenzuhalten und darüber hinaus produktiv weiterzuentwikkeln und zukunftsfähig werden zu lassen!

Eine Gesellschaft von Egoisten?

Im Anschluß hieran möchte ich fragen: Ist Egoismus die Quintessenz der Entwicklung zum freien, autonom entscheidenden Menschen? Gibt es diesen Egoismus als nachweisbares Phänomen?

Sozialwissenschaftliche Untersuchungen haben ihn nicht als entscheidenden Bestandteil der Orientierungen der Menschen finden können, soweit diese sich mit empirischen Mitteln nachweisen lassen. Es gibt ein außerordentlich starkes Bedürfnis, in zunehmendem Maße eigene Freiheitsspielräume in Anspruch nehmen zu können. Aber dieses Bedürfnis wendet sich bei der überwiegenden Zahl der Menschen nicht gegen die Institutionen. Es waren nur Minderheiten, bei denen diese Entwicklung gewissermaßen wie Schaum auf einer Woge zu allgemeinen Protest- und Verweigerungshaltungen geführt hat. Bei der Mehrheit hat sich diese Autonomisierungsentwicklung in den Grenzen der Institutionen geräuschlos vollzogen, verknüpft mit einer außerordentlichen Bereitschaft zur Disziplin. Diese allerdings wandelt sich qualitativ, wird in viel stärkerem Maße zu einer selbstverantworteten Disziplin und weist nicht mehr die Eigenschaften einer fremdgesteuerten und fremdproduzierten Disziplin auf, die vom einzelnen nicht verantwortet werden kann.

Früher benutzten Arbeitende, die von hoher Disziplinbereitschaft gekennzeichnet waren, oft den Satz »Dienst ist Dienst, und Schnaps ist Schnaps«. Diesen Satz hört man heute typischerweise nicht mehr, weil sich in stark wachsendem

Maße konkrete Verantwortung in Arbeits- und Lebenszusammenhängen entfaltet und wirksam wird als ein Medium des gesellschaftlichen Zusammenhalts, das man leicht übersieht, wenn man die Gesellschaft nur von der Ebene einer philosophisch-sozialwissenschaftlich-journalistischen Reflexion aus betrachtet. Man übersieht dann sehr leicht das, was sich im Alltag wirklich tut, in demjenigen Alltag, der den hier in diesem Raume Versammelten vielleicht etwas fremd ist, weil er sich an Orten vollzieht, an die wir selten hinkommen. In Untersuchungen der öffentlichen Verwaltung wurde festgestellt, daß die Neigung der Menschen, Wunschphantasien in Richtung eines vergrößerten Gehalts zu entwickeln, relativ gering ist. Die Bedürfnisse nach sogenannten intrinsischen Gratifikationen – nach einer interessanten Arbeit, nach einer Arbeit, die Befriedigung vermittelt, die auch die Einbringung eigener Fähigkeiten, Kenntnisse und Fertigkeiten ermöglicht – ist ungleich viel größer. Wenn man Bedürfnisse nach Bezahlung thematisiert, dann stehen dahinter Gerechtigkeits- oder Gleichbehandlungsbedürfnisse, die natürlich in gewissem Maße der Reflex unserer sozialstaatlichen Entwicklung sind, und die sich in den Vereinigten Staaten – vor einem völlig anderen Hintergrund der Staats- und Gesellschaftsentwicklung – in geringerem Maße als bei uns finden.

Wenn wir wirklich von der Gesellschaft reden wollen, wie sie alltäglich ist, wie sie sich an den Millionen von Arbeitsplätzen, in den Nachbarschaftshilfen und in den Familien abspielt, dann sollten wir davon absehen, pauschal verallgemeinernde Negativ-Begriffe wie zum Beispiel »Egoismus« zu gebrauchen, deren Realitätsgehalt außerordentlich begrenzt ist, und mit denen wir letztlich nur eine Entfremdung vom Konkreten dokumentieren.

Hans Maier
Der unsichtbare Staat

»Was hält die moderne Gesellschaft zusammen?« – das erinnert an die Frage des lustigen Gesellen Frosch in Goethes »Faust« in Auerbachs Keller: »Das liebe heil'ge Röm'sche Reich, wie hält's nur noch zusammen?«. Das war vor 200 Jahren; unsere Probleme sind also nicht ganz neu. Jenes alte Reich ist zusammengebrochen, weil es kein Staat war. Unsere Gesellschaft wird sich nicht so rasch auflösen, weil es einen Staat gibt.

Aber wie wird dieser Staat erfahren? Wo ist der Staat denn gegenwärtig? In dem Steuerbescheid, der uns zuflattert, in der Radarfalle, die uns bei Geschwindigkeitsüberschreitungen erwischt. Der Staat ist unsichtbar geworden. Ich plädiere nicht für Paraden, für Aufmärsche oder für den guten alten Gendarmen, in dem sich die öffentliche Sicherheit personalisierte und gegenwärtig war. Aber es ist dennoch ein Problem, daß dieser Staat auf der einen Seite fast allmächtig ist, überall bei allen Rechtsgeschäften mit am Tisch sitzt, überall mitbestimmt, aber eben anonym, versteckt, nicht öffentlich.

Der Staat ist mächtig, sehr mächtig, aber er tritt nicht in Erscheinung. Das scheint mir die erste Schwierigkeit des Umgangs mit dem Öffentlichen in Deutschland zu sein. Und da dieser Staat auf der anderen Seite den Gemeinsinn verordnet, ergibt sich daraus eine Schere zwischen der Unsichtbarkeit, dem Versteck, der Anonymität, dem Gut-Aussehen-Wollen des Staates auf der einen Seite und seiner doch manchmal erbarmungslosen Zugriffe. Die Staatsquote in unserem Land ist inzwischen die höchste aller westlichen Länder und die Besteuerung ist schon fast weltrekordverdächtig.

Der Staat ist mächtig, aber zugleich auch ein versteckter Staat. Ganz allgemein hat die Tendenz des Rückzugs aus der

Öffentlichkeit zugenommen. Zwergschule und Stadtteilbühne haben seit den 70er Jahren Konjunktur. Die nostalgische Eckkneipe wehrt sich gegen das neue Hochhaus. Ein Bedürfnis nach Befestigung und Behausung breitet sich aus nach Jahren eines wahren Mobilitätsrausches. Interessant ist auch, daß das Wort Bürger sich vom Staat gelöst hat und eine Liaison mit dem Antizentralen, dem Partikularen eingegangen ist: Bürgerinitiativen, Bürgerforum, Bürgerbegehren sind meistens gegen staatliche Planungen, gegen parlamentarische Mehrheiten gerichtet – ein Hauch von direkter Demokratie. Im Lokalen, im Regionalen organisiert sich frisches Engagement, vom Staatsganzen scheint man nur noch Skandalbotschaften zu erwarten, und das Gemeinwohl ist ein grauer Schulbegriff geworden. Ich will damit keine Karikatur zeichnen, aber das Allgemeine ist in den letzten Jahren eben auch überstrapaziert worden. Manche Exzesse der Bildungsreform, manche Exzesse der Gebietsreform sind naheliegende Beispiele.

Die zweite Aufklärung ist in Deutschland mit einer großen Selbstsicherheit, mit einer unangefochtenen Erziehungsentschlossenheit aufgetreten, doch die Mehrheit der Menschen ist heute einfach des täglichen Erzogenwerdens satt, ob das nun durch Medien, durch Hochsprache oder durch Sozialmoral geschieht. Es war übrigens immer so: Auf eine Aufklärung folgte immer eine Romantik, auf Voltaire-Zeiten folgen Rousseau-Zeiten.

Freilich sollte man nun nicht von einem Extrem ins andere fallen und eine Sache gut deutsch um ihrer selbst willen übertreiben. Eigen-Sinn ist gut, und gerade in einem föderativen Staatsgebilde muß es viele Wohnungen, viele sprachliche und politische Ausdrucksmöglichkeiten geben: Dies um so mehr, als übernationale Organisationen, die den Nationalstaat ablösen könnten, noch nicht sichtbar und verfügbar sind. Aber das Staatsinteresse muß gleichwohl erkennbar werden. Nicht alles Private, Verbandliche, nicht alles Rätische und Ständische sollte – wie heute leider üblich – den Mantel des öffentlichen Interesses um sich schlagen. Es darf nicht dahin kommen, daß der Staat mit den »particuliers« auf gleicher Stufe um die Verteilung der Macht kämpfen muß – so, als gäbe es in der Gesellschaft eine Vielzahl autogener Gewaltträger, aus deren friedlich-unfriedlichem »bargaining« am Ende so etwas wie der Gemeinwille hervorgeht. Daß eine solche Vorstellung vor-konstitionell, stände- und rätestaatlich ist und daß sie rasch ins Zeitalter von Faust und Fehde zurückführen würde, darauf hinzuweisen ist 1995 ebenso viel Anlaß wie 1968.

Viele möchten gern aus dem Staat austreten wie aus der Kirche (das ist auch viel lukrativer, man spart mehr als nur die Kirchensteuer!). Aber in Krisenzeiten soll dann der Staat doch wieder plötzlich da sein als (fast) allmächtiger Verteiler, Kompensator, Zwangsschlichter, Zwingherr zur Gerechtigkeit. Die Gesellschaft macht sich einen Staat nach eigenem Gusto: ohnmächtig im Alltag, omnipotent in Krisenzeiten – und nach beigelegter Krise wieder der Bettler unter der Treppe.

Ob Verantwortung eine Zukunft hat, ob sich die Beziehung zwischen Bürger und Staat wieder herstellt und festigt – das hängt nach meiner Überzeugung auch davon ab, ob wir fähig sind, Handelnde in unserer Gesellschaft guten Gewissens handeln zu lassen. Kontrollieren soll man sie gewiß, auch sie sorgsam betrachten, den Prozeduren von Approbation und Reprobation unterwerfen. Doch man sollte sie, wie die Sportler in der Arena, nicht nur mit zweifelnden Gedanken begleiten, sondern gelegentlich auch ermutigen und anfeuern. Man sollte ihnen ihre Ehre, ihre Chance zur Bewährung lassen. Es ist eine Bewährungsprobe für unsere politische Kultur, ob Handeln in Verantwortung und Risikobereitschaft noch möglich ist oder ob es untergeht im Klima einer neidigen Voyeurs-Moral.

Karl Fürst zu Schwarzenberg
Zusammenhalt durch Ängste?

Einige Thesen, die heutzutage vertreten werden, erscheinen mir nicht ganz richtig. Um ein Beispiel zu nennen: Es wird immer mehr von einer multikulturellen Gesellschaft, von einer pluralistischen Gesellschaft gesprochen. Ich glaube aber nicht, daß wir eine multikulturelle Gesellschaft haben. Denn die Tatsache, daß es in Tübingen oder Castrop-Rauxel oder in Linz/Donau eine Moschee gibt, daß wir in jeder Stadt im industriellen Teil Europas irgendwelche Wirtshäuser in den Vorstädten haben, in denen man serbo-kroatisch, kurdisch oder türkisch spricht, bedeutet nicht, daß wir eine islamische Kultur, oder daß wir auch nur eine serbische, kurdische oder türkische Kultur hätten. Es sind vielmehr Restbestände von Kulturen, die mitgebracht wurden, aber keine selbständigen Kulturen. Es sind Menschen, die sich bei uns mehr oder minder unbehaust fühlen, die mit der Zeit hoffentlich integriert werden. Wenn nicht, drohen uns Ghettophänome, die, fürchte ich, nicht den friedlichen jüdischen Siedlungen des alten Europas ähnlich sein werden, sondern eher gekennzeichnet sein werden von Gewaltpotential, wie gewisse amerikanische Schwarzen- oder Latino-Siedlungen.

Ich glaube auch nicht, daß wir besonders pluralistisch sind. Es gibt im allgemeinen im westlichen Europa und im nördlichen Teil Amerikas eine beträchtliche Toleranz oder eher Gleichgültigkeit gegenüber den Überzeugungen, Ansichten, Gelüsten, der Kunst des Nachbarn, aber ohne den Willen, den Nachbarn so ernst zu nehmen, um sich mit seiner Welt konkret auseinanderzusetzen. Was im Moment im Vergleich zu dem, was wir vor 40 Jahren gekannt haben, multikulturell oder pluralistisch erscheint, verschwimmt mit einigem Abstand betrachtet in Wirklichkeit zu einem gleichmäßigen

Grau. Es ist ungefähr so, als wären sehr viele bunte Tupfen auf einem grauen Tuch nebeneinandergesetzt; würde man aber dieses Tuch in einiger Entfernung bewegen, so wäre dennoch nur mehr ein graues Tuch zu sehen.

Wir werden als Gesellschaft mehr und mehr bestimmt nicht durch gesellschaftliche Gruppen und Hierarchien wie früher, sehr wohl aber durch gemeinsame Ängste, und zwar durch zwei große Ängste. Die eine ist die Angst vor Wohlstandsverlusten: Wir dürfen nicht vergessen, daß wir in Westeuropa und im nördlichen Teil Amerikas einen Wohlstand haben, der eigentlich unfaßbar ist, einen Massenwohlstand, den es in der Weltgeschichte früher nie gegeben hat. Wir müssen ehrlich zugestehen, daß heute ein mittlerer Angestellter oder eine Sekretärin einen Luxus erleben, den vor 120 Jahren kaum ein regierender Fürst sich hätte erlauben können: Reisen praktisch in der ganzen Welt, Leckerbissen im nächsten Supermarkt, die mit Gold aufgewogen worden wären, eine Freiheit der Bekleidung, die damals nicht vorstellbar war, und vieles andere mehr. Das ist den Leuten durchaus bekannt. Es ist ihnen aber auch bewußt, zumal wenn sie die Nachrichten sehen oder lesen, daß dies wahrscheinlich in diesem Ausmaß nicht haltbar sein kann.

Dies wiederum hängt mit der zweiten großen Angst zusammen, der Angst davor, daß wir unsere eigenen Ressourcen derartig auffressen und vergeuden und dabei auch noch unsere eigene Welt zerstören. Wir befinden uns in einer Momentaufnahme der Geschichte, in der wir wissen, daß wir auf dem Höhepunkt eines Luxuslebens sind, das wir nicht aufrecht erhalten können. Diese fünfzig Jahre nach dem Krieg sind ein sehr seltsamer Moment der Geschichte. Wir haben Angst, weniger zu bekommen, wenn wir den Wohlstand noch einmal erweitern und mit einer größeren Gruppe teilen müssen. Ängste wie die vor der Beendigung dieses Ausnahmezustandes des Massenwohlstandes vereinigen heute die Gesellschaft. Dazu kommen Ängste vor den Fremden nebenan, vor der zunehmenden und unkontrollierbaren Kriminalität, vor AIDS, etc.

Eine andere Entwicklung reicht weit über Nordamerika und Westeuropa hinaus: Infolge der globalen Fernsehindustrie, von Filmen und Serien wie »Dallas« ist heute von Alma Ata über Wladiwostok bis Buenos Aires eine gleichmäßige Märchenwelt entstanden.

Märchen hat es immer gegeben. Der Mensch braucht Märchen, und jede Nation und jeder Stamm haben ihre Märchen entwickelt. Es gibt heute eine globale Märchenwelt, deren Einfluß auf die jeweilige Vorstellung des Lebens und der Gesellschaft sowie ihrer Entwicklung uns auf einen bisher noch unabsehbaren Weg führt. Denn diese modernen Märchen sind nicht als solche erkennbar, sondern führen eine Scheinwelt so vor, daß sie jedermann glaubhaft erreichbar scheint.

Etwas anderes muß man sich auch vor Augen halten: Die Gruppe der Leute, die lesen und früher Geschriebenes gelesen haben, ist relativ klein, wenn nicht sogar bereits eine von der Zukunftsrealität abgehobene, elitäre Minderheit. Die Menschen werden vor dem Computer sitzen, werden jede Information auf der Welt abrufen können, aber sie werden nicht mehr lesen. Auch das verändert das Bewußtsein in ungeheurem Ausmaß.

Unsere Gesellschaft befindet sich in einem tiefgreifenden Wandel. Ich habe meine Zweifel, ob eigentlich noch von einer Gesellschaft als strukturierte Gesellschaft gesprochen werden kann, und man statt dessen nicht besser von der »Bevölkerung« reden sollte, die von Ängsten und Erwartungen zusammengehalten wird. Was aber eine strukturierte Gesellschaft bildet und zusammenhält, scheint derzeit alles eher im Verschwinden. Aber zweifellos wird eine neue Gesellschaft geboren werden. Dies pflegt allerdings ein langer, schmerzvoller Prozeß zu sein.

Anne McElvoy
Die Spuren des Jahres 1989

Wir leben in einer Zeit, die sehr stark unter dem Einfluß eines Jahres steht, des Jahres 1989. Dieser annus mirabilis wird in Europa sehr oft als ein Schlußpunkt dargestellt. Er hat schließlich das Ende der Berliner Mauer gebracht und das Ende der Teilung Deutschlands und Verschwinden des sowjetischen Einflusses in Osteuropa als auch das endgültige Scheitern der kommunistischen Utopie. Viel weniger ist es in das Bewußtsein des Kontinents eingegangen, daß 1989 auch ein Neubeginn war; und das nicht nur in politischem Sinne, sondern auch für das gesellschaftliche Selbstverständnis.

Vor einiger Zeit hielt ich einen Vortrag in Oxford zum Thema DDR-Literatur, genauer gesagt darüber, wie diese nach dem Zusammenbruch des staatssozialistischen Systems zu lesen und zu interpretieren sei. Ich habe mich in der Annahme getäuscht, dieses Thema würde das Interesse des jungen Publikums wecken. Nach einer halben Stunde schien es mir, daß meine durchschnittlich 18- bis 22jährigen Zuhörer genau den Gesichtsausdruck trugen – irgendwo zwischen höflicher Konzentration und geister Abwesenheit –, den wahrscheinlich meine Generation zum Schein trug, als man versuchte, uns über die Folgen der Französischen Revolution aufzuklären. Wir wußten dunkel, daß es von Bedeutung war, konnten für unser eigenes Leben jedoch kaum eine Relevanz darin entdecken.

Die Spuren jedoch, die 1989 in uns hinterlassen hatte, nicht nur in Deutschland, sind sehr tief, ob wir es wahrnehmen wollen oder nicht. Wir in den anderen Ländern Europas müssen notgedrungen unser Verhältnis zu Deutschland neu definieren. Darüber ist vielleicht schon sehr viel gesprochen und geschrieben worden, aber ohne daß es zu einer klaren

Antwort geführt hätte. Es braucht eben viel länger Zeit, als wir uns zunächst vorgestellt haben.

Die inneren Veränderungen, die das Ende des Kalten Krieges ausgelöst haben, sind bisher wenig untersucht worden. Dennoch sind sie nicht minder dringlich. Eine Identitätskrise hat sich zusammengebraut, nicht nur in den ehemaligen sozialistischen Staaten. Die Berliner Mauer war aus dumpfem Beton, aber sie war auch in gewissem Sinne auch ein glänzender Spiegel, in den wir jeden Tag schauen konnten, um uns zu bestätigen, daß unsere Gesellschaft schöner, effizienter, befriedigender war als die Alternative. Heute sind wir viel unumgänglicher mit den eigenen Schwächen konfrontiert. Das bequeme Gefühl der moralischen Überlegenheit ist weg.

In dieser neuen Zeit sind viele linguistischen Bezeichnungen irreführend. Was bedeutet es heute »links« zu sein und was »rechts«?.

Vor einiger Zeit hielt der Vorsitzende der Labour Partei, Tony Blair, eine Schlüsselrede, in der er die Werte seiner Partei neu definierte. Er sprach nicht von Rechten, die die Bürger in der Gesellschaft hätten, sondern vielmehr von den Pflichten ihr gegenüber. Aus dem Lager seiner konservativen Gegner hallten empörte Töne: »Das sind doch unsere Begriffe, die er benutzt, das ist unsere Sprache, die er da spricht«. Blair hat sich auf seinen Lieblingsphilosophen, den amerikanischen Kommunitaristen Etzioni bezogen, aber die Grundidee, die er vertrat, war die des konservativen Vordenkers Edmund Burke, wonach sich das Verhältnis zwischen Bürger und Staat nicht primär auf das Einfordern von Rechten reduzieren läßt, sondern vielmehr auf die Entwicklung einer zivilen Treue weniger dem Staat als der Gesellschaft in ihren verschiedenen Verkörperungen gegenüber, also ein Netz von verschiedenen Loyalitäten.

Für eine sozialistische Partei ist diese Analyse in der Tat revolutionär, weicht sie doch von der traditionellen These ab, daß links zu sein bedeute, für die Neuverteilung des schon vorhandenen Reichtums und die gleichmäßige Gewährung von bereits existierenden Rechten einzutreten. Blair indessen gründet seine Vision viel stärker auf die bürgerlichen Werte, die bisher nur hinter vorgehaltener Hand unter britischen Sozialisten erwähnt wurden. Wir leben wirklich in interessanten Zeiten.

Hinter Blairs Äußerung steht die Vermutung, daß die Menschen durchaus bereit sind, mehr Verantwortung für sich zu übernehmen, als ihnen vom Staat in der Nachkriegszeit zugemutet wurde, daß sie sich sogar nach Pflichten und nicht nur nach Freiräumen sehnen. Wenn es so etwas wie einen Zeitgeist gibt, dann ist das eben erwähnte einer im klassischen Sinn. Ähnliche Debatten, bis vor kurzem der akademischen Welt vorbehalten, stehen jetzt auch ganz oben auf der Tagesordnung in allen europäischen Staaten und erst recht in den USA.

Aber wie weiter? Die Pflicht ist heutzutage eine vielgescholtene Tugend. In Deutschland hat sie einen noch schlechteren Ruf als im angelsächsischen Raum, und unsere beiden Gesellschaften sind sehr stark von dem Vertrauen auf einen soliden Sozialstaat und auf ständiges Wirtschaftswachstum geprägt. Wir wissen viel mehr zu nehmen als zu geben. Am Ende des 20. Jahrhunderts müssen wir feststellen, daß unsere einst stabilen Wurzeln sich stark gelockert haben oder gar verschwunden sind.

Der Gedanke an die Nation als identitätsstiftendes Prinzip erweckt Mißtrauen. Er wird, wie ich glaube zu Unrecht, allzu oft mit einem primitiven und chauvinistischen Nationalismus gleichgesetzt. Das gemeinsame Europa kann uns aber nur dann miteinander verbinden, wenn wir anfangen, innerhalb unserer eigenen Gesellschaften darüber nachzudenken, was uns in unseren Nationen im Innersten zusammenhält. Diese beiden Fragen sind sehr eng miteinander verflochten.

Dabei sollten die regionalen Bindungen nicht unterschätzt werden, die in Deutschland sehr wesentlich sind und die in Großbritannien mit der Aussicht auf Dezentralisierung in

Schottland und der veränderten Situation in Irland mehr Berücksichtigung erfordern. Aber je denzentralisierter die Macht, desto wichtiger ist das Bewußtsein einer Zusammengehörigkeit über die Grenzen des unmittelbaren Umfeldes hinaus.

Vor 30 Jahren stellte der Querdenker Enoch Powell eine Frage an seine Landsleute: »Sag' uns, was uns verbindet. Zeig' uns den Faden, der uns durch Tausende von Jahren führt. Flüster' uns das Geheimnis dieses bezaubernden Lebens Englands zu, damit wir in unserer Zeit zu wissen vermögen, wie wir daran festzuhalten haben«. Damals, in den 60er Jahren, war dieser Satz mit seinem Hauch von Nationalismus, sogar Romantik, Gegenstand von Spott und Hohn. Heutzutage verkörpert er für mich eine der Hauptfragen unserer Zeit schlechthin – und dies nicht nur im bezaubernden und zugleich verunsicherten Albion.

II.

Bürgertugenden und Gemeinsinn in der liberalen Gesellschaft

Wolfgang Schäuble
Bürgertugenden und Gemeinsinn in der liberalen Gesellschaft

Hat die liberale Gesellschaft noch Zukunft?

Es ist nicht lange her, da wähnten manche für einen kurzen Augenblick das gelobte Land zu sehen, damals, 1989/90, als nach dem Zusammenbruch des sozialistischen Systems Francis Fukuyama den Sieg der liberalen Gesellschaft über ihre Feinde und gut hegelianisch die Geschichte zu sich selbst, und damit zu ihrem Ende gekommen sah. Doch die Dialektik der Geschichte läßt uns so schnell nicht aus ihren Fängen, und der Sieg, den die liberale Gesellschaft errungen hat, scheint heute fast eher dem Molosser-König Pyrrhus zu Gesicht zu stehen.

Die Gefahr des atomaren Showdowns der Supermächte ist fürs erste gebannt, das ist wahr. Aber die alte bipolare Weltordnung, so bedrückend sie in ihren längerfristigen Perspektiven erschien, sie hat auch eine Vielzahl kaum weniger riskanter Entwicklungen verhindert oder unterdrückt, die jetzt offen zum Ausbruch kommen, auf dem Balkan oder in Tschetschenien, im Nahen und Mittleren Osten und wo immer sonst in den zahllosen Krisenherden dieser Erde.

Und das trifft unsere liberale Gesellschaft in einer Verfassung an, in der wir nach einem halben Jahrhundert wachsender Prosperität und sozialer Sicherheit, äußerer und innerer Stabilität, eher ermattet wirken. Für diese Ermüdung gibt es vielfältige Anzeichen. Zum Beispiel eine wachsende Neigung zu Gewalt, die sich besonders gegen leicht identifizierbare Minderheiten richtet – Ausländer, Behinderte, vielleicht demnächst – wenn ich Frau Schüllers Buch richtig verstehe – gegen Alte. Oder eine demographische Entwicklung, die, als Folge drastisch gesunkener Geburtenzahlen bei steigender Lebenserwartung, den Anteil älterer Menschen schnell ansteigen läßt mit kaum absehbaren Folgen, nicht nur für unsere sozialen Sicherungssysteme, sondern für die psychosoziale Verfassung unserer Gesellschaft insgesamt. Oder den unübersehbaren Widerspruch zwischen einem geschichtlich wohl einmaligen Maß an Wohlstand – auch und gerade in seiner breiten Verteilung – und einem hohen Maß an Larmoyanz, jedenfalls in der veröffentlichten Meinung, auch eher zunehmender Angst vor der Zukunft. Oder: Die Wochenzeitung »Die Woche« berichtet in ihrer letzten Ausgabe unter der Überschrift »Die schlaffe Gesellschaft« über eine bemerkenswerte Zunahme von Ermüdungskrankheiten.

Wie auch immer die Symptome im einzelnen sein mögen, unsere politische und gesellschaftliche Wirklichkeit ist von einem auffälligen Widerspruch gekennzeichnet zwischen Wohlergehen und wachsenden Problemen, bei geringer werdendem Vertrauen in unsere Fähigkeit, existentielle Zukunftsherausforderungen mit unserem freiheitlich rechtsstaatlichen System zu bewältigen.

Wer viel hat, hat viel zu verlieren – also wächst die Sorge vor der Zukunft, und zugleich soll das Erreichte gesichert werden. So fördert eine langdauernde Periode politischer Stabilität und wachsender Prosperität die Neigung, erlangte Besitzstände zu wahren. Wenn aber jeder jeden Besitzstand immer nur verteidigt, dann tendiert der Spielraum für politische Gestaltung gegen Null, dann bleibt nur der Status quo als kleinstes gemeinsames Vielfaches als Ergebnis öffentlicher Diskussionsprozesse bzw. strittiger politischer Auseinandersetzungen. Besitzstände neigen dazu, egoistisch, partikular zu sein. Sie sind individual- oder gruppenbezogen; indem sie Erreichtes, Errungenes verteidigen, grenzen sie ab, grenzen sie aus. Deshalb wird die Beharrungswirkung von Besitzständen noch verstärkt in einer Zeit, die die Soziologen mit Individualisierung beschreiben, Individualisierung von Lebensstilen ebenso wie Individualisierung von Interessen, Ego- oder Ellenbogengesellschaft, Hedonismus, Freizeit- oder Erlebnisgesellschaft, und wie die Stichworte alle heißen mögen. So wenig, wie langdauernder Wohlstand notwendigerweise Veränderungsbereitschaft oder Zukunftsmut fördert, so wenig auch Solidarität, sondern eher Egoismus. Selbstverwirklichung und Lebensgenuß tun sich möglicherweise auch schwerer mit dem Denken in geschichtlicher Kontinuität, mit der Verantwortung gegenüber kommenden Generationen.

Jedenfalls wachsen Zweifel an der Zukunftsfähigkeit der liberalen Gesellschaft. Schon müssen wir uns in Menschenrechtsdebatten in den Vereinten Nationen von China vorhalten lassen, unser westliches Menschenrechtsverständnis sei nur für Minderheiten, aber nicht geeignet, Milliarden von Menschen friedlich zu ernähren. Singapur weist westliche Vorstellungen von Menschenwürde und Humanität auch der straffällig Gewordenen kalt zurück, hält uns den Zerrspiegel der Verfallserscheinungen einer durch Drogen wie durch Autoritätsverlust permissiv gewordenen Gesellschaft entgegen und verweist auf die größere Dynamik seines kollektiven Systems. Und weil es dabei allenfalls vordergründig um öffentliche Ordnung oder Sittenstrenge, in Wahrheit aber viel entscheidender um Dynamik und Zukunftsfähigkeit geht, muß in diesem Zusammenhang auch Jens Reich erwähnt werden, der – aus Unmut über zu langsame Anpassung politischer und gesellschaftlicher Entscheidungsprozesse an ökologische Veränderungen – im »Spiegel« dieser Woche über die Notwendigkeit einer Öko-Diktatur schwadroniert.

Individualisierung und Anforderungen der Gemeinschaft

Ist also die liberale Gesellschaft an ihre Grenzen gelangt, ist unser System der Freiheit dabei, sich selbst zu überleben? Ich glaube das nicht. Ich bleibe überzeugt, daß eine Ordnung der Humanität und der unverwechselbaren und unveräußerlichen Menschenwürde jedes einzelnen die zukunftsträchtigere Vision bleibt. Der Triumph marktwirtschaftlicher Ordnung über sozialistische Wirtschaftssysteme hat die größere Effizienz von Ordnungen bestätigt, die an Eigeninteresse und Eigenverantwortung des einzelnen anknüpfen. Und das Streben nach politischer Freiheit ist als geschichtsmächtige Kraft seit dem Ende des Zweiten Weltkriegs auf allen Kontinenten eher noch sichtbarer geworden.

Die liberale Gesellschaft ist also nicht am Ende, sondern allenfalls immer wieder neu am Anfang. Aber der Ordnungsgedanke muß auch in der liberalen Gesellschaft erhalten bleiben. Auch die liberale Gesellschaft, auch unser System der Freiheit ist eine *Ordnung* menschlichen Zusammenlebens. Keiner lebt für sich allein. Wir kommen schon nicht allein auf die Welt und allein auch ziemlich mühsam wieder aus ihr heraus. Der Mensch ist »zoon politikón«, er ist von Natur aus auf Gemeinschaft angelegt. Die Gemeinschaft gewährt ihm die materielle Subsistenz, sie schützt ihn vor Übergriffen. Sie erst ermöglicht ihm, sich überhaupt in der Welt zu orientieren. Und daher besteht die Gemeinschaft auch in der Kontinuität der Generationen. Wir leben von der Summe der Erfahrungen und Informationen, die die um uns und vor uns gesammelt haben. Daraus ergibt sich unsere Verantwortung auch für kommende Generationen. Auch wenn das Denken in geschichtlicher Kontinuität nicht so ganz dem Zeitgeist entsprechen mag, so zeigt doch spätestens die ökologische Diskussion, daß Verantwortung für die Zukunft, Verantwortung für kommende Generationen auch heute keine Leerformel sein kann.

Deshalb bleibt die liberale Gesellschaft darauf angewiesen, die richtige Balance zu finden zwischen Individualinteressen einerseits und den Anforderungen der Gemeinschaft andererseits, und um dieses Gleichgewicht zu halten, müssen Freiheitsrechte und Individualinteressen mit Bürgertugenden und Gemeinsinn verbunden bleiben.

Das beginnt schon damit, daß die Rechtsordnung Freiheit in Wahrheit nicht begrenzt, sondern erst ermöglicht und sichert. Das allerdings setzt die Bereitschaft zu freiwilligem Rechtsgehorsam voraus. Wenn Ladendiebstähle oder Steuerhinterziehung nur noch unterbleiben, weil man die Entdekkung konkret fürchten muß, aber nicht mehr, weil einen das eigene Gewissen – jedenfalls in der Regel – daran hindert, zu stehlen, zu betrügen und dergleichen mehr, dann ist der Weg in den Orwellschen Überwachungsstaat vorgezeichnet. Dagegen steht der kategorische Imperativ von Immanuel Kant: »Handele so, daß die Maxime deines Willens jederzeit zugleich als Prinzip einer allgemeinen Gesetzgebung gelten könnte.« Diese allgemeine Sittlichkeit ist eine Voraussetzung für eine freiheitliche Rechtsordnung. Die Alternative ist in jenem Lenin oft nachgeplapperten Satz »Vertrauen ist gut, Kontrolle ist besser« beschrieben, in dem der Weg in den Totalitarismus zwangsläufig angelegt ist.

Bürgertugend als freiwilliger Rechtsgehorsam, Rechtstreue also, ist das erste. Und dazu gehört als zweites das Wissen um die Gemeinschaft, um das Angewiesensein auf Zusammenleben mit anderen. Dieses Zusammenleben wird erleichtert, wenn nicht überhaupt erst erträglich gemacht, durch scheinbar so altmodische Tugenden wie Rücksichtnahme, Pünktlichkeit, Sauberkeit und Ordnung – Verhaltensweisen, die, in moderner Sprache ausgedrückt, die Transparenz und Berechenbarkeit von Kommunikation sicherstellen. Wer sie als Sekundärtugenden diffamiert, gefährdet die Berechenbarkeit und Verläßlichkeit zwischenmenschlicher Beziehungen. Toleranz und Liberalität werden dadurch im Ergebnis gewiß nicht gefördert.

Aus der Erkenntnis, auf Gemeinschaft angewiesen zu sein, muß auch die Bereitschaft folgen, sich für diese Gemeinschaft einzusetzen. Die Sozialforschung lehrt uns, daß der Mensch zu einer Strategie des »reziproken Altruismus« neigt, daß er also eigene Vorleistungen erbringt in der Erwartung, daß sich andere ebenso verhalten. Es kommt sehr entscheidend darauf an, daß dieser generalisierte Vertrauensvorschuß nicht enttäuscht wird. Dazu ist eine »Ethik der Zugehörigkeit« notwendig, die geeignet ist, praktische Solidarität, soziales und politisches Engagement, Gemeinsinn zu befördern, der Auflösung der sozialen Gemeinschaft im Zeichen eines hypertrophen Individualismus entgegenzuwirken.

Das Angewiesensein auf das Zusammenleben mit anderen, die existentielle Abhängigkeit auch in der Abfolge der Generationen, relativiert individuelle Ansprüche und Interessen. Weil keiner für sich allein lebt, kann kein Mensch auch das Maß aller Dinge sein.

Diese Begrenzung menschlicher Existenz und die Suche nach Trost und Halt in dieser Erkenntnis war in der Menschheitsgeschichte immer Grundlage für Religiosität. Auch darüber kann gestritten werden – aber daß der Verlust an religiösen Bindungen nicht zu einer Verabsolutierung des einzelnen oder zu nachlassender Verantwortung gegenüber künftigen Generationen führen sollte, darüber sollte eigentlich nicht gestritten werden.

Soziales Kapital natürlicher Gemeinschaften

Wenn das mit Bürgertugenden und Gemeinsinn beschrieben ist und bleibt, dann stellt sich die Frage, wie das gefördert werden kann. Im institutionellen Bereich scheinen mir Subsidiarität und Dezentralisierung besonders wichtig. Die Nähe der kleinen Einheit wirkt dem Trend zum überzogenen Individualismus ebenso entgegen wie dem zu Anonymität. Tocqueville hat beschrieben, daß mit fortschreitender gesellschaftlicher Einebnung die Zahl der Menschen anwachse, deren Reichtum und Macht zwar zu gering sei, als daß sie einen großen Einfluß auf das Geschick ihrer Mitmenschen ausüben könnten, die jedoch genügend Bildung und Güter erworben haben, um sich selber genügen zu können. »Diese sind niemandem etwas schuldig, sie erwarten sozusagen von niemandem etwas, sie gewöhnen sich daran, stets von den anderen gesondert zu bleiben, sie bilden sich gerne ein, ihr ganzes Schicksal liege in ihren Händen. So läßt die Demokratie jenen nicht nur seine Ahnen vergessen, sie verbirgt ihm auch seine Nachkommen und trennt ihn von seinen Zeitgenossen; sie führt ihn ständig auf sich alleine zurück und droht ihn schließlich ganz und gar in der Einsamkeit seines eigenen Herzens einzuschließen.«

In extremer Form wird dasselbe heute als »Cocooning« bezeichnet, als Neigung, sich monadenhaft und, unterstützt durch die technischen Möglichkeiten des Multimedia- und Computerzeitalters, in künstliche Privatwelten förmlich einzuspinnen. Darüber lösen sich soziale Bindungen zunehmend auf. Bischof Franz Kamphaus bewegte dies vor kurzem zu der Frage, ob moderne Gesellschaften vielleicht am Ende unvermeidlich an ihrer Atomisierung, an »Solidaritätserschöpfung« zugrunde gehen.

Dabei steht Solidarität doch allem Anschein nach hoch im Kurs: Solidarität mit streikenden Metallarbeitern, Solidarität mit Greenpeace-Aktivisten, Solidarität mit Befreiungsbewegungen in der Dritten Welt. Das hört sich gut an, und Solidarität mit Bürgerkriegsopfern und unterdrückten Minderheiten ist gewiß etwas Begrüßenswertes – aber sind das nicht allzu oft nur Ersatzhandlungen? Die moderne Einsamkeit, so Odo Marquard, bringt den einzelnen dazu, als Ersatz für zwischenmenschliche Anteilnahme die Kommunikation mit dem Fernbereich »überemphatisch zu aktivieren« – ein Phänomen, das bereits Friedrich Nietzsche als Tendenz des modernen Menschen zur Fernstenliebe bezeichnet hat. Wieviel leichter fällt das Engagement für Menschenrechte in fernen Erdteilen als die konkrete Sorge für die gebrechliche Dame im Nachbarhaus! Peter Koslowski hat auf den Punkt gebracht, was die Gefahr solcher Solidarität ist: »Weil wir nicht die

Verantwortung für die Wohlfahrt der ganzen Welt übernehmen können, übernehmen wir sie dann oft für überhaupt niemand.«

Dem wirkt Nähe entgegen, Nähe in erster Linie in natürlichen Gemeinschaften, in Familie, örtlicher Gemeinschaft, regionaler Verbundenheit. Der amerikanische Politikwissenschaftler Robert Putnam schlug jüngst den Begriff des »sozialen Kapitals« vor, um damit den Beitrag zu bezeichnen, den sozialer Zusammenhalt, soziale Verhaltensstandards, soziale Beziehungen leisten, damit eine Gesellschaft, damit Wirtschaft, Politik und andere Lebensbereiche überhaupt funktionieren können. Offensichtlich gibt es auch bei sozialem Kapital – frei nach Marx – so etwas wie eine ursprüngliche Akkumulation, nämlich die Akkumulation in den natürlichen menschlichen Gemeinschaften. Hier entsteht der Ertrag aus sozialem Zusammenhalt, aus Gemeinsinn gleichsam urwüchsig, hier wird er für die Verwendung auch in anderen Lebenszusammenhängen angesammelt. Wenn wir etwas gegen die Tendenzen zur Desintegration, zur Auflösung von innerem Zusammenhalt in der liberalen Gesellschaft unternehmen wollen, dann müssen wir diesen Prozeß der Ansammlung von sozialem Kapital in natürlichen Gemeinschaften nach Kräften stärken und unterstützen.

»Am besten fängt man dort an, wo jede neue Generation ihre moralischen Wurzeln hat: zu Hause, in der Familie«, so heißt es in dem Manifest der amerikanischen Kommunitaristen, das auch bei uns in Deutschland breite Beachtung gefunden hat. In der Tat: Die Vermittlung von Gemeinsinn, von sozialen Verhaltensstandards, von Wertüberzeugungen vollzieht sich noch immer in erster Linie in der Familie, und in dieser Vermittlungsleistung müssen die Familien bestärkt werden. Das setzt Erziehung – und das heißt heute insbesondere: Mut zur Erziehung – voraus. Erziehung aber kommt nicht aus ohne Leitbilder, ohne Autoritäten, und deshalb ist es an der Zeit, sich vorurteilsfrei über die Notwendigkeit von

Autorität und Vorbild, auch und gerade in der liberalen Gesellschaft, zu unterhalten.

Freiwilliger Zusammenschluß und Ehrenamt

Es gibt einen zweiten Weg, die sozialen Bindekräfte in der liberalen Gesellschaft weiter zu stärken; schon Tocqueville hat auf ihn verwiesen – es war die große Entdeckung seiner Amerikareise 1831: »Die Amerikaner jeden Alters, jeden Standes, jeder Geistesrichtung schließen sich fortwährend zusammen. Sie haben nicht nur kaufmännische und gewerbliche Vereine, denen alle angehören, sie haben auch noch unzählige andere Arten: religiöse, sittliche, ernste, oberflächliche, sehr allgemeine und sehr besondere, gewaltige und ganz kleine; die Amerikaner tun sich zusammen, um Feste zu geben, Seminarien zu begründen, Gasthöfe zu bauen, Kirchen zu errichten, Bücher zu verbreiten, Missionare zu den Antipoden zu entsenden; sie errichten auf diese Weise Spitäler, Gefängnisse, Schulen. Handelt es sich schließlich darum, eine Wahrheit zu verkünden oder ein Gefühl mit Hilfe eines großen Beispiels zu fördern, so gründen sie Vereinigungen. Überall, wo man in Frankreich die Regierung und in England einen großen Herrn an der Spitze eines neuen Unternehmens sieht, wird man in den Vereinigten Staaten mit Bestimmtheit eine Vereinigung finden« – man könnte heute hinzufügen: eine Gemeinschaft, in der soziales Kapital, sozialer Zusammenhalt und Gemeinsinn geschaffen und vermehrt werden können. Dreh- und Angelpunkt ist freilich die Bereitschaft des einzelnen, hierfür Zeit und Geld zu investieren, Funktionen und Ämter – Ehrenämter – in solchen freiwilligen Zusammenschlüssen zu übernehmen.

Der amerikanische Soziologe und Kommunitarist Amitai Etzioni erwähnt in diesem Zusammenhang das Beispiel der Stadt Seattle, deren Verwaltung es zu teuer war, einen aufwendigen Rettungsdienst für Herzinfarktopfer aufzubauen, woraufhin es privaten Bürgerinitiativen gelang, 400000 Einwohnern, der halben Stadt, einschlägige Rettungstechniken beizubringen, so daß heute jedes Infarktopfer innerhalb von einer halben Minute Erste Hilfe finden kann, und zwar ohne Kosten für die Stadtkasse. Dies, so Etzioni, habe das Zusammengehörigkeitsgefühl in der Stadt ganz allgemein erheblich gefördert, so daß Seattle heute beispielsweise eine der höchsten Abfallrecyclingquoten in den USA hält.

Das Beispiel lehrt zweierlei: Zum einen muß dem Bürger immer wieder vor Augen geführt werden, welchen Vorteil, welchen »Mehrwert« er aus solidarischem, aus kooperativem Verhalten und persönlichem Einsatz ziehen kann. Tocqueville sprach vom wohlverstandenen Eigennutz, der die Bürger in Amerika laufend dazu dränge zu zeigen, wie glücklich der Nutzen des einzelnen und der allgemeine Nutzen doch miteinander harmonierten, daß sich die Bereitschaft zu gegenseitiger Hilfe für den einzelnen genauso lohnt und »rechnet« wie für die Gemeinschaft.

Mit materieller Entlohnung hat dies wenig zu tun, im Gegenteil: Materielle Anreize sind nach aller Erfahrung eher geeignet, moralische Anreize zu zerstören, als sie irgendwo sinnvoll zu ergänzen. In Koexistenz mit monetärer Entlohnung wird ehrenamtliche Tätigkeit zur Naivität »entwertet« – eine Lehre, die es zu beherzigen gilt, wenn wir von der Förderung des Ehrenamtes in unserer Gesellschaft reden. Nicht staatliche Förderung ist das Entscheidende; entscheidend ist, daß es gelingt, die Bereitschaft zu ehrenamtlichem Engagement und die Anerkennung dafür in der Öffentlichkeit zu erhalten. Wer sich für andere engagiert, wer Dienst am Nächsten leistet, dem muß Wertschätzung entgegengebracht werden, der darf nicht nur mitleidig belächelt werden, weil er sich für etwas hat »breitschlagen lassen«, das ihm außer Mühen nichts einbringt.

Das Prinzip der Subsidiarität darf auch in der Sozialpolitik nicht außer acht gelassen werden, die grundsätzliche Nachrangigkeit sozialstaatlicher Bürokratie gegenüber privater Selbsthilfe, freiwilligen Zusammenschlüssen und Selbsthilfe-Netzwerken der Bürger. Das Problem scheint mir heute weniger zu sein, daß die Menschen mit vermehrten Anforderungen an Gemeinsinn und die Bereitschaft zu persönlichem Einsatz überfordert wären, sondern im Gegenteil, daß ein Zuviel an staatlicher Entlastung und Fürsorge das Potential solidarischer Kräfte mehr als notwendig zuschüttet. Insofern kann ein Übermaß an kollektiver Sicherung demotivierend wirken, weil sie von Eigenverantwortung und freiwilliger Solidarität zu sehr entlastet. Die Höhe von Staats-, Steuer- und Abgabequote hat also durchaus einen Bezug zu unserem Thema.

Und wem ehrenamtliche Tätigkeit in Sport- und kulturellen Vereinen oder sozialen Organisationen am Herzen liegt, der sollte darauf achten, daß die noch so gut gemeinte Konkurrenz etwa von Volkshochschulen diese nicht an den Rand drängt.

Personale Verantwortung und repräsentative Demokratie

Auf die Bereitschaft, personale Verantwortung anzunehmen und wahrzunehmen – darauf sind wir in nahezu allen Lebensbereichen dringend angewiesen: nicht nur im Sozialbereich, auch im Bereich von öffentlicher Sicherheit und Ordnung – Stichwort Zivilcourage –, in Bildung und Erziehung, im Arbeits- und Wirtschaftsleben, wo berufliche Selbstverwaltung und Tarifautonomie ebenso als Elemente von Subsidiarität und Dezentralisierung zu nennen sind.

Diese dienen nicht nur der Machtbegrenzung, sondern sie stärken zugleich personale Verantwortungselemente gegenüber einer Entwicklung, die zwischen den Polen der Anonymität und des Individualismus die notwendige Gemeinschaftsfähigkeit verlieren könnte.

Dem entspricht in unseren Verfassungsinstitutionen das Prinzip der Repräsentation. Die repräsentative Verfassung setzt – aktiv und passiv – auf persönliches Vertrauen und Vertrauenswürdigkeit und sie wirkt der Anonymität von Entscheidung und Verantwortung entgegen. Die liberale Gesellschaft steht in einer Beziehung zu individueller Verantwortung, zu freiwilliger Ausrichtung an vorgegebener Überzeugung, Ethos, Pflichtenkanon und Wertekonsens. Auf dieses personale Element setzt das Institut der Repräsentation für die politische Willensbildung, und nach meiner Überzeugung bietet die repräsentative Verfassung gerade auch in unserer zu kurzfristiger Hysterisierung ebenso wie zur Erstarrung in Besitzständen neigenden politischen und gesellschaftlichen Wirklichkeit größere Chancen für Sachgerechtigkeit, Mäßigung und Zukunftsorientierung politischer Entscheidungen. In jedem Fall stärkt es den Gedanken persönlicher Verantwortung und kann damit einen Beitrag zur notwendigen Balance von Einzelinteressen und Gemeinschaftsfähigkeit in der liberalen Gesellschaft leisten.

Vertrauen hat auch mit personaler Würde zu tun, was mich zu dem Hinweis führt, daß auch Distanz ein notwendiges Element solchen Vertrauens ist. Die menschliche Unvollkommenheit wird durch Reste von Diskretion leichter erträglich als durch totale Transparenz – eine Erfahrung, die im Zeitalter des Datenschutzes eigentlich nicht vergessen sein dürfte, an die zu erinnern aber angesichts falsch verstandener Bürger- und Basisnähe und angesichts der Distanzlosigkeit moderner Medienwirklichkeit alles andere als überflüssig erscheint.

Gesetzlichen Regelungen ist derlei schwer zugänglich, aber das gilt ja für das Gesamtfeld von Bürgertugenden und Gemeinsinn. Dementsprechend mag der Hinweis auf Selbstbeschränkung weiterführen, freiwilliges Sichbewußtmachen und Einhalten von Grenzen, Selbstbeschränkung ist in der liberalen Gesellschaft ganz allgemein eine notwendige Tugend, und wenn man Tendenzen von hypertropher Bürokratie oder Verrechtlichung aller Lebensbereiche besorgt, dann mag der Rat zur Selbstbeschränkung an alle, die Verantwortung tragen in Exekutive, Legislative und rechtsprechender Gewalt, erlaubt sein.

Wo der Staat oder das Kollektiv verantwortlich ist, fühlt sich der einzelne von Verantwortung entlastet. Und wo alles rechtlich geregelt ist oder geregelt sein muß und wo jeder vermeintliche Anspruch, jedes Interesse, jede Betroffenheit bis zum letzten Punkt und Komma durchprozessiert werden kann, da nimmt die Bereitschaft zum freiwilligen Interessenausgleich ab. Liberalität wie Gemeinschaftsfähigkeit aber werden durch die Abnahme personaler Verantwortung und freiwilliger Konsensbereitschaft geschwächt.

Weil Reglementierung im Zusammenhang meiner Überlegungen eher schadet als nützt, bleibt die Frage, was die Politik sonst beitragen kann. Ich setze auf Bewußtseinsbildung, also auf öffentlichen Diskurs. In diesem Diskurs müssen Eliten eine besondere Verantwortung übernehmen, sie müssen sich in besonderer Weise engagieren. Wilhelm Hennis hat einmal davon gesprochen, damit sich Bürgersinn und Gemeinsinn entwickeln könnten, bedürfe es der Vorbilder, einer beispielhaft vorgelebten Praxis politischen Lebens. Dies ist unverändert richtig: Nur aus persönlichem Beispiel wachsen Überzeugungskraft und Glaubwürdigkeit, wachsen Akzeptanz und Vertrauen.

Nationale Identität und gemeinsame Werte

Und ich setze darauf, Gemeinschaften nicht nur auf intellektuelle Einsicht, sondern auch auf die Bindekraft der Emotion abzustützen. Emotionale Einbindung in eine Gemeinschaft, die durch Übereinstimmung, durch gemeinsame Kennzeichnungen und Erfahrungen definiert ist, ist immer auch eine Rückversicherung des Individuums, irgendwo aufgehoben zu sein. Daraus speist sich Identität.

Daher ist die Nation noch immer die entscheidende Identifizierungsgrundlage für die staatliche Gemeinschaft. Bereits Montesquieu war bekanntlich der Überzeugung, daß die Demokratie ohne ein ausreichendes Maß an Patriotismus, ohne Liebe zum Vaterland, nicht Bestand haben kann, wobei es für ihn nur ein sicheres Mittel gab, diese Neigung der jungen Generation zu vermitteln, nämlich indem die Älteren sie vorlebten. Gewiß, die nationale Identität ist nur eine Identitätsebene neben anderen. Aber sie ist eine Größe, die nicht vernachlässigt werden darf. Richtig verstanden, darf auch sie nicht ausgrenzen, sondern muß integrieren. Wer sich seiner eigenen Identität und Gemeinschaft sicher ist, bleibt auch besser zum Austausch mit und zur Toleranz gegenüber anderen fähig. Das gilt auch und gerade für die europäische Einigung, von der Dahrendorf 1991 zu Recht geschrieben hat, daß sie noch lange auf die Bindung der Europäer an ihre Nationen – und über diese mittelbar an Europa – angewiesen bleibe. Ohne unsere nationalen Bindungen als Polen, Franzosen oder Deutsche werden wir noch lange keine guten Europäer sein. So bleibt die nationale Gemeinschaft eine wichtige Quelle des Zusammenhalts, des Gemeinsinns und des Pflichtenbewußtseins.

Gemeinsame Identität und Zusammengehörigkeitsgefühl konkretisieren sich in gemeinsamen Wertüberzeugungen. Die freiheitlich-pluralistische Ordnung ist auf einen Grundbestand an gemeinsamen Werten und Überzeugungen besonders angewiesen. Ein solcher Wertekonsens muß jeder freiheitlichen Staats- und Verfassungsordnung vorausgehen und zugrunde liegen. Ernst-Wolfgang Böckenförde hat dies in die Formel gekleidet, daß der freiheitliche Staat von Voraussetzungen lebt, die er selbst nicht garantieren kann.

Auch in unserer säkularen Gesellschaft ist dieser Wertekonsens geprägt von christlich-abendländischer Überlieferung. Dies beginnt bei den 10 Geboten, auf deren alltagsmächtige Wirksamkeit selbst noch so kirchenferne Zeitgenossen doch in aller Regel zu Recht vertrauen können, reicht über die Tugendlehre der Antike und christlichem Mittelalter bis zu den Menschenrechtserklärungen der Neuzeit und bis in unser Grundgesetz, das die unverzichtbaren Wertegrundlagen auch der modernen pluralistischen Gesellschaft in einer sehr geglückten Weise zusammenfaßt: Unantastbarkeit der Menschenwürde, die Unverfügbarkeit von Leben, die Freiheit, die grundsätzliche Gleichheit, die Verpflichtung zur Hilfe gegenüber anderen, das Subsidiaritätsprinzip, die Bedeutung der Familie. Die Orientierung an einem solchen gemeinsamen Wertekanon ist ein entscheidendes Element der Verklammerung, um angesichts einer auseinanderstrebenden Vielfalt von Interessen, Motiven und Neigungen der liberalen Gesellschaft den notwendigen inneren Zusammenhalt zu bewahren.

Balancieren von Individualinteressen und Gemeinschaft, Abwägen zwischen Ratio und Emotio, Verstand und Herz, all das hat letztlich mit dem Wissen um die Begrenztheit und Fehlbarkeit jedes Menschen und seines Handelns zu tun.

»Wo immer in der Welt einer nicht mehr weiß, daß er höchstens der Zweite ist, da ist bald der Teufel los«, sagte Bischof Reinelt bei seiner eindrucksvollen Predigt zum 50. Jahrestag der Zerstörung Dresdens am 12. Februar dieses Jahres.

Es geht also nicht darum, das Projekt der Aufklärung aufzugeben oder sich mit seinem Scheitern resignierend abzufinden; sondern es geht gegen die Verabsolutierung. Auch die Aufklärung muß der Versuchung zur Hybris widerstehen. Wie wenig der Mensch weiß, das haben seit Sokrates die Klügsten gewußt und gesagt, und diese Bescheidenheit setzt das Maß.

Aus Vernunft und Bescheidenheit, aus Mut und Demut, aus solcher Mischung nähren sich Toleranz und Liberalität, wächst Zukunft. Und das hält die moderne Gesellschaft zusammen.

Helmut Dubiel
Von welchen Ressourcen leben wir? Erfolge und Grenzen der Aufklärung

Die liberale Gesellschaft ist in eine Krise geraten. Sie ist in eine Krise geraten, weil die Bestände eines überkommenen Gemeinsinns, von denen sie für Jahrhunderte zehren konnte, deutliche Zeichen von Erschöpfung zeigen. Wenn wir unsere politische Gegenwart und unseren Ort in ihr uns und anderen zu erklären versuchen, bewegen wir uns unausweichlich im Horizont von Denkformen, die in der Epoche der europäischen Aufklärung entstanden sind. Wir mögen uns als Konservative verstehen, als Liberale und Sozialisten. Wir sind alle Kinder der Aufklärung. Freilich ist die Beschwörung dieser Familientradition selten konsensstiftend. Die Undeutlichkeit der Verpflichtungen, die sich aus ihrem Erbe für uns ergeben rührt schlicht daher, daß wir die Zeitgenossen einer *spät*aufklärerischen Wirklichkeit sind, – das heißt einer Gesellschaft, die das Rechtfertigungskapital, das sie aus ihrer Entgegensetzung zu vorbürgerlichen Zuständen ziehen konnte, heute längst aufgebraucht hat. Darum kann, wer sich heute in der Absicht einer Orientierung in unserer Gegenwart auf jene Vorstellungswelt des 18. Jahrhunderts bezieht, gar nicht umhin, sich der dramatischen Bedeutungsveränderungen zu vergewissern, die die Aufklärung im Zuge ihrer Durchsetzung erfahren hat.

Die Marktgesellschaft und die »Gewohnheiten des Herzens«

Die in der Tradition der Aufklärung angelegten Spannungen will ich am Problem des Verhältnisses von Marktwirtschaft und öffentlicher Moral (Gemeinsinn) demonstrieren. Bei vielen Denkern des 18. Jahrhunderts, die wie etwa Montesquieu noch in dem Bann der alten Welt standen, finden wir zunächst ein unzweideutiges Lob der Marktgesellschaft. Ihr wurde nicht nur eine höhere ökonomische Effizienz zugesprochen, sondern vor allen Dingen auch eine höhere moralische und kulturelle Qualität. Der nach den Religionskriegen oft zitierte Satz »es ist besser, daß die Menschen auf dem Markt konkurrieren, als daß sie sich auf dem Schlachtfeld erschlagen«, stand für die seinerzeit verbreitete Erwartung, daß ökonomische »Interessen« die destruktiven politischen »Leidenschaften« befrieden könnten. Nur ein Jahrhundert später werden die Prämissen dieses Arguments umgekehrt. Nun wird die Furcht vor sozialzerstörerischen Tendenzen mit dem Aufkommen der Marktgesellschaft selbst ursächlich verknüpft.

Interessanterweise wird die Befürchtung, daß eine von ethischen Prinzipien nicht eingehegte Marktvergesellschaftung ihrerseits zerstörerische Folgen haben könnte, gerade von *den* führenden bürgerlichen Philosophen artikuliert, die ansonsten nicht müde wurden, die Festigung liberaler Gesellschaften als Ereignis von universalhistorischem Rang zu feiern. Adam Smith, Hegel und Tocqueville hatten die Befürchtung, daß das Organisationsprinzip des Marktes die politischen und kulturellen Fundamente liberaler Gesellschaften auch untergraben kann.

Paradigmatisch läßt sich dieser Gedanke an der Argumentation von Alexis de Tocqueville demonstrieren. Er war wie Adam Smith und Hegel der Auffassung, daß Marktgesellschaften sich nicht kraft ihrer eigenen Logik stabilisieren können. Tocqueville hat keineswegs einen rein kritischen Begriff des bürgerlichen »Individualismus«, den er von der »Selbstsucht« unterschieden wissen will. Er sagt: »Die Selbstsucht dörrt alle Tugenden im Keim aus, der Individualismus legt vorerst nur den Quell der öffentlichen Tugenden trocken. Mit der Zeit freilich greift er alle anderen an und versinkt schließlich in die Selbstsucht.« Damit also der in den Institutionen des Wirtschaftslebens sich äußernde »Individualismus« nicht in die zerstörerische »Selbstsucht« umschlägt, müßte – so Tocqueville – das Prinzip egozentrischer Nutzenverfolgung eingebunden bleiben in religiöse, kulturelle und politische Normen, die alltägliche Solidarität, Reziprozität und Orientierung an allgemeinen Interessen auch unter Marktbedingungen garantieren. Eben diese eine Marktvergesellschaftung komplementär stützenden nichtkommerziellen Wertbestände sah Tocqueville in der nordamerikanischen Demokratie seiner Zeit verwirklicht. Die demokratische Beteiligung der Bürger an den öffentlichen Angelegenheiten, die dezentrale Struktur der Verwaltung, das rege Vereins- und Clubleben, die zahlreichen nichtkommerziellen Bürger-Assoziationen und schließlich eine lebendige protestantische Gemeindekultur boten nach Ansicht Tocquevilles die Gewähr dafür, daß die bürgerliche Gesellschaft nicht durch die »Selbstsucht« ihrer Bürger zerstört wird. Für eben diese, die Marktgesellschaft komplementär stützenden, weil sie moralisch einhegenden Wertbestände verwendet Tocqueville den schönen Begriff der »Gewohnheiten des Herzens«.

In der Durchsetzung der Marktgesellschaft lassen sich nach meiner Auffassung drei Dimensionen unterscheiden, in der dieser neue Gesellschaftstypus abhängig war von den »Gewohnheiten des Herzens«, das heißt von nichtmarktförmigen moralischen Ressourcen. In der *historischen* Dimension konnte sich die neue Ordnung (1) auf ein dickes Polster vormoderner Sinn- und Verpflichtungssysteme stützen. So blieben z. B. auch die jetzt tauschvermittelten Arbeitshandlungen angewiesen auf Motivquellen, die noch aus früheren, nämlich ständisch-handwerklichen und bäuerlichen Traditionen stammten. – (2) beruhte die Festigung der marktwirtschaftlichen Ordnung auf der *kulturellen* Garantie einer Lebenswelt, die in all ihren Aspekten der Logik des Marktes entgegengesetzt war. So sind zum Beispiel die der bürgerlichen Frau und Mutter abverlangten Eigenschaften wie die des unbedingten Altruismus, der Selbstzurücknahme, der Empathie und Pflegebereitschaft Punkt für Punkt spiegelbildliche Umkehrungen jener Verhaltenserwartungen, die auf dem Markt dem männlichen Unternehmer zugeschrieben werden: wie z. B. Aktivismus, Orientierung am Eigennutz, instrumentelle Rationalität etc. – Auch in ihrer *sozialstrukturellen* Dimension konnte sich (3) eine Marktordnung nur deshalb stabilisieren, weil das ihr korrespondierende Ethos der Nutzenverfolgung nur den Unternehmern zugestanden wurde.

Die Identitätskrise spätliberaler Gesellschaften

Wenn ich diese inzwischen historisch geschwundenen Elemente einer aus traditionalen Quellen sich speisenden moralischen Ökologie der Marktwirtschaft so skizziere, zeichnet sich die zeitdiagnostische Pointe meines Arguments bereits ab. Denn die traditionalen Polster, auf die sich – bis vor noch wenigen Jahrzehnten – der Respekt vor der Autorität des Staates, der Gehorsam gegenüber den Gesetzen und eine Ethik der Arbeit stützen konnten, sind verschlissen. Auch die klassische liberale Grenzziehung zwischen dem sozialen Raum des Marktes und dem privat-intimen Erlebnisraum der Liebe und der Kunst ist durchlässig. Und in der voll entfalteten Marktwirtschaft sind die Symptome des utilitaristischen Kalküls, der Statuskonkurrenz und der strategischen Rationalität nicht mehr auf die bürgerlichen Kernschichten beschränkt. Wir finden sie tendenziell bei allen Individuen, weitgehend unabhängig von Schicht und Geschlecht.

Diese von mir nur angedeuteten Tendenzen der Gegenwart – Auflösung vormoderner Traditionen, Aufhebung eindeutiger Scheidelinien zwischen Privatheit und Öffentlichkeit und die sozusagen »demokratische« Entgrenzung marktrationalen Verhaltens – bezeichnen freilich in keiner Weise das Ende äder *bürgerlichen* Gesellschaft, sondern lediglich ihren massenhaften, durch traditionale Kulturreste nicht mehr abgefederten Triumph. Die verbreiteten Identitätskrisen, die Krisen der sozialen Integration spätliberaler Gesellschaften und die Schwierigkeiten ihrer politischen Steuerung ergeben sich daraus, daß die in der Sphäre des Marktes gültigen Regeln des Verhaltens über ihre Grenzen überdehnt und durch nichtmarktförmige Kulturbestände nicht mehr zureichend in Schach gehalten werden.

Dadurch ist uns ein Problem ins Bewußtsein getreten, welches der Marktwirtschaft zwar seit ihren Ursprüngen eigen ist, welches aber im langen Schatten einer noch traditionalen Kultur für Jahrhunderte verborgen bleiben konnte. Eine vor allem auf die Zweckvorgaben des Marktes bezogene Modernisierung der Gesellschaft nährt sich – quasi parasitär – von moralischen Ressourcen, welche sie innerhalb ihres eigenen institutionellen Regelwerks nicht mitproduzierte. In einer gewagten Metapher könnte man sagen: Zu ihren moralischen Ressourcen verhält sich die Marktgesellschaft wie die große Industrie: sie werden im Zuge ihrer Expansion verbannt.

Nachtraditionale Kultur und Sinnsystem der modernen Bürgergesellschaft

Nun darf man sich – verführt von der suggestiven ökologischen Metaphorik – die Erschöpfung traditionaler Sinnressourcen nicht zu buchstäblich vorstellen. Ähnlich wie in der Ökologie der Natur tritt auch in der Ökologie der Moral niemals eine Nullsituation ein, in der alle sinnhaften Potentiale erschöpft sind. Denn moderne Gesellschaften sind als *moderne* gerade dadurch definierbar, daß ihre Bürger psychische Kompetenzen, kulturelle Praktiken und politische Institutionen entwickeln, die jenen Verschleiß an traditionalen Sinnressourcen vielleicht ausgleichen können. In vielen lebensweltlichen Innovationen, alltagskulturellen Praktiken, in massenmedialen Inszenierungen und in demokratischen Institutionen entstehen kollektive Orientierungsmuster, die keine naturwüchsige traditionale Basis mehr haben. Der Sammelbegriff für diese schillernden Phänomene ist der der *nachtraditionalen Kultur*. Ich nenne diese Phänomene schillernd, weil in ihren konkreten empirischen Erscheinungsformen Merkmale demokratischer Autonomie, konsumistischen Sinnersatzes und autoritärer Manipulation oft bis zur Unentwirrbarkeit verfilzt sind.

Das radikal Neue und die eigentümliche Modernität dieser nachtraditionalen Orientierungsmuster wird vielfach vernachlässigt. Es gibt und gab wirkmächtige politische Richtungen, die die politische Relevanz dieser nachtraditionalen Orientierungsmuster gar nicht erst zur Kenntnis nahmen. Das ist, oder besser *war* für lange Zeit ein ökonomistischer Marxismus, der das Problem normativer Desorientierung und Anomie für ein bürgerliches Scheinphänomen hielt, das nach der Revolution schlagartig verschwindet, weil sich dann alle Menschen fortan mit unerschöpflicher Solidarität begabt in vollends durchsichtigen Sozialverhältnissen einander als Gleiche problemlos anerkennen würden. – Die andere und heute politisch sehr relevante Position, die den demokratischen Stellenwert posttraditionaler Orientierungsmuster verkennt, ist die des neuen Konservatismus. Sie ist *konservativ* darin, daß sie Phänomene normativer Orientierung und moralischer Verpflichtung letztlich nur in traditionaler Form für möglich hält. Und sie ist *neo*konservativ darin, daß sie die Augen nicht davor verschließt, daß diese traditionalen Sinnpolster in der Moderne weitgehend verschlissen sind. Auf die unbestrittene Symptomatik eines als solchen nicht bestrittenen kulturellen »Waldsterbens« (Klages) reagieren Neokonservative mit dem Programm einer politisch organisierten Wiederaufforstung von Sinn- und Pflichtmotiven. Es wird zur Aufgabe der Schul-, der Familienpolitik und der Kulturpolitik überhaupt erklärt, traditionale Sinnreste unter Naturschutz zu stellen und die Wiederausdehnung ihrer Geltung autoritär anzuordnen. In einer mich irritierenden Direktheit entwirft z. B. Wolfgang Schäuble eine Politik der Verpflichtung auf traditionale nationale und familiale Orientierungen, die die herkömmliche Geltungskraft von Sinn- und Pflichtmotiven einfach wieder per administrativer Anordnung ins Recht setzen möchte. Ein solches Programm ist nicht nur unwirksam, weil sich Sinnorientierungen und existentielle Verpflichtungsgefühle kaum administrativ erzeugen lassen, sondern es steht auch im Widerspruch zum liberalen Erbe der Aufklärung. Denn von traditionalen wie von autoritären politischen Ordnungen unterscheidet sich der liberal-demokratische Staat gerade dadurch, daß er die sinnhaften Bedingungen seiner Existenz nicht selbst in Regie nimmt.

Die politischen Kulturen westlicher Gesellschaften sind bestimmt durch eine irreversible Auflösung jener Traditionen, die die moralische Integration sozusagen hinter dem Rücken der Bürger garantieren. Ihre Sinnsysteme sind durch eine so dramatische Pluralisierung, Privatisierung und Säkularisierung gekennzeichnet, daß sie in keiner Weise mehr als kulturelles Fundament einer politischen Ordnung taugen. Darum hängt das Schicksal der modernen Bürgergesellschaft von der eigentümlichen Fähigkeit ab, die moralischen und die institutionellen Bedingungen des Zusammenhalts der Bürger selbst zu erzeugen. Wenn wir von einer *demokratischen* Bürgergesellschaft sprechen, dann setzen wir auf die Hoffnung einer Form der sozialen Integration, deren Bedingungen von den Menschen selbst erzeugt wird.

Ich will meine These abschließend an zwei Problembereichen demonstrieren: 1. am Verhältnis von Gemeinsinn und Institution und 2. am Verhältnis von Konflikt und Gemeinschaft in der Demokratie.

Solidaritätsbereitschaft und die Logik institutioneller Regelungen

Die modernen westlichen Demokratien sind durch zwei gegenläufige Entwicklungen charakterisiert. Zum einen sind die traditional eingelebten Bestände von Gemeinsinn stark erodiert. Zum anderen wachsen im Umweltverhalten, in den Konflikten zwischen den Geschlechtern und Generationen sowie in Konflikten zwischen Mehrheitsgesellschaft und Minderheiten eben die politischen Problembereiche stark an, die, weil sie weder durch Preisbildung noch durch staatlichen Rechtszwang zureichend gesteuert werden können, immer stärker auf die einsichtsvolle individuelle Gemeinschaftsverpflichtung des Bürgers und der Bürgerin setzen müssen. Nach meinem Eindruck wird zukünftig eine zentrale Aufgabe der Politik darin entstehen, die institutionellen und rechtlichen Regelungen in der Sozial-, der Gesundheits-, der Umweltpolitik daraufhin zu befragen, ob sie verantwortungsethisches und solidarisches Handeln von Bürgern *ermutigen* oder *entmutigen*. In den modernen Gesellschaften, die sich kraft der Erosion traditional verbürgter Gemeinsinnspotentiale auf das Handeln ihrer Bürger nicht mehr selbstverständlich verlassen können, sind nämlich Solidaritätsbereitschaft und die Logik institutioneller Regelungen in ein neues Verhältnis getreten. Zwar wird verantwortungsethische Handlungsbereitschaft nicht durch die Institutionen selbst erzeugt. Es wird vielmehr in Erziehungsprozessen erworben, auf welche der Staat nur einen indirekten Einfluß hat. Aber die Institutionen, mittels derer die Gesellschaft auf sich selbst einwirkt, können auch daraufhin betrachtet werden, ob sie die latente Solidaritätsbereitschaft der Bürger abrufen können, oder ob sie sie systematisch verfehlen. Während totalitäre Gesellschaften ihre Bürger gemeinschaftlich *überfordern* und deshalb die Erfüllungslücke durch Dauermobilisierung und Terror kompensieren müssen, neigen die Institutionen in liberalen Gesellschaften dazu, ihre Bürger *moralisch* zu unterfordern. So haben z. B. die liberalen Kerninstitutionen des Marktes, des individuell zugeteilten Bildungszertifikats und des Wahlgeheimnisses die abstrakte Gemeinsamkeit, daß sie von verantwortungsethischer Folgereflexion von Handlungen a priori entlasten. Ich will nicht den Markt abschaffen. Zur Individualprüfung will mir keine rechte Alternative einfallen. Das Recht der geheimen Wahl ist eine verfassungsrechtliche Errungenschaft. Ich will nur darauf aufmerksam machen, daß der Bürgersinn in nachtraditionalen Gesellschaften ein äußerst versehrbares Gut ist, dessen Bestand in immer stärkerem Ausmaß von institutionellen Ermutigungseffekten abhängt. Es könnte ja sein, daß die verbreitete Klage der Politiker über den schwindenden Bürgersinn falsch ist und das Problem einer demokratischen Bürgergesellschaft eigentlich darin besteht, daß die längst vorhandenen Solidaritätsbereitschaften der Bürger durch die vorhandenen Institutionen nicht erschlossen werden.

Konflikt und Gemeinschaft in der Demokratie

Hartnäckig hält sich das Vorurteil, besonders unter den Deutschen, daß Gesellschaften durch das harmonische Einverständnis ihrer Bürger zusammengehalten werden. Nur ganz selten wird deutlich, daß gerade der spezifische Umgang mit Konflikten den eigentlichen sozialen Kitt unserer Demokratien bildet. Demokratische Gesellschaften erhalten sich ja nicht dadurch, daß alle Konfliktgruppen ihre Interessen einem imaginären Wertekonsens – etwa im Namen der Nation – aufopfern. Vielmehr entstehen die uns verbindenden moralischen Ressourcen erst im Prozeß gemeinsam durchgestandener Konflikte. Wenn die Rede von einer Solidargemeinschaft der Bürger angesichts der vielfältigen Spaltungslinien in unserer Gesellschaft überhaupt einen Sinn macht, dann ist der in demokratischen Institutionen gehegte Konflikt das Medium, in dem sich *heute* – nach dem Schwund traditional eingelebter Gemeinschaftlichkeit – das Bewußtsein eines gemeinsam geteilten politischen Raums herausbildet. Diese Erfahrung einer nachtraditionalen Solidarität lag schon in der Wiege der modernen Demokratie. Es waren besonders die Kämpfe der Arbeiterbewegung, die – selbst wenn sich manche ihrer intellektuellen Avantgarden vom Traum einer endgültigen Befriedung der Gesellschaft leiten ließen – dazu beitrugen, das demokratische System zur Bühne der Inszenierung scharfer Konflikte werden zu lassen. Die Arbeiterbewegung wurde somit zum Pionier eines modernen Verständnisses von Demokratie, die keine traditional verankerte Gemeinwohlvorstellung mehr voraussetzt. Ihr langfristiger Einfluß auf die Entwicklung der modernen Demokratie muß der ähnlich gewesen sein, die heute die Bewegungen der Ökologen und Frauen ausüben, wenn sie die Gesellschaft mit ihren zunächst unversöhnlich anmutenden Forderungen konfrontieren.

Der historische Prozeß der Aufklärung ist irreversibel. Die Zukunft der Aufklärung hängt heute einzig von den politischen Institutionen, politisch-kulturellen Umgangsformen und moralischen Grundorientierungen ab, die die demokratische Willensbildung ermöglichen. In unseren vollends entzauberten Zeiten gibt es keinen außerhalb der Gesellschaft selbst liegenden archimedischen Punkt mehr, von dem aus Art und Weise, wie Menschen leben wollen, ohne ihre Beteiligung konstruiert werden könnte. Darum ist der Begriff der »Aufklärung« heute – nach dem Verblassen ihrer traditionalen Kontrastfolie – bedeutungsgleich geworden mit dem der »Demokratie«.

Ernst-Wolfgang Böckenförde
Fundamente der Freiheit

Meine vor nahezu 30 Jahren formulierte These: »Der freiheitliche säkulare Staat lebt von Voraussetzungen, die er selbst nicht garantieren kann, ohne seine Freiheitlichkeit in Frage zu stellen[1]« halte ich nach wie vor für richtig.

Der moderne Staat, der nicht mehr auf der Religion als seiner Grundlage beruht, vielmehr umfassend Grundrechte als Freiheitsrechte – einschließlich der Religionsfreiheit – gewährleistet, begnügt sich und muß sich damit begnügen, für die in ihm zur politischen Einheit verbundenen Menschen eine äußere Friedens-, Freiheits- und Ausgleichsordnung herzustellen und zu gewährleisten; er kann und will nicht mehr das geistige und ethisch-sittliche Fundament des Zusammenlebens verbindlich festlegen und regeln. Andererseits braucht eine freiheitliche staatliche Ordnung, um bestehen zu können, eine Übereinstimmung in bestimmten Grundauffassungen in der Gesellschaft; und ebenso ist eine Ordnung, die weite rechtliche Freiräume und Freiheiten gewährleistet, auf innere Regulierungskräfte der Freiheit angewiesen. Herr Dubiel spricht in diesem Zusammenhang von den »Gewohnheiten des Herzens«.[2]

Woraus ergeben sich solche gemeinsamen Grundauffassungen und inneren Regulierungskräfte der Freiheit? Können sie aus der Freiheit selbst hervorgehen oder haben sie ihren Grund in etwas, das der Freiheit vorausliegt? Und was ist zu tun, daß sie sich in der Abfolge der Generationen forttragen und lebendig erhalten?

Das führt uns unmittelbar zur Frage nach den Leistungen und Wirkungen der Aufklärung. Die Aufklärung ist eine säkulare Freiheitsbewegung und als solche wirksam geworden. Darin liegt ihr Erfolg, darin zeigen sich aber auch ihre Grenzen.

Ziel der Aufklärung war und ist die Befreiung der Menschen nicht nur von Unterdrückung, sondern auch von vorgegebener (rechtlicher und geistiger) Abhängigkeit; die Anerkennung der Subjektstellung jedes einzelnen Menschen, daß er »sein eigener Herr« und befähigt zum »aufrechten Gang« ist; die Herausführung aus selbstverschuldeter Unmündigkeit (Kant).[3] Die Aufklärung ist insofern eine große Emanzipationsbewegung, sie forderte und bewirkte notwendige Emanzipation zur Freiheit hin. Ein Niederschlag davon sind die individuellen Menschenrechte und der gewaltenteilende Verfassungsstaat.

Die Grenze der Aufklärung zeigt sich bei der Frage nach dem Woraufhin der Freiheit. Die Aufklärung formuliert, über die Freiheit hinaus, keine positive verbindliche Sozialidee. Zwar mag eine solche Sozialidee verschwiegen und intern bei den Denkern der Aufklärung, etwa in Kants philosophischem Glauben, wirksam sein. Aber sie wird nicht mehr Teil des Konzepts der Freiheit und damit Teil der allgemeinen öffentlichen Ordnung. In Kants Rechtsgesetz tritt nurmehr die Abgrenzung der Freiheitsphären nach einem allgemeinen Gesetz der Freiheit hervor, um sie miteinander vereinbar zu halten,[4] keine Sozialidee darüber hinaus, wie etwa die eudaemonia des Aristoteles. Die Ausübung der so bestimmten Freiheit ist Sache der Autonomie des Subjekts, wird der individuellen Moralität überantwortet und damit, rechtlich gesehen, auch zur Beliebigkeit freigesetzt. Das ist von Hegel aufgenommen und kritisiert worden: Zur Freiheit des Menschen, die das Recht reguliere, gehöre ein auch *allgemeines*

Leben zu führen, nicht in inhaltloser Beliebigkeit stehen und stecken zu bleiben.[5]

Das Problem läßt sich noch weiter an zwei Sätzen verdeutlichen, die ich juristischen Lehrern und dann Kollegen verdanke. Von Ernst Forsthoff stammt der Satz: »Freiheit konstituiert nichts«; Ernst Joachim Mestmäcker setzt dagegen: »Freiheit konstituiert alles». Beide Sätze scheinen sich auszuschließen, beide haben jedoch – je für sich – Gültigkeit. Warum?

1. Menschliches Handeln ist als personales, bewußtes und verantwortbares Handeln nicht ohne äußere, subjektive Freiheit möglich. Es ist als solches erst eine Hervorbringung dieser Freiheit und wird durch sie konstituiert.

2, Freiheit, als geschützter Raum freien Handelns, mag aus sich selbst zwar – als Bedingung ihrer Verallgemeinerungsfähigkeit – die Achtung der gleichen Freiheit des anderen hervorbringen, aber keine weitergreifenden sozialen und politischen Leitideen, die als verbindende Orientierung und Kraft für die Ausübung und Regulierung der Freiheit wirksam werden. Solche Leitideen werden durch Freiheit zwar ermöglicht, sie gehen jedoch hervor aus Überzeugungen, Haltungen und Traditionen, die der Freiheit vorausliegen, sich ihrer indes als Medium bedienen.

Das Freiheitskonzept der Aufklärung löst mithin das Problem der Koordinations- und Regulierungskräfte, deren eine freiheitliche Ordnung bedarf, selbst nicht, sondern gibt es weiter. Es hat die christliche Religion und die in ihr enthaltene Sozialidee, wie die Religion überhaupt, ihrer bis dahin anerkannten Bedeutung als *verbindliches* Fundament der Ordnung des Zusammenlebens entkleidet, hat sie in Freiheit gesetzt und damit zu einem Angebot für diejenigen umgeformt, die es ergreifen wollen;[6] prinzipiell gesehen, wird der einzelne auf sich selbst und seine Freiheit gestellt.

Das Fehlen einer positiven Sozialidee, die Verbindlichkeit beansprucht, führt indes nicht dazu, daß die eine Gemeinschaft tragenden und integrierenden Verhaltensweisen und Ethosformen sich allein individuell, aus der Autonomie der für sich stehenden Subjekte hervorbringen und formen. In die Funktion der Sozialidee tritt vielmehr gesellschaftliche Praxis ein. Diese wird, weil nicht mehr durch eine verbindliche Sozialidee normativ übergriffen, in ihrer *Tatsächlichkeit* zum wirksamen Leitbild. Was in der gesellschaftlichen Lebenspraxis geschieht und vorgeführt wird, gewinnt prägende und formende Kraft, stabilisiert oder verändert vorhandenes oder sich bildendes Ethos.

Das bedeutet Chance und Gefahr zugleich.

Es bedeutet Chance, wenn von Personen oder auch Institutionen, denen öffentliche Bedeutung zukommt, vorbildhaftes Handeln ausgeht, das – durch Glaubwürdigkeit vermittelt – in die Gesellschaft ausstrahlt und prägend wirkt. Dadurch werden entsprechende Verhaltensstandards geformt, gestützt oder auch hervorgerufen. Nicht allein das Verhalten von Einzelpersonen, auch und gerade das von Institutionen, von amtlichem und öffentlichem Handeln, ist hierfür wichtig.

Es bedeutet Gefahr, wenn solches Verhalten nicht mehr greifbar wird oder ganz ausfällt. Dann bleibt etwa eine gesellschaftliche Praxis sich ganz überlassen, die am inneren Bewegungsprinzip der freigesetzten Erwerbs- und Industriegesellschaft orientiert ist, nämlich bis zur Grenze des gesetzlich Erlaubten die eigenen Interessen konsequent zu verfolgen und mit geringem Aufwand größtmöglichen Ertrag zu erzielen. Solche sich selbst überlassene Praxis wirkt dann faktisch normbildend, kann Mentalität und Milieu einer Ellbogen- oder Raff-Gesellschaft hervorbringen. Sie kann auch durch die Art, wie Recht gestaltet wird, hervorgerufen werden, denn Recht steuert und prägt damit auch soziale Verhaltensprozesse.

Dies läßt sich an einer Vielzahl von Beispielen erläutern. Zwei seien herausgegriffen:

1. Christoph Türcke[7] hat den Finger darauf gelegt, daß unser ökonomisch-gesellschaftliches System in seinen Abläufen und Verfahrensweisen darauf angelegt ist, die Menschen nur als Funktion, ihre Arbeit und Arbeitsqualifikation als (verkäufliche oder unverkäufliche) Ware in Blick zu nehmen. Wer in unserer Gesellschaft aufwächst, findet einerseits ein breites Bildungs- und Ausbildungsangebot vor, schier unendliche Möglichkeiten zu lernen und seinen Interessen nachzugehen. Er merkt aber andererseits alsbald, wozu er all diese Möglichkeiten hat: um sich mit Qualifikationen auszurüsten, die seine Arbeitskraft am Arbeitsmarkt verkäuflich – optimal verkäuflich machen. Andernfalls sind sie nutzlos. Das Können und Wissen, das er sich aneignet, bekommt selbst Warencharakter, nur funktionsbezogen hat es einen Wert. Das System unserer gesellschaftlichen Praxis schneidet so die Menschen darauf zu, in ihr als geldwerte Ware, als bloßer Funktionsträger zu fungieren. Das wirkt aber zurück und prägt das Bewußtsein. Türcke sieht eben darin den Grund des allgemein gewordenen Anspruchsdenkens: die verhärtete Reaktion von Menschen, deren innerste Erfahrung ist, daß es im Zusammenhang ökonomisch-gesellschaftlicher Praxis auf den Menschen selbst nicht ankommt, nur auf seine in Geld umrechenbare Funktion im System, seinen verwertbaren Funktions- und Warenwert. Dann aber geht es darum, sich auch so zu gerieren, möglichst viel herauszuholen, sich teuer zu verkaufen. Türckes herausfordernde Schlußfolgerung: »Das Anspruchsdenken ist fatal, es ist authentischer Abdruck der herrschenden Wirtschaftsform in der Seele ..., die Gesinnung, die sie verdient.«

2. Unser Steuerrecht ist zu einem Dschungel verkommen. Es leitet aus sich selbst zu gewitzter Cleverness an und propa-

giert sie. Schlichte Gesetzestreue ist Unerfahrenheit oder Dummheit, sie zahlt sich nicht aus, sondern zahlt drauf. Mehr noch: Bei der Besteuerung von Kapitalerträgen besteht einerseits eine gesetzliche Leistungspflicht mit Strafsanktion für Steuerhinterziehung, andererseits schafft der Staat für diese Steuer ein institutionalisiertes Erhebungsdefizit, indem wirksame Kontrollen bewußt abgeblockt werden und das Bankgeheimnis als nahezu undurchdringliche Mauer gesetzlich fixiert wird.[8] Damit wird ein weites Feld für planmäßige Umgehung und risikolose Steuerhinterziehung (Luxemburg) eröffnet. Die Gleichheit der Gesetzesanwendung bleibt auf der Strecke, aufgeführt wird der Tanz um das »scheue Reh« des Kapitals.

Das bedeutet nicht nur die staatlich bewirkte Auflösung einer ehemals geltenden Sozialidee: der Rechtschaffenheit und bürgerlichen Ehre, geschuldete Steuern zu zahlen; diese wird zum Ausdruck von Dummheit. Darüber hinaus wird die staatliche Freiheitsordnung selbst unterlaufen und zersetzt: Sie beruht darauf, daß alle Bürger in gleicher Weise den Gesetzen, die die Freiheit regulieren und Lasten auferlegen, unterworfen sind und die Gleichheit der Gesetzesanwendung unverbrüchlich ist. Demgegenüber – ohne die erwähnten Umstände zu ändern – an den Gemeinsinn und die Moralität der Bürger zu appellieren, ist zynisch und macht die Sache nur noch schlimmer; die Bürger fühlen sich – mit Recht – auf den Arm genommen und als dumm verkauft.

Ambivalenz und Zivilisierung des Menschen

Die Ressourcen, die eine freiheitliche Ordnung tragen und von denen wir leben – ethisch-sittliche Grundhaltungen, ethosgeprägte Lebensformen, kulturelle Traditionen – sind nicht einfach von Natur da, sozusagen angeboren, und sie tragen sich nicht aus sich selbst fort. Das mag, solange eine anerkannte Sozialidee allgemeine Orientierung vermittelt, weniger sichtbar werden, mit deren Wegfall tritt es jedoch deutlich hervor. Diese Ressourcen bedürfen, um lebendig zu bleiben, der Pflege, der Weckung und Weitergabe durch Erziehung, der Abstützung durch das, was als öffentliche Ordnung gilt.

Warum? Der Mensch ist von Natur aus *ambivalent*, nicht notwendig gut und nicht notwendig böse. Wer diese Ambivalenz leugnet, verschließt die Augen vor erfahrbarer Wirklichkeit. Die Kriege, Verbrechen, Verfolgungen, Völkermorde des 20. Jahrhunderts bis in die Gegenwart hinein, am allerstärksten aber der Holocaust zeigen, was Menschen Menschen antun können, welche Abgründe im Menschen auch verborgen sind; sie liefern den Beweis der Ambivalenz.

Wenn der Mensch aber ambivalent ist, und dies nicht nur vor der Aufklärung war, sondern auch nach der Aufklärung weiterhin ist, bedarf die Richtung zum Guten, zu verantwortlicher ethisch-sittlicher Haltung, zur – sagen wir es ruhig – Tugend der Stärkung, Ermutigung, einer daraufhin orientierten Erziehung in Familie und Schule; sie bedarf darüber hinaus der Stützung durch und in öffentlichen Institutionen. Es ist eine Illusion zu meinen, das alles mache sich von selbst, ergebe und entwickle sich von Natur und bedürfe nur – ohne Vorgabe an verbindlicher Orientierung – der Freisetzung.

Gelingt solche Erziehung und – weitergreifend – Zivilisierung, so können die Ressourcen, von denen wir sprechen, lebendig bleiben, sich – zeitbezogen – erneuern und regenerieren. Liegt Erziehung – in der Familie, in der Schule, durch die Kirche – brach oder kann sie sich nur auf Unverbindliches oder den kleinsten gemeinsamen Nenner verständigen, führt das mit großer Wahrscheinlichkeit zu einem Schrumpfungs- oder gar Auszehrungsprozeß. Es findet dann nämlich Erziehung gleichwohl statt, aber durch andere, die faktischen Erziehungsmächte, deren gesellschaftliche Praxis Vorbildwirkung ausübt und Prägekraft entfaltet. Das sind heute insbesondere die Medien, die audiovisuellen vorab. Die Politiker, die es angeht, sollten sich fragen, was sie eigentlich getan haben, als sie – aus vielleicht berechtigtem Ärger über manche Gebrechen des öffentlich-rechtlichen Rundfunks – die umfassende Privatisierung von Funk und Fernsehen betrieben und damit deren Kulturaufgabe zur kommerziellen Ware gemacht haben, die durch nichts anderes als durch Einschaltquote, Werbungseignung und Profit dirigiert wird. Die Ergebnisse liegen auf der Hand.

Die Formkraft des Nationalen und die Idee der Menschenrechte

Die im Freiheitskonzept der Aufklärung fehlende positive Sozialidee ist nicht substituierbar durch eine Revitalisierung des Nationalbewußtseins. Nationalbewußtsein ist ein politisches Phänomen, bezieht sich auf ein kollektives Bewußtsein und Empfinden im Blick auf Zusammengehörigkeit in einer politischen Ordnung, gemeinsame politische Verantwortung und Abgrenzung gegenüber anderen. Es trägt und formt indes keine Leitidee für menschliche Grundeinstellungen, ethisch-sittliche Verantwortung und ein Ethos des zwischenmenschlichen Verhaltens.

Auch im 19. Jahrhundert erstreckte sich die Formkraft der Nationalidee primär auf den politischen Bereich. Sie prägte das Bewußtsein *politischer* Zusammengehörigkeit. Dabei ruhte sie auf vorhandenen gesellschaftlichen Ethosbeständen, die u. a. vom Leitbild eines Lebens in Ehre und Rechtschaffenheit getragen waren. Deren eigenes Fundament lag aber im wesentlichen in der Religion und deren Erziehungs- und Formkraft. Das Nationalbewußtsein trug sie nicht und brachte sie nicht hervor.

Im übrigen muß man sehen, daß die Formkraft des Nationalen heute sekundär ist gegenüber der Formkraft der Idee der Menschenrechte und ihrem Universalismus. Die Idee der Menschenrechte, wie sie in den Katalogen der individuellen, die einzelnen bewußt frei-setzenden Menschenrechte Gestalt gewonnen hat, treibt nicht nur einen Prozeß der Pluralisierung voran – er ist heute weithin Wirklichkeit geworden –, sondern auch den Prozeß zunehmender Individualisierung, in dem wir stehen. Und die dieser Idee zugeordnete, gemeinsam verbindliche Grundauffassung ist die der Unverbrüchlichkeit dieser Menschenrechte, ihrer Gewährleistung durch den Staat, sie geht aber nicht darüber hinaus: Der Staat, die politische Gemeinschaft, ist nur um der einzelnen Menschen willen da,[9] ihr Zweck ist die Gewährleistung ihrer individuellen Rechte, nicht aber sind umgekehrt die einzelnen Menschen auch für die Gemeinschaft da, damit ein gemeinsames und gemeinschaftliches Leben sinnvoll möglich wird und bleibt. Die Idee der individuellen, emanzipierenden Menschenrechte ist insofern keine gemeinschaftsbegründende und gemeinschaftsstärkende Idee.

Gemeinsinn und Moralität

Es ist ein Irrtum zu meinen, das Problem, vor der unsere freiheitliche und plurale Gesellschaft heute steht, könne dadurch eine Lösung finden, daß nunmehr verstärkt Gemeinsinn und sozial verpflichtete Moral postuliert werden, damit sie gegenüber der gegebenen ökonomisch-gesellschaftlichen Praxis und fortschreitenden Individualisierung als Kompensation wirksam werden und auf diese Weise das System in Balance halten. Ein solcher Ansatz bleibt abstrakt und denkt – bewußt oder unbewußt – nur funktional: Gemeinsinn und Moralität werden als Mittel zur Stabilisierung eines Systems eingesetzt, das im Ansatz Individualismus und Egoismus freisetzt, damit dieses – ohne sich selbst zu ändern – weiter Bestand haben kann; sie werden dabei aber notwendigerweise wieder aufgezehrt und nur für die expandierende Praxis des Systems vernutzt.

Der Ansatz zur Lösung muß vielmehr in der ökonomisch-gesellschaftlichen Praxis selbst und in deren durch Recht und Politik gesetzten Bedingungen gesucht werden. Sein und Bewußtsein sind korrelativ miteinander verknüpft, stehen nicht beziehungslos nebeneinander. Die Praxis ökonomischer und gesellschaftlicher Arbeits- und Lebensvollzüge, die ihrerseits von bestimmten Ideen getragen sind, prägt und formt das Bewußtsein. Dies gilt auch und gerade dann, wenn diese Ideen solche des bloßen materiellen Nutzens oder der ziellosen Emanzipation sind. Deshalb kann es nicht gelingen, gesellschaftliche Praxis einfach dadurch abzufangen oder auch zu verändern, daß man ihr isoliert Forderungen nach Gemeinsinn, ehtisch-sittlicher Verantwortung etc. postulierend gegenüberstellt. Vielmehr müssen solche Forderungen in die normativen und institutionellen Rahmenbedingungen für gesellschaftliche Praxis eingehen und in deren Ausgestaltung und Begrenzung ihren Niederschlag finden. Eben dadurch werden sie ein Formelement gesellschaftlicher Praxis.

Anmerkungen

1 Siehe E.-W. Böckenförde, Die Entstehung des Staates als Vorgang der Säkularisation, in: Säkularisation und Utopie. Ebracher Studien. Ernst Forsthoff zum 65. Geburtstag, Stuttgart u. a. 1967, S. 93
2 Helmut Dubiel, Aufklärung und Gemeinsinn, in diesem Band S. 79 ff., in Anlehnung an A. de Tocqueville
3 I. Kant, Metaphysik der Sitten, T. 1, Einteilung der Rechtslehre, B; ders., Was ist Aufklärung? In: Werke, hrsg. v. Weischedel, Bd. 6, S. 53 ff.
4 I. Kant, Metaphysik der Sitten, T. 1, Einleitung in die Rechtslehre § B
5 G. F. W. Hegel, Grundlinien der Philosophie des Rechts (Hrsg. Gans) §§ 29, 255 f., 258
6 Am deutlichsten und zeitnah formuliert bei Karl Marx, Die Früh-

schriften (Ausg. Landshut), Stuttgart 1953, S. 183. Die Religion »ist nicht mehr der Geist des Staates ... sie ist zum Geist der bürgerlichen Gesellschaft geworden ... Sie ist nicht mehr das Wesen der Gemeinschaft, sondern das Wesen des Unterschieds. Sie ist ... aus dem Gemeinwesen als Gemeinwesen exiliert.«

7 Christoph Türcke, Anspruchsdenken. Vom Abklatsch eines Grundübels in der Seele, Frankfurter Rundschau v. 14. 1. 1989

8 Siehe hierzu etwa die Ausführungen des Bundesverfassungsgerichts in BVerfGE 84,239 (271-85)

9 Repräsentativ insoweit Art. 1 Abs. 1 des Verfassungsentwurfs von Herrenchiemsee: »Der Staat ist um des Menschen willen da, nicht der Mensch um des Staates willen.« Siehe Bericht über den Verfassungskonvent auf Herrenchiemsee vom 10. bis 23. August 1948, München o. J., S. 61

Heiner Geißler
Die integrative Kraft der Grundwerte

Als man die Kinder und Jugendlichen, die in Rostock-Lichtenhagen Brandcocktails auf das dortige Asylbewerberheim geworfen hatten, gefragt hat, ob ihnen das Gewissen geschlagen habe, kam heraus: Das Gewissen hatte ihnen nicht geschlagen, weder vorher noch nachher. Das muß einen auch nicht wundern: Denn wie sollte ihnen das Gewissen schlagen, wenn diese Kinder und Jugendlichen in ihrem ganzen Leben nachweisbar in Schule und Elternhaus zwar alles gehört hatten über Materialismus, Kapitalismus und Klassenkampf, aber nie ein Wort über Gott, die Zehn Gebote oder die Grundwerte, die eine humane Gesellschaft tragen. Im übrigen ist dies kein Spezifikum der DDR-Bildungspolitik oder der Erziehung in den ostdeutschen Familien gewesen. Welche Bildungsinhalte brauchen wir? Etwas weniger Marcuse wäre gut, auf das Auswendiglernen der ersten Strophe des Deutschlandliedes kann ganz verzichtet werden. Mehr Goethe, mehr Schiller, mehr über Lessings »Nathan der Weise«, die Ringparabel über das Zusammenleben von Muslimen, Christen und Juden dagegen wäre richtig. Wir brauchen eine Rückbesinnung auf die Erziehung zu den Grundwerten unserer Gesellschaft.

Die Aufklärung und das christliche Menschenbild

Lessing und die Aufklärung gehören zusammen. Kann man die Botschaft der Aufklärung wirklich – wie dies Helmut Dubiel sagt – als »dunkel« bezeichnen? Ich glaube nicht, daß diese Botschaft dunkel ist. Das kann man an einem Beispiel von Karl Marx klarmachen, der sich, wie Hegel auch, auf die

Aufklärung berufen hat. Wir leben ja in einer Zeit, die Orientierung sucht. Aber woran sollen sich die Menschen orientieren? Jedenfalls brauchen sie ein ethisches Fundament. Karl Marx hat in einer seiner frühen Schriften, »Zur Judenfrage«, in einer bemerkenswert negativen Weise gezeigt, wie ein solches Fundament aussehen kann, indem er sinngemäß sagte: Der Mensch, wie er geht und steht, ist nicht der eigentliche Mensch, sondern er muß das richtige gesellschaftliche Bewußtsein haben und der richtigen Klasse angehören. Die Nazis haben gesagt: Er muß der richtigen Rasse angehören. Andere wiederum haben gesagt und sagen es bis auf den heutigen Tag: Er muß dem richtigen Volk angehören. Wieder andere sagen bis auf den heutigen Tag: Er muß der richtigen Religion angehören. Und je nach dem, ob sie zu diesen Kollektiven gehörten oder nicht, wurden die Leute vergast, verbrannt, in die Luft gesprengt, in den Archipel Gulag verschleppt.

Das Menschenbild, nach dem wir uns richten sollten, ist auch das Menschenbild der Aufklärung gewesen und geblieben; die personale Würde des Menschen geht kollektiven Kategorien voraus. Das heißt: Der Mensch, wie er geht und steht, ist der eigentliche Mensch, in seiner Menschenwürde unteilbar, unabhängig davon, ob er Mann ist oder Frau, jung oder alt, geboren oder ungeboren, uneingeschränkt leistungsfähig oder behindert, krank oder gesund, aber auch unabhängig davon, ob Deutscher oder Ausländer, Weißer oder Schwarzer, Christ oder Hindu. Dieses Menschenbild unterscheidet uns von Nazis, Kommunisten, Nationalisten, Fundamentalisten. Dieses Menschenbild ist das Fundament, welches diese Gesellschaft zusammenhält. Bricht es weg, dann bricht auch die Gesellschaft auseinander.

Was die Personalität des Menschen betrifft, war das Erbe der Aufklärung nicht unbedingt eindeutig, nimmt man einmal diese kontradiktorische Definition zu Karl Marx. Aber man kann ohne weiteres sagen, daß das Menschenbild der

Aufklärung, auch wenn ihre Urheber es nicht wissen wollten oder nicht wissen konnten, nicht denkbar gewesen wäre ohne das Menschenbild, das uns das Christentum vermittelt hat, auch wenn dieses Menschenbild im Laufe der Kirchengeschichte oft verraten worden ist. Es gehört zu diesem Menschenbild und zur Natur des Menschen, daß er ein Sozialwesen ist, sich dem Nächsten zuwenden muß. Nächstenliebe äußert sich heute allerdings nicht mehr in Lazaretten und warmen Suppen, sondern in einem modernen Sozialsystem, in Krankenversicherung, Rentenversicherung, Unfallversicherung, Kündigungsschutz, Mitbestimmung, Betriebsverfassung und Miteigentum. Das sind die modernen Formen der Nächstenliebe in einem großen Industriestaat.

Welche Grundwerte?

Freiheit, Gleichheit, Brüderlichkeit – das waren die großen Ziele der ersten europäischen, nämlich der Französischen Revolution. Man kann sicher sagen, daß diese Grundwerte Emanationen der Menschenwürde sind. Es sind die Grundwerte, die auch unserer Verfassung zugrunde liegen; es ist wichtig, dies herauszustellen, weil wir eine klare Wertordnung vornehmen müssen. Denn vieles ist in der Politik durcheinander geraten, weil eine unterschiedliche Bewertung von Inhalten und ethischen Prinzipien Platz gegriffen hat. Mit Antje Vollmer habe ich eine Auseinandersetzung geführt über die Frage, ob der Friede ein Grundwert ist. Der Friede ist nach meiner Auffassung kein Grundwert. Wäre er ein Grundwert oder wie Egon Bahr einmal gesagt hat, sogar ein oberster Grundwert, dann hätten die Nazis, ohne Widerstand finden zu dürfen, ihr Unrechtssystem auf der ganzen Welt ausbreiten können.

Ebenso ist das Nationale kein Grundwert. National waren die Nazis, national waren manche Kommunisten. Aber sie waren nicht freiheitlich gesinnt, sie waren nicht gerecht. Das Nationale ist an sich nichts Schlechtes, aber es muß überdacht werden durch die wirklichen Grundwerte: Die Freiheit, die Gleichheit, die Brüderlichkeit. Das Nationale ist sogar etwas Gutes und der Nationalstaat unverzichtbar, solange sie den Rahmen für die Gewährleistung der Menschenrechte bilden, wie sie im Grundgesetz verankert sind.

Aber das Nationale und der Nationalstaat müssen auch in der historischen Betrachtung richtig bewertet werden. Das Nationale und der Nationalstaat hatten viele ideologische Ausprägungen. Die eine Identifikation erfolgte durch die Zugehörigkeit zu einem Volk, die andere durch eine gemeinsame Religion, wieder eine andere durch das Sprechen einer gemeinsamen Sprache. Diese Grundlagen des Nationalen und des Nationalstaates haben die Menschen, die solchen nationalen Kollektiven angehörten, oft zu unglaublichen Leistungen, zu Heldenmut, zu großen Opfern herausgefordert, die sie auch gebracht haben. Aber gleichzeitig haben diese Formen des Nationalen und des Nationalstaates auch die Begründung abgegeben für unerhörte Verbrechen, für die modernen Vernichtungsmaschinerien, die wir in diesem Jahrhundert erleben mußten.

Die Definition von Nation, die dem Gedanken der Republik entspricht, ist die von Ernest Renan, die »Willensnation«, deren Zusammenhalt der täglichen Zustimmung der Bürgerinnen und Bürger unterworfen ist (»Un plébiscite tous les jours«). Die Bürger gehören zu einer Nation, weil sie sich mit ihren Grundsätzen identifizieren, die die Grundlage ihres Lebens in dieser Nation darstellen.

Gefährdete Solidarität

Wenn man darüber redet, was die moderne Gesellschaft zusammenhält, ist damit auch die Frage verbunden, ob es eine

Rangfolge der Grundwerte gibt. Die Christlich Demokratische Union hat bei der Beratung ihres ersten Grundsatzprogrammes über diese Frage eine Debatte geführt. Einige meinten, die Freiheit habe Vorrang vor der Solidarität und der Gerechtigkeit, die wiederum Gleichheit und Brüderlichkeit entsprechen. Wir sind damals mit großer Mehrheit zu dem Schluß gekommen, daß die Grundwerte gleichrangig sind. Richtig ist jedoch auch, daß je nach geschichtlicher Situation einmal die Freiheit mehr gefährdet sein kann als die Solidarität oder die Gleichheit gefährdeter sein kann als die Freiheit. Der heute am meisten gefährdete Grundwert ist wohl die Solidarität, und zwar national wie international. National ist sie gefährdet durch Versuche, Konflikte heraufzubeschwören, Gruppen gegeneinander aufzubringen: zum Beispiel Junge gegen Alte, Leistungsstarke gegen Pflegebedürftige, Einheimische gegen angebliche Ausländer. Die Solidarität auf der nationalen Ebene ist fraglich und brüchig geworden. Anders kann man beispielsweise die hanebüchenen Auseinandersetzungen über die Pflegeversicherung nicht verstehen: als ob es in einem Land mit jährlich dreizehn bezahlten Feiertagen und bis zu 32 bezahlten Urlaubstagen nicht möglich wäre, den Menschen zuzumuten, 8 Stunden pro Jahr länger zu arbeiten, damit den Hilfslosesten in unserer Gesellschaft endlich wirkungsvoll geholfen werden kann. Die Diskussion darüber ist ein Beleg für die Brüchigkeit der Solidarität in unserer Gesellschaft. Bei der Diskussion über die Renten oder Hilfen für die Familien verhält es sich kaum anders.

Aber es gibt auch eine Frage der globalen Solidarität, die uns ebenfalls unmittelbar betrifft. Auf der Welt leben eine Milliarde Menschen, die täglich weniger zum Leben haben als den Gegenwert eines Dollars. 2,5 Milliarden Menschen haben keinen Zugang zu ärztlichen Diensten, und jede Sekunde werden drei Menschen geboren. Schon bald werden 80 Prozent der Weltbevölkerung auf dem südlichen Teil des Globus leben, die infolge von Tourismus und Massenkommunikation genau wissen, wie man wo gut leben kann. Heute kann man in 20 Minuten auf einem Surfbrett, mit einem Segel versehen, die Straße von Gibraltar überqueren und überquert damit gleichzeitig die Armutsgrenze zwischen Europa und dem Rest der Welt. Das Mittelmeer ist ein Binnenmeer zwischen Europa, Afrika und dem Nahen Osten. Alles, was am Rande des Mittelmeeres und darüber hinaus auf der ganzen Welt geschieht, von der ökologischen Frage einmal ganz abgesehen, ist europäische und deutsche Innenpolitik.

Wir können die Armut dieser Welt nicht auf den Sozialämtern in Karlsruhe oder in Landau lösen. Das braucht man nicht weiter zu begründen. Aber die Frage ist, ob wir in der Lage sind, die Ursachen für diese neue internationale soziale Frage zu beseitigen. Dazu ist eine veränderte Außenhandelspolitik, eine neue Außenwirtschaftspolitik erforderlich. Dazu gehört aber auch unsere Bereitschaft, daran mitzuwirken, eine der wichtigsten Ursachen für die Migration, nämlich die Bürgerkriege, entweder zu verhindern oder dort, wo sie entstanden sind, zu beendigen. Deshalb ist die Frage, inwieweit sich die Bundeswehr im Rahmen der Vereinten Nationen daran beteiligt, keine Frage nationalstaatlicher Interessen, sondern eine moralische Frage höchsten Ranges. Was wäre eigentlich aus der Freiheit Berlins geworden, wenn die jungen Franzosen, Engländer und Amerikaner sich damals mitsamt ihren Offizieren und den politisch Verantwortlichen genauso unsolidarisch verhalten hätten, als Berlin eingekesselt war, wie das heute manche in unserem Land tun, die glauben, wir könnten uns einer internationalen solidarischen Verpflichtung zur Beendigung der Bürgerkriege entziehen? Man darf sich allerdings was die Lösbarkeit der internationalen sozialen Frage angeht, auch keine Illusionen machen. Es ist nicht möglich, den Rest der Menschheit an den wirtschaftlichen und sozialen Standard heranzuführen, den die Industrieländer haben. Aber wir können erreichen, daß die Menschen nicht mehr hungern müssen, daß sie ärztlich versorgt werden und daß sie ein Dach über dem Kopf haben. Wenn die Industrieländer an dieser Aufgabe mitarbeiten, dann werden die Menschen auch in ihrer angestammten Kultur bleiben.

Feminisierung der Gesellschaft

Angela Merkel hat während ihrer Amtszeit als Frauenministerin eine Studie über die soziale Struktur der Tatverdächtigen bei ausländerfeindlichen Übergriffen vorgestellt. Diese hatte ergeben, daß 96 Prozent der Tatverdächtigen männlichen Geschlechts waren, und nur 4 Prozent Frauen. Ist das nur ein Zufall? Ich glaube, daß unsere Gesellschaft toleranter, bürgernäher und friedlicher sein könnte, wenn mehr Frauen Verantwortung in Politik, Wirtschaft und Gesellschaft übernehmen würden und übernehmen könnten. Wenn statt der Kriegsverbrecher Milosevic, Mladic oder Karadzic im früheren Jugoslawien Frauen, auch Mütter, die Verantwortung gehabt hätten, wäre der Bürgerkrieg in diesem unglückseligen Land möglicherweise gar nicht entstanden, zumindest nicht in dieser brutalen Form.

Eine Feminisierung unserer Gesellschaft wäre nützlich für das Zusammenleben und den Gemeinsinn in unserem Land. Es gibt auch gewisse restaurative Züge in unserer Gesellschaft, die neue Partnerschaft zwischen Mann und Frau ist noch längst nicht realisiert, der Feminismus hat an Kraft verloren, obwohl genügend Probleme vorhanden sind, die Frauen nach wie vor auf die Barrikaden bringen müßten, und zwar international. Die Bevölkerungsexplosion auf der Welt zum Beispiel ist ja nicht zurückzuführen auf Enzykliken des Papstes. Wir wissen aus Untersuchungen in Lateinamerika, daß Frauen, die keine schulische Bildung haben, viermal mehr Kinder auf die Welt bringen als Frauen, die einen schulischen Abschluß haben. Die stärkste Bevölkerungsexplosion erleben wir zum Beispiel in Saudi-Arabien, Afghanistan, Irak, Iran,

Sudan, in Ländern, in denen die Frauen entrechtet und unterdrückt werden. Die Bevölkerungsexplosion berührt unmittelbar auch uns, denn wir haben die Folgen mitzutragen. Deshalb muß die Menschenrechtspolitik elementarer Bestandteil unserer Außenpolitik sein, und insbesondere die Frauenrechte müssen miteinbezogen werden.

Bereitschaft zur sozialen Verantwortung

Die Solidarität ist zwar national wie international gefährdet und brüchig, aber es gibt auch gegenläufige Beispiele, die dieses Krisenszenario relativieren. Man kann nicht sagen, daß sich unsere Gesellschaft auf dem kollektiven Ego-Trip befindet. Verantwortungsbereitschaft anderen gegenüber ist durchaus vorhanden, gerade auch bei jungen Leuten. Es gibt Millionen von jungen Leuten, die sich engagieren, und zwar nicht gegen, sondern für etwas: im Jugendrotkreuz, bei der Feuerwehr, in den Turn- und Sportvereinen, in den Musikvereinen, in kulturellen Vereinen, in Menschenrechtsorganisationen. »Jugend musiziert«, »Jugend forscht« – das geschieht alles. Es sind junge Leute, die sich einbringen, für etwas einsetzen, die neben der Schule am Tag hart an sich arbeiten, zum Beispiel für die Musik. Aber was war das für eine Auseinandersetzung, bis endlich einmal eine der öffentlich-rechtlichen Rundfunkanstalten eine Sendung über das Bundesjugendorchester gebracht hat. Auch wenn es vielleicht populistisch klingt: es wäre sicher nicht schlecht, wenn das Fernsehen ebenso wie über hundert Leute, die gegen etwas demonstrieren, genauso ausführlich berichten würde über die Millionen von jungen Menschen, die sich engagieren.

Man soll die Leute auch nicht unterschätzen: sie sind viel informierter, als die politische und journalistische Klasse in Bonn oder Berlin es glaubt. Die Leute sind bereit, Opfer zu bringen, solidarisch zu handeln, sogar höhere Steuern zu bezahlen. Dafür gibt es zwei Bedingungen: sie müssen erstens den Sinn der Sache begreifen und zweitens davon überzeugt sein, daß es gerecht zugeht.

Eine weiteres positives Beispiel für Gemeinschaft und Gemeinsinn waren die Lichterketten. Es war eine große gesellschaftliche Leistung, daß sich in Deutschland spontan Millionen von Menschen freiwillig zu diesen Demonstrationen zusammengefunden haben, und ein Signal gegen Brand- und Mordanschläge auf ausländische Mitbürger, gegen Ausländerfeindlichkeit und für friedliches Zusammenleben gesetzt haben. Es gibt ja Leute, die behaupten, das friedliche Zusammenleben Menschen unterschiedlicher Nationalität in einem Land sei auf Dauer nicht möglich; sogar von angeborenen Verhaltenprogrammen und anderem ist in diesem Zusammenhang die Rede.

Wodurch aber sind Bürgerkriege auf dieser Welt, Mord und Totschlag entstanden? In der Regel dadurch, daß eine Bevölkerungsgruppe die andere oder die anderen diskriminiert; das gilt für Los Angeles, Bosnien und Nordirland genauso wie für das Baskenland, Berg-Karabach oder Südafrika. Dort, wo die Menschenwürde geachtet wird, im Geiste der Aufklärung, ist friedliches Zusammenleben möglich. Fremdenhaß, Rassismus, Nationalismus und Antisemitismus haben nichts mit angeborenem Verhalten zu tun, dafür um so mehr mit Habsucht, Neid, falscher Information, verquerer Bildung und Verwirrung der Geister – also genau dem Gegenteil dessen, was die Aufklärung uns überliefert hat.

III.

Erziehung –
Wozu und durch wen?

Hans Bertram
Kulturelles Kapital in individualisierten Gesellschaften

Verfall des kulturellen Kapitals durch Individualisierung

Seit den 50er und 60er Jahren investieren Familien viel Zeit und Geld in die Erziehung ihrer Kinder mit großen Erfolgen. Zu keinem Zeitpunkt in der Geschichte Deutschlands blieben so viele Kinder und Jugendliche so lange in der Schule und gleichzeitig im Elternhaus. (Achter Jugendbericht 1990) Diese großen Anstrengungen der Eltern für die Bildung und Erziehung ihrer Kinder haben zu einer Kumulation des kulturellen Kapitals in der Bundesrepublik beigetragen. Als Paradoxie dieser Entwicklung gefährden sie aber nun die weitere Kumulation kulturellen Kapitals für die nachfolgenden Generationen. Es ist das unbestreitbare Verdienst von James COLEMAN (1990), auf diesen Widerspruch zwischen Kumulation kulturellen Kapitals bei gleichzeitiger Gefährdung weiterer Kumulation hingewiesen zu haben.

Die großen Investitionen in diesem Bereich haben dazu geführt, daß die Erwachsenen nun über ein Höchstmaß an Qualifikation verfügen, gleichzeitig aber eben auch in einem hohen Maße individualistische Persönlichkeiten geworden sind. Und genau hierin liegt jene Paradoxie der Investitionen in kulturelles Kapital, die von MIEGEL und WAHL (1994) kritisch beschrieben wird. Investitionen der Eltern in die Bildung und Erziehung ihrer Kinder führen notwendigerweise zur Entwicklung der individuellen Kompetenzen der Kinder. Die individuelle Entfaltung der Persönlichkeit ist aber damit verbunden, daß diese Individuen traditionale Vorgegebenheiten, die eine der Voraussetzungen für die Investitionen in kulturelles Kapital gewesen sind, nicht mehr ohne weiteres akzeptieren. Die Konsequenzen daraus für die gesellschaftliche Entwicklung und die weitere Kumulation kulturellen Kapitals wird in den Vereinigten Staaten gegenwärtig von Autoren wie ETZIONI (1993), COLEMAN, BERGER und LUCKMANN (1995) oder PUTNAM (1994) eindrücklich beschrieben.

Durchgängig findet sich bei fast allen Autoren, die sich mit den Konsequenzen des Individualisierungsprozesses auseinandersetzen, die These, daß Individuen in individualisierten Gesellschaften zunehmend weniger Zeit in die dauerhaften Beziehungen zu ihren eigenen Familienmitgliedern, Verwandten und Nachbarn investieren. In dem Umfang, in dem das Individuum die eigenen Lebensvorstellungen, die eigenen Lebensbedürfnisse und die eigenen Freiheitsvorstellungen zum Maßstab des Handelns macht, werden traditionelle Verpflichtungen gegenüber den Eltern, der Ehefrau oder dem Ehemann und auch den Kindern weniger bedeutungsvoll als die Beziehungen, die den eigenen individuellen Bedürfnissen entsprechen. Traditionelle Verbindlichkeiten werden durch subjektive individuelle Entscheidungen ersetzt. In dem Maße, wie Individuen aufgrund ihrer individualistischen Erziehung jene traditionellen Vorgegebenheiten der eigenen sozialen Herkunft in Frage stellen können und kulturelle Muster nicht mehr ohne weiteres akzeptieren, vermindert sich notwendigerweise die Orientierung an traditionalen Wertmustern und traditionalen Sinnkonstrukten. Selbst die persönlichen Beziehungen von Individuen, an denen sie möglicherweise sogar ein großes Interesse haben, werden zunehmend prekär. Denn Individuen in einer individualisierten Kultur interagieren mit anderen Personen mit gleichem individualistischen Hintergrund, mit der Konsequenz, daß auch die anderen den Verpflichtungscharakter von Beziehungen nur unter einer subjektiven Perspektive interpretieren. Daher kann das Individuum sich nicht sicher sein, ob die von ihm gerade aufgebauten Beziehungen nun stabil sind. Die geringere Bereitschaft, Zeit kontinuierlich in vorgegebene Beziehungen der eigenen Familie zu investieren, zusammen mit der abnehmenden Bereitschaft, sich an kulturellen Mustern der Gesellschaft zu orientieren, und der zunehmenden Flüchtigkeit sozialer Beziehungen haben für die weiteren Investitionen in kulturelles Kapital geradezu katastrophale Konsequenzen. Kinder, deren Eltern für sie keine Zeit mehr haben, werden ebensowenig mit den kulturellen Mustern der Gesellschaft vertraut gemacht wie Kinder, deren Eltern bei der Wertevermittlung ein hohes Maß an Beliebigkeit zeigen oder auch nur eine geringe Bereitschaft, mit ihren Kindern dauerhaft stabile Beziehungen zu pflegen.

Die Autoren mit dieser sehr pessimistischen Interpretation der gegenwärtigen Entwicklung und der zukünftigen Chancen der weiteren Investitionen in kulturelles Kapital führen hierfür eine Reihe von Belegen an. So können sie darauf verweisen, daß die Investitionen in die Bildung von jungen Frauen dazu geführt haben, daß diese nun nicht mehr jene traditionale Rolle Mutter übernehmen, sondern die ihnen individuell zugewachsenen Kompetenzen auch beruflich nutzen wollen. Die zunehmende außerhäusliche Erwerbstätigkeit von Frauen führt notwendigerweise zur Reduktion der Zeit, die sie gemeinsam mit ihren Kindern zu Hause verbringen können. Jene Formen der Vermittlung kulturellen Kapitals, die unbewußt durch die alltägliche Interaktion in der Familie vermittelt wurden, müssen dann einfach entfallen. ELSCHENBROICH (1994) prägt dafür den Begriff der »verlorenen Elternzeit«. Kinder in den Vereinigten Staaten haben nach ihren Ergebnissen seit den 60er Jahren wöchentlich 10 bis 12 Stunden »Elternzeit« verloren. Es gibt weniger gemeinsame Mahlzeiten, Verwandtenbesuche und Kirchgänge, alles Anlässe, bei denen sich die Familie als Ganzes erlebte und anderen zeigte. Solche individualisierten Wertemuster führen, wie BERGER und LUCKMANN ausführen, in der Erziehung dazu, daß es für Kinder immer schwerer wird, klare und eindeutige Verhaltensregeln von ihren Eltern zu übernehmen. Die Pluralität von Werten und Verhaltensmustern in einer Gesellschaft kann eben nicht zu einer Eindeutigkeit in der Erziehung führen. Solche Selbstverständlichkeiten sind aber Grundvoraussetzung für die kindliche Erziehung, weil diese ohne klare Orientierungsmuster für die kindliche Persönlichkeit problematisch ist. Aber auch die Unverbindlichkeit und Flüchtigkeit von Beziehungen können für die kindliche Entwicklung kritisch sein, weil die Sicherheit und das Vertrauen darauf, daß die Eltern immer zur Verfügung stehen und man sich immer auf sie verlassen kann, eine der Grundvoraussetzungen des Urvertrauens von Kindern ist.

COLEMAN und ETZIONI verwerfen die heute angebotenen Alternativen zur familiären Erziehung, wie Krippe, Kindergarten und Hort, in denen professionelle Erzieher gegen Entlohnung Erziehungsaufgaben übernehmen, die traditionellerweise der Familie oblagen. Den Haupteinwand gegen diese Art von Familienersatz sehen die Autoren darin, daß professionelle Erzieher und die Institutionen, in denen sie arbeiten, Eigeninteresse haben und einer Eigenlogik folgen, die nicht notwendigerweise den Erfordernissen der kindlichen Entwicklung zu einer reifen erwachsenen Persönlichkeit folgen. Das beginnt mit Alltäglichkeiten wie Dienstplänen, die die Arbeitszeitregelungen der in den Institutionen Angestellten berücksichtigen müssen und dazu führen können, daß sich stabile Beziehungen zwischen erwachsenen Bezugspersonen und Kindern gar nicht entwickeln können. Vor allem aber fehlt solchen Institutionen aufgrund ihrer Struktur die Möglichkeit, jenes elementare personale Vertrauen, das Grundlage jeder Erziehung ist und nicht zwischen beliebig vielen Personen aufgebaut werden kann. Diese Formen höchst intimer personalisierter Beziehungen lassen sich, so sehr man sich auch bemühen mag, nicht in formalen Organisationen herstellen, weil diese personalen Beziehungsmuster nicht formalen Regeln gehorchen können, sondern nur der individuellen Interaktion zwischen dem Kind und dem Erwachsenen.

Unabhängigkeit und Stärke der Familie in individualisierten Gesellschaften

Viele Entwicklungen sind uns allen geläufig und könnten durch eine Vielzahl eigener Beobachtungen ergänzt werden. Ohne diese Phänomene in Abrede zu stellen, kann man sich die Frage vorlegen, ob diese Deutungen die empirische Realität familialen Lebens in Deutschland tatsächlich angemessen beschreiben. Denn die Aussagen von COLEMAN, ETZIONI, BERGER und LUCKMANN und anderen können nur dann als valide gelten, wenn die Annahmen über den Zusammenhang von gesamtgesellschaftlicher und familialer Entwicklung richtig sind. Es wird unterstellt, daß die familiären Entwicklungen, die Beziehungen zwischen Eltern und Kindern, zwischen den Generationen, sowie zwischen Eltern und Schule ausschließlich der Logik gesamtgesellschaftlicher Entwicklungen folgen. Wenn sich in einer Gesellschaft die Werte pluralisieren, so pluralisieren sich nach dieser impliziten Annahme auch die Mechanismen der Wertevermittlung innerhalb der Familie. Wenn Beziehungen in einer Gesellschaft durch die wachsende Mobilität zunehmend flüchtiger werden, so werden auch die Beziehungen innerhalb der Familie flüchtig. Wenn Väter und Mütter zunehmend außerhäuslich erwerbstätig sind, so reduziert sich zunehmend ihr Zeitkontingent für die Familie.

Hier wird nicht bestritten, daß familiäre Entwicklungen von gesellschaftlichem Wandel beeinflußt werden können, jedoch folgen die Beziehungen zwischen Eltern und Kindern und die Beziehungen zwischen Generationen mit Sicherheit auch einer eigenen Logik des familiären Zusammenlebens. Es gehört zu den großen Irrtümern vieler Sozialwissenschaftler seit DURKHEIM und PARSONS, ungeprüft zu glauben, daß die Interaktionsbeziehungen zwischen Eltern und Kindern notwendigerweise linear den gesellschaftlichen Entwicklungen folgen müssen.

Seit René KÖNIG (1974) wissen wir, daß die seit Mitte des vorigen Jahrhunderts zu beobachtenden Individualisierungsprozesse eine der notwendigen Voraussetzungen für die Liebesheirat gewesen sind. Nun erst konnten sich Individuen entsprechend ihrem Gefühl und nicht konform zu gesellschaftlichen Vorgegebenheiten einen Partner aussuchen und in diese Partnerschaft einen Teil der eigenen Persönlichkeit investieren. Wenn Ehepaare sich für Kinder entscheiden, dann kommen sie aus dieser Beziehung zu den eigenen Kindern so leicht nicht mehr heraus, weil sie wiederum einen Teil der eigenen Persönlichkeit in diese Beziehung investiert haben. Gerade wenn COLEMAN gesellschaftliche Entwicklungen in einer ökonomischen Terminologie beschreibt, müßte deutlich werden, daß die Investitionen auf der individuellen Ebene zwischen Partnern und zwischen Eltern und Kindern einen eigenständigen Wert darstellen, der diejenigen, die in dieser Weise investiert haben, daran hindert, sich allgemeinen gesellschaftlichen Entwicklungen anzupassen. Wenn jemand viel an Emotionen und Vorstellungen in einen Partner investiert hat und dies wechselseitig ist, dann wird eine solche Beziehung selbst dann stabil bleiben, wenn im Umfeld alle anderen Individuen anders investiert haben, weil solche Investitionen nicht beliebig verfügbar sind. Das gleiche gilt für die Investitionen von Eltern in ihre Kinder. Wenn Eltern in den ersten Lebensjahren mit ihren Kindern Beziehungen aufgebaut haben, ist die Wahrscheinlichkeit gering, daß sie aus diesen Beziehungen herauskommen oder überhaupt herauskommen wollen. Es entstehen wechselseitige Abhängigkeiten, Verpflichtungen und emotionale Unterstützungen, eben ein dichtes Geflecht von Beziehungen, die ihrerseits nicht allgemeinen gesellschaftlichen Trends folgen müssen. Geht man von einer solchen in ökonomischen Termini formulierten Vorstellung von Investitionen der Partner in ihre wechselseitige Beziehung oder in die Beziehung zum Kind aus, die selbst wiederum aus diesen Beziehungen eine positive Verstärkung erhält, so können Familienbeziehungen eine Vielzahl von Stürmen und Krisen überstehen, wie etwa der 2. Weltkrieg gezeigt hat.

Wir haben in Deutschland die einmalige Situation, empirisch überprüfen zu können, welche Bedeutung gesamtgesellschaftliche Entwicklungen für Eltern-Kind-Beziehungen, für die Bereitschaft der Eltern, Zeit in ihre Kinder zu investieren, und für die Stabilität dieser Beziehungen haben. 40 Jahre DDR und 40 Jahre Bundesrepublik haben in diesem Punkt zu einem quasi naturalistischen experimentellen Design beigetragen. Es bietet sich die Möglichkeit, bei zwei Systemen, die politisch völlig unterschiedliche Erziehungskonzeptionen und diametral entgegengesetzte Vorstellungen der Verantwortlichkeit der Eltern für ihre Kinder hatten, nun nach der Wiedervereinigung empirisch zu prüfen, ob die Thesen richtig sind, daß in individualisierten Gesellschaften Investitionen der Eltern in ihre Kinder zunehmend schwieriger werden, weil die Eltern weniger Zeit für die Kinder aufwenden, weil sie keine eindeutigen Verhaltensregeln, Werte und Sinnkonstrukte als Basis für ihre Erziehung haben und weil Beziehungen höchst flüchtig geworden sind.

Das Familien- und Erziehungssystem der DDR kannte ab dem 1. Lebensjahr die ganztägige Betreuung der Kinder in Krippe, Kindergarten und Hort und die vollständige Integration der jungen Frauen in das Erwerbsleben. In der Bundesrepublik dominierte die Vorstellung, daß die Mutter sich in den ersten Lebensjahren ihres Kindes ausschließlich um die Kinderbetreuung zu kümmern habe. Ein weitgehend fehlendes außerfamiliäres Betreuungssystem korrespondierte mit dem auch gesellschaftlich weithin akzeptierten Familienmodell, in dem der Vater als Haupternäherer die ökonomische Basis der Familie sicherte und die Mutter entsprechend dem traditionellen Rollenmodell sich ausschließlich der Kindererziehung widmete. Dieses quasi experimentelle Design läßt sich nutzen, weil der Familiensurvey 1988 kurz vor dem Mauerfall durchgeführt wurde (Bertram 1991); zur Jahreswende 1990/91 ergab sich dann die Möglichkeit, in den neuen Bundesländern eine Vergleichserhebung durchzuführen. Zwar waren zu diesem Zeitpunkt die politischen Veränderungen in den neuen Bundesländern in vollem Gang, aber sowohl die wirtschaftliche Entwicklung, etwa die Arbeitslosigkeit, aber auch die Betreuungseinrichtungen entsprachen noch in vielen Aspekten der Situation der DDR. So waren in dieser Erhebung lediglich knapp 5 % der Frauen arbeitslos, während später die Arbeitslosigkeit von Frauen bis auf 16 bis 17 % emporschnellte (Bertram 1992). Zu diesem Zeitpunkt funktionierte auch noch das Krippen- und Kindergartensystem. Diese zeitnahen Erhebungen zum gesellschaftlichen Umbruch in der Bundesrepublik ermöglichten nun die Prüfung, ob in einem System wie der DDR jene Phänomene zu beobachten sind, die COLEMAN, ETZIONI und andere beschreiben. Denn dort waren zumindest die Voraussetzungen für die individuelle Befreiung von Männern und Frauen aus ihrer traditionellen Vater- und Mutterrolle durch das ausgebaute Betreuungssystem perfekt organisiert und staatlich reglementiert. Daher war die Zeit für die Familie deutlich reduziert, denn beide Eltern waren voll erwerbstätig. Die empirische Überprüfung wird sich auf den Vergleich zwischen West und Ost bei den drei Dimensionen Zeit für die Familie, Werte und Einstellungen im Erziehungsprozeß sowie Stabilität und Festigkeit der Beziehungen zwischen Eltern und Kindern beziehen.

Zeit für Kinder

Will man prüfen, wie viele Kinder berufstätige Mütter haben und wieviel Zeit Mütter für ihre Kinder aufwenden, sind als Analyseeinheit sinnvollerweise nicht die befragten Mütter, sondern die betroffenen Kinder zu untersuchen. Daher geht die folgende Analyse von der Zahl der betroffenen Kinder aus statt von der Zahl der betroffenen Mütter und Väter. Darüber hinaus wurden alle folgenden Analysen immer in Abhängigkeit vom Lebenslater des jüngsten Kindes durchgeführt. Denn die im folgenden zu diskutierenden Vergleiche von Berufstätigkeit und Nichtberufstätigkeit, dem Zeitaufwand für Kinder, Haushalt und Ehemann sind sicherlich erheblich auch vom Lebensalter der Kinder abhängig. Da sich aber alle theoretischen Aussagen über die mögliche zeitliche Vernachlässigung von Kindern durch berufstätige Mütter wesentlich auf kleine Kinder beziehen, werden hier die Altersgruppen von 0 bis 2 Jahren, 3 bis 5 Jahren, 6 bis 14 Jahren und 15 bis 18 Jahren differenziert.

Prüft man zunächst das Ausmaß der Erwerbsarbeit der Mütter in Abhängigkeit vom Alter des jüngsten Kindes, dann waren in den neuen Bundesländern 1991 80 % der Mütter mit Kindern unter 3 Jahren erwerbstätig, bei den Kindern unter 6 Jahren 76 % und in den höheren Altersgruppen der Kindern zwischen 82 und 87 %. Dagegen sind in den süddeutsch-katholischen ländlichen Regionen 73 % der Mütter von unter 3jährigen Kindern Hausfrauen, und nur 21 % der Kinder haben erwerbstätige Mütter. Bei den unter 6jährigen widmen sich noch 54 % der Mütter überwiegend dem Haushalt und den Kindern; erst im Alter von 6 bis 18 Jahren hat etwa die Hälfte der Kinder erwerbstätige Mütter. Dieses Bild der ländlichen katholisch-süddeutschen Regionen differiert nur unwesentlich von den urbanen Zentren. Die Betrachtungsweise nur des beruflichen Status der Mütter in den urbanen Zentren sowie in den ländlich-katholischen Regionen in der Bundesrepublik 1988 im Vergleich zu den neuen Bundesländern 1991 macht deutlich, daß in den alten Bundesländern, insbesondere bei den unter 6jährigen Kindern, sowohl in den städtischen wie in den ländlichen Regionen die überwiegende Zahl der Kinder von Müttern betreut wird, die Hausfrauen sind. Diese Ergebnisse bestätigen zunächst die These, daß ein gut ausgebautes Betreuungssystem und berufliche Entfaltungsmöglichkeiten auch dazu führen, daß Frauen dies nutzen. Damit nehmen die Möglichkeiten der Kumulierung kulturellen Kapitals im Haushalt und bei der Erziehung der Kinder durch die Umorientierung vom häuslichen auf den beruflichen Bereich signifikant ab.

Betrachtet man aber nicht den beruflichen Status, der eine solche Schlußfolgerung nahelegt, sondern die zeitliche Belastung, die Haushalt plus Beruf bei erwerbstätigen Müttern und Hausfrauen in den alten und neuen Bundesländern in Abhängigkeit vom Lebensalter der Kinder bedeuten, nähert sich das zunächst völlig entgegengesetzte Bild zu einer vergleichbaren zeitlichen Belastung.

Mütter nennen, wenn sie berufstätig sind, bei Kindern unter drei Jahren in Westdeutschland eine wöchentliche Zeitbelastung von etwa 60 bis 63 Stunden, in den neuen Bundesländern von knapp 68 bis 70 Stunden. Obwohl die berufstätigen Mütter in den alten Bundesländern überwiegend teilzeittätig sind, erreichen sie ähnlich hohe zeitliche Belastungen wie die voll erwerbstätigen Mütter in den neuen Bundesländern mit einem voll ausgebauten Krippen- und Kindergartensystem. Ab dem 3. Lebensjahr bis zum Auszug des jüngsten Kindes aus dem Elternhaus läuft die zeitliche Belastung der Mütter, wenn sie berufstätig sind, in Ost und West völlig parallel. Beide Müttergruppen geben die gleiche Stundenmenge pro Woche an, mit der deutlichen Tendenz der Abnahme der zeitlichen Belastung von jenen 65 bis 68 Stunden auf etwa 55 Stunden bei Auszug des jüngsten Kindes.

Für die Situation der nicht erwerbstätigen Mütter ergibt

sich für die zeitliche Belastung in den alten und neuen Bundesländern zunächst die gleiche Parallelentwicklung, nur auf einem niedrigeren Niveau. Diese Frauen nennen zwischen 53 und 55 Stunden wöchentlich, wenn die Kinder bis zu 3 Jahren alt sind. Diese zeitliche Belastung sinkt auf etwa 35 Stunden, wenn die Kinder das Elternhaus verlassen. Die zeitliche Belastung von Müttern ist vor allem vom Lebensalter der Kinder abhängig. Kleine Kinder führen, unabhängig von der Verfügbarkeit von außerhäuslichen Betreuungseinrichtungen, zu erheblichen Zeitaufwendungen bei den jungen Müttern. Dabei überrascht es, daß sich die zeitlichen Belastungen in West und Ost so wenig unterscheiden. In Westdeutschland konnten die jungen Mütter mehr auf Teilzeittätigkeiten ausweichen als in der DDR, weil dort die Norm der Vollerwerbstätigkeit politisch durchgesetzt wurde und die Teilzeitarbeitsplätze seit 1972 systematisch eliminiert wurden (Statistisches Jahrbuch 1992).

Die Bereitschaft der jungen berufstätigen Mütter, die notwendigen zeitlichen Aufwendungen für ihre Kinder zusätzlich zur Berufstätigkeit zu erbringen, reflektiert die Logik der kindlichen Entwicklung mit dem Aufbau der Beziehungen zwischen Eltern und Kindern in den ersten Lebensjahren. Damit stellen die jungen Mütter durch ihr Verhalten die These von COLEMAN und anderen in Frage, daß die Möglichkeiten der Kumulation kulturellen Kapitals in der Familie durch Formen der außerhäuslichen Erwerbstätigkeit beeinträchtigt werden müssen. Offenbar führt die Eigenlogik der Eltern-Kind-Beziehung dazu, daß die dem Haushalt und den Kindern zur Verfügung gestellte Zeit nicht gegen die Berufsarbeitszeit aufgerechnet, sondern von den Müttern dazu addiert wird.

Nach diesem Vergleich ist zunächst festzuhalten, daß das Modell der früheren DDR mit der vollen Erwerbstätigkeit der Frau und gleichzeitig voller Betreuung der Kinder weder zu einem zeitlich unterschiedlichen Belastungskonzept für die jungen Frauen geführt hat noch zu einem erheblich unterschiedlichen Zeitbudget im Lebensverlauf gegenüber den berufstätigen Frauen in Westdeutschland. Auch unter den Bedingungen der DDR haben die jungen Frauen ihre Verantwortlichkeit gegenüber ihren Kindern nicht nur wahrgenommen, sondern auch die Möglichkeit genutzt, jene Grundlagen für die Entwicklung der kindlichen Persönlichkeit zu legen, die COLEMAN und andere heute gefährdet sehen.

Es ist nicht leicht, festzulegen, wie groß der Aufwand in einer Familie sein muß, um das kulturelle Kapital durch Interaktion zwischen Eltern und Kindern in angemessenem Umfang zu erzeugen. Es ist jedoch davon auszugehen, daß auch unter den Bedingungen der früheren DDR ein so erhebliches Kontingent an Zeit zur Verfügung gestellt wurde, daß die Vermittlung kultureller Werte gewährleistet wurde. Die zeitliche Verfügbarkeit von Müttern, in geringerem Maße auch von Vätern, ist nicht an starre Statuszuschreibungen wie berufstätig oder nicht berufstätig gebunden, sondern primär an die Bereitschaft der Eltern, ihre täglichen Zeitkontingente so einzuteilen, daß für die Kinder hinreichend Zeit bleibt.

Wertvorstellung individualisierter Eltern

Der Vergleich der individualisierten Lebensvorstellungen von Eltern der neuen und der alten Bundesländer bestätigt zunächst eindeutig die von INGLEHART (1990), MIEGEL und WAHL, ETZIONI, BELLAH (1985) formulierte These, daß in individualisierten Gesellschaften Werte, die die persönlichen Entfaltungsmöglichkeiten des Individuums, seine Freiheiten und seine subjektiven Lebensziele in den Mittelpunkt stellen, heute als wichtiger eingestuft werden als ökonomische Sicherheit und Orientierung an traditionellen Vorgegebenheiten. In Westdeutschland wachsen mehr als 28% der Kinder bei Eltern auf, die mit individualistischen

Werten jenen von INGLEHART und anderen beschriebenen Wertewandel auch subjektiv vollzogen haben. In diesem Punkt unterscheiden sich die westdeutschen Eltern deutlich von Eltern der neuen Bundesländer, weil hier nur 17% der Kinder Eltern mit einer eindeutig postmateriellen Orientierung haben. Jedoch darf nicht übersehen werden, daß es auch in den alten Bundesländern einen hohen Prozentsatz, nämlich mehr als 26% Eltern gibt, die auf ökonomische und äußere Sicherheit und traditionelle Vorgegebenheiten Wert legen und in dem Sinne nicht als individualistisch bezeichnet werden können. Hier unterscheiden sich die alten Bundesländer viel weniger von den neuen Bundesländern mit 32%.

Diese Unterschiede zwischen West- und Ostdeutschland zeigen sich auch bei anderen Einstellungsmustern, wie der Erziehung zu Pflicht und Leistung. In Westdeutschland steht die Mehrzahl der Eltern Erziehungswerten wie Pflicht, Leistung, Gehorsam eher skeptisch gegenüber; hingegen wachsen in den neuen Bundesländern mehr Kinder bei Eltern auf, die diese Werte betonen.

Zwar lassen sich damit jene Individualisierungshypothesen teilweise bestätigen, aber die Unterschiede sind nicht so groß, um zu behaupten, daß Westdeutschland als Teil der westeuropäischen und nordamerikanischen Kulturentwicklung so klar individualisiert ist, daß Kinder hier nur noch bei Eltern mit postmateriellen und individualisierten Lebensvorstellungen aufwachsen, während die Eltern in den neuen Bundesländern aufgrund eines anderen politischen Systems mit anderen Vorgaben völlig andere Wertmuster und Wertvorstellungen entwickelt hätten.

Wichtiger ist die Schulbildung mit stark positiver Korrelation zwischen Schulbildung und individualistischen Werten. Solange nur undifferenziert von individualistischen Werten gesprochen wird, ohne die schon von DURKHEIM eingeführte Differenzierung zwischen utilitaristischem Individualismus und kooperativem Individualismus (E. Durkheim

1984) zur Grundlage der Analysen zu machen, solange werden die Investitionen der Großelterngeneration in das kulturelle Kapital der jetzigen Elterngeneration kaum angemessen gewürdigt werden können. Die Investitionen der Großeltern in die jetzige Elterngeneration und die heute von der jetzigen Elterngeneration vertretenen individualistischen Wertmuster umfassen nicht nur die eigene persönliche Freiheit mit dem Wunsch nach Selbstverwirklichung, sondern betonen für die Erziehung der Kinder neben der kindlichen Selbständigkeit auch deren Fähigkeit, mit anderen zu kooperieren, Verantwortung für andere zu übernehmen, aber auch Kritik an sich selbst ertragen zu können. Kritikfähigkeit, Verantwortlichkeit für andere und Selbständigkeit des Individuums sind zwar im hohen Maße individualisierte Wertmuster, entsprechen aber genau jener Konzeption des kooperativen Individualismus, die DURKHEIM als ein zentrales Element moderner Gesellschaften ansah. Nach DURKHEIMS Auffassung können in hoch differenzierten industriellen Gesellschaften nicht mehr die Anpassung an elterliche oder staatliche Autoritäten, die Grundlagen des Handelns des Individuums sein. Vielmehr können Individuen in einer differenzierten Gesellschaft nur noch dann mit anderen zusammenarbeiten, wenn sie dies aus eigener intellektueller Einsicht auch für sinnvoll und richtig erachten. Diese Selbständigkeit dient nicht dazu, sich selbst zu verwirklichen, sondern führt dazu, unabhängig von Autoritäten und gemeinsam mit anderen zu kooperieren und auch bereit zu sein, für andere Verantwortung zu übernehmen.

Dieser kooperative Individualismus von DURKHEIM ist deutlich von jenem utilitaristischen Individualismus, der den Eigennutz betont, zu unterscheiden. Er findet sich als Erziehungsleitbild besonders ausgeprägt bei den Eltern mit einem besonders hohen Bildungsabschluß. Die hier nachgewiesenen Ergebnisse führen nun zu einem ganz anderen Interpretationsmuster der Konsequenzen von Individualisierungsprozessen in modernen Gesellschaften. Auf der einen Seite besteht in den alten und neuen Bundesländern ein klarer Zusammenhang zwischen Schulbildung und zunehmendem Postmaterialismus, sowie zwischen zunehmender Schulbildung und abnehmender Forderung der Eltern nach Sekundärtugenden wie Gehorsam, Pflicht und Leistung; daneben steht die zunehmend positive Einschätzung der Eltern von kindlicher Selbständigkeit, verbunden mit Verantwortlichkeit für andere und Kritikfähigkeit.

Die insbesondere von Eltern mit höherer Schulbildung vertretene Konzeption eines kooperativen Individualismus findet aber möglicherweise in jenen Institutionen wie Kindergarten, Hort und Schule, die ETZIONI und andere so kritisch betrachten, noch nicht jene Beachtung, die notwendig ist, um die Entwicklungstendenzen innerhalb der Familie auch in diesen Institutionen so zu verstärken, daß diese Kindergeneration später als Erwachsene über stabile Orientierungsmuster eines kooperativen Individualismus verfügen, um in der Gesellschaft verantwortlich zu handeln.

Beziehung der Eltern zu ihren Kindern

Es wurde schon gezeigt, daß Eltern relativ unabhängig vom Ausmaß ihrer Integration in das Erwerbsleben viel Zeit für die Familie aufwenden. Das sagt allerdings noch nichts darüber aus, ob sie die Zeit, die sie für die Familie aufwenden, auch tatsächlich mit den Kindern gemeinsam verbringen. Wenn sich die gemeinsame Zeit von Eltern und Kindern auch nur schwer im Rahmen einer Befragung erfassen läßt, kann man zumindest prüfen, ob bestimmte typische, familienbezogene Aktivitäten überwiegend mit den Kindern oder mit anderen Personen durchgeführt werden. Bei einem netzwerktheoretischen Zugang kann man Eltern und Kinder befragen, mit wem sie ihre Freizeit verbringen, mit wem sie gemeinsam Mahlzeiten einnehmen, mit wem sie enge persönliche Beziehungen haben und mit wem sie intime persönliche Dinge besprechen.

Bei allen abgefragten Aktivitäten werden nach den Partnern immer die Kinder genannt. Kinder spielen in familienbezogenen Aktivitäten wie Freizeit, Mahlzeiten, persönliches Besprechen und enge persönliche Gefühle eine außerordentlich bedeutungsvolle Rolle. Dabei gibt es kaum Unterschiede zwischen Ost und West, vielmehr verlaufen die eindeutig altersabhängigen Beziehungsmuster zwischen Eltern und Kindern in West- und Ostdeutschland weitgehend parallel. Wenn es um gemeinsame Freizeit geht, werden hauptsächlich die Kinder genannt, wenn sie bis zu fünf Jahre alt sind. Kinder beherrschen in den ersten fünf Lebensjahren ganz eindeutig das Leben und die Freizeit der Befragten. Das Muster, daß das Lebensalter der Kinder die gemeinsame Freizeit mit den Eltern bestimmt, spricht dafür, daß Eltern und Kinder in West wie in Ost entsprechend der kindlichen Entwicklung miteinander viel ihrer Freizeit verbringen und die Kinder sich mit zunehmendem Alter aus dem Elternhaus heraus nach außen orientieren.

Die zurückgehende gemeinsame Freizeit zwischen Eltern und Kindern bedeutet aber nicht, daß mit zunehmendem Alter der Kinder die Bindungen zwischen Eltern und Kindern verlorengehen, vielmehr bekommen die Kinder eine immer größere Bedeutung für die Eltern auch für intime und persönliche Gespräche. Bei den über 18jährigen nennen in West wie Ost knapp 50 % der befragten Eltern die Kinder als Partner, mit denen sie auch Persönliches besprechen. Angesichts dieser Struktur verwundert es nicht, daß es auch bei den gemeinsamen Mahlzeiten einen altersabhängigen, allerdings nicht so deutlich ausgeprägten Effekt gibt. Die gemeinsamen Mahlzeiten haben so lange eine große Bedeutung für Eltern und Kinder, wie die Kinder im Elternhaus leben. Der Bruch vollzieht sich hier mit dem Auszug der Kinder aus dem

Elternhaus. Aber das bedeutet nicht, daß die Beziehungen der Eltern zu ihren Kindern in gleicher Weise zurückgehen. Vielmehr bleiben die engen emotionalen Gefühle, die Eltern zu ihren Kindern in der frühen Kindheit aufgebaut haben, lebenslang bestehen.

Im Gegensatz zu der Auffassung jener Kritiker eines individualisierten Zeitalters bedeuten individualisierte Werte und Einstellungsmuster und eine zunehmend außerhäusliche Erwerbstätigkeit von Müttern nicht notwendigerweise, daß die Beziehungen zu den Kindern zur Disposition stehen und sich die Eltern aus dem Beziehungsgefüge zu den Kindern herausziehen. Für die Eltern heute ist zu konstatieren, daß sie, in Abhängigkeit vom Lebensalter ihrer Kinder, das heißt die individuelle Entwicklung der Kinder berücksichtigend, ihre freie Zeit mit ihnen verbringen, mit ihnen Persönliches besprechen und mit ihnen gemeinsam essen. Persönliche enge Gefühle zu den Kindern sind unabhängig vom Alter der Kinder und auch unabhängig davon, ob die Kinder mit den Eltern zusammen wohnen.

Individualisierung ist also nicht mit Selbstverwirklichung um jeden Preis gleichzusetzen. Hier bedeutet Individualisierung vielmehr, daß Eltern, die sich für Kinder entschieden haben, die Verantwortung gegenüber ihren Kindern ernst nehmen und versuchen, die Ansprüche der eigenen persönlichen Entwicklung, der beruflichen Belange, der Entwicklung des Partners und der Entwicklung der Kinder miteinander zu vereinbaren. Eine solche Form des Individualismus, der wechselseitige Bedürfnisse aller Beteiligten mitreflektiert und hier als eine Form des kooperativen Individualismus gekennzeichnet wurde, ist mit dem Risiko des Scheiterns behaftet. Solche Aushandlungsprozesse, die unterschiedliche, teilweise höchst widersprüchliche Anforderungen zeitlicher, emotionaler oder persönlicher Art miteinander in Beziehung setzen müssen, implizieren notwendigerweise eine höhere persönliche Herausforderung. Aushandlungsprozesse, die sich nicht an traditionellen Vorgegebenheiten orientieren können, sondern an die Persönlichkeiten der Interaktionspartner gebunden sind, beinhalten immer auch das Risiko des Scheiterns.

Damit wird die hier vertretene These gestärkt, daß Individualisierungsprozesse nicht notwendigerweise aufgrund einer Selbstverwirklichungs-Ideologie der Erwachsenen zu einer Vernachlässigung der Bedürfnisse der Kinder, zur Vernichtung des kulturellen Kapitals in unserer Gesellschaft und zu egozentrischen Beziehungsmustern führen, sondern eher individuelle Aushandlungsprozesse an die Stelle gesellschaftlicher Vorgegebenheiten treten. Ebenso wie die Individualisierung der Eheschließung mit der Möglichkeit der Individuen, unabhängig von den ökonomischen und ständischen Vorgegebenheiten einer Gesellschaft sich individuell für einen Partner zu entscheiden, individuell die Voraussetzung für eine stabile, dauerhafte Beziehung schuf, bedeuten Individualisierungsprozesse in bezug auf die Eltern-Kind-Beziehungen möglicherwiese ganz ähnlich die Chance der Eltern, das heißt die Möglichkeiten der Mutter und die Möglichkeiten des Vaters, entsprechend ihrer eigenen Lebensentwürfe und Lebensvorstellung ihre spezifischen Bedürfnisse und die des Kindes so miteinander zu verknüpfen, daß sich für eine relativ lange Zeit dauerhafte und stabile wechselseitige Beziehungen entwickeln können.

Hartmut von Hentig
Was kann und was soll Erziehung leisten?

Erziehen wozu? Ist das wirklich die Frage? Wenn ja: prinzipiell oder nur aktuell? Ist Erziehung nicht immer ein fundamentaler, sehr persönlicher, sehr schwer kalkulierbarer Auftrag an die Erwachsenen gewesen, die folglich auch immer an ihren pädagogischen Mißerfolgen leiden, unsicher werden, ganz natürlicherweise fragen und an dem zweifeln, was sie da tun?

Erziehung als Kompensation

Erziehung ist die Anpassung des unspezialisierten und darum auf Entwicklung angewiesenen Wesens Mensch an die (in der Geschichte akkumulierten) »Verhältnisse«, die immer weniger von der Natur und immer mehr von der Kultur bestimmt sind. Das wissen wir aus Platons Prometheus/Epimetheus-Geschichte, haben es uns durch Rousseau noch einmal genau vorbuchstabieren lassen und ordnen den Vorgang heute ganz geläufig in die Theorien von anderen Spätgeburten und Nesthockern und Umweltveränderern unter den Geschöpfen ein.

Zu den kultürlichen Verhältnissen gehören Vorstellungen, Gewohnheiten, Werte, Institutionen nicht weniger als materielle Bedingungen – ökonomische, technische und Macht-Verhältnisse. Insofern sind auch Bildung und Ausbildung Teil des Erziehung genannten Anpassungsvorgangs. Ein Mensch muß lesen und schreiben können, sich orientieren und verständigen, sich versorgen und ernähren, wenn er in den gegebenen Verhältnissen bestehen soll.

Anpassung an die geschichtlichen Verhältnisse meint jedoch nicht Unterwerfung unter sie; sie verlangt im Gegenteil, daß man lernt, sich in ihnen auch gegen sie zu behaupten. Erziehung ist Kompensation, Ausgleich für das, was unter den waltenden Umständen nicht erfahren werden kann, aber erfahren werden müßte.

Nach einer Periode der kollektiven Unterdrückung, der Abrichtung und Einschüchterung muß die heranwachsende Generation stärker zu Selbständigkeit, Individualität, Kritikfähigkeit, Konfliktbereitschaft, zu Risiko, Offenheit, Improvisation erzogen werden. Nach einer Periode der besonderen Freizügigkeit, der Auflösung von Bindungen, der Ausschweifung muß die heranwachsende Generation stärker zu Selbstdisziplin, Gemeinsinn, Pflichterfüllung erzogen werden.

Man wird ausgleichen, wenn eine Tugend extrem und dadurch zur Untugend geworden ist:

– aus Ordnungsliebe ein Ordnungszwang
– aus Freiheitsstreben Beliebigkeit
– aus Eigenständigkeit Egoismus
– aus Muße Schlendrian ...

Man wird gegenhalten, wenn eine Institution sich verabsolutiert:

– dem Versorgungsstaat mit Eigeninitiative
– dem Markt mit Sozialbindung
– der totalen Familie mit den Rechten des einzelnen oder der größeren Gemeinschaft
– der Presse-, der Forschungs-, der Kunst-Freiheit mit dem Schutz der Persönlichkeit, mit Ehrfucht vor dem Leben, mit den Schranken der Scham beizukommen suchen.

Die den Menschen bekömmlichen Verhaltensweisen und Einrichtungen können als etwas Mittleres zwischen zwei unbekömmlichen Übertreibungen bestimmt werden, wie dies bei Aristoteles geschieht. Aber dieses Mittlere liegt nicht immer an derselben Stelle. Und *das* läßt uns auch (in unregelmäßigen Abständen) fragen: Erziehung wozu? – als wüßten wir es nicht.

Man möchte darauf antworten: Behaltet bitte die Nerven,

folgt eurer Vernunft, bewahrt euch ein in diesem Geschäft immer nützliches Augenmaß! Wer aufgeregt nach Sondermaßnahmen ruft (zum Beispiel nach Wiedereinführung der »Prügelstrafe für kleine Sünder«, um »den allgemeinen Verfall der Werte aufzuhalten« – wie die Frankfurter Rundschau am 2. März 1995 amerikanische Politiker und Bürger zitiert), beteiligt sich an der Herstellung dessen, was er bekämpft: Der Unausgeglichenheit von Wollen und Sollen, der Unstimmigkeit der Mittel, der Entfernung von der Mitte.

Wer meint, der Erziehung etwas ganz Neues oder ganz Radikales empfehlen zu müssen, der muß mit anderen Begründungen aufwarten.

Bewußtere Pädagogik

Nun gibt es tatsächlich Augenblicke, in denen bestimmte Lebensprobleme den Erwachsenen über den Kopf wachsen, so daß sie sich wünschen, sie wären anders für diese »konditioniert« worden.

Leben wir in einem solchen Augenblick? Welche Probleme sind es? In welcher »Kondition« wären wir diesen besser gewachsen? Ist's noch möglich, sie wenigstens unseren Kindern zu geben? Nehmen wir einmal die Behauptung hin, ein solcher Augenblick sei gekommen, wir werden nicht fertig

– mit der Komplexität, der Abstraktheit, der globalen Verschränkung, der institutionellen Verfestigung und der gleichzeitigen elektronischen Verflüssigung unserer Verhältnisse

– mit der unbarmherzigen Anhäufung von Erkenntnisdaten, mit der Fülle der gleichzeitig auf uns eindringenden Informationen, der Dichte der Beziehungen, der Schnelligkeit der Entwicklungen, der Mächtigkeit der Instrumente

– mit den Konsequenzen unseres Wissens (zum Beispiel mit der geforderten und fast nie geleisteten Veränderung unseres Lebens zugunsten der Umwelt und Nachwelt)

– mit der durch Demokratie und Aufklärung gegebenen Verantwortung.

Am Rande sei angemerkt: Daß einer wie ich eine solche Wortfolge fast mühelos vorbringen, mit Beispielen versehen, fortsetzen, ja steigern kann, ist selbst ein Teil und Ausweis des Problems. Dies besteht in einem die Vernunft beleidigenden Mißverhältnis von Wissen und Handelnkönnen. Und das führt sehr schnell zu der Frage, was eigentlich Schulen zu leisten vermögen, ob sie auf die Bewältigung der Probleme des Lebens im 21. Jahrhundert vorbereiten, wenn sie vornehmlich Wissen weitergeben und ernsthaftes Handeln-mit-Folgen ausschließen: Dadurch legen sie das genannte Mißverhältnis schon »unten«, in einem frühen Alter an, in dem es noch vermeidbar wäre, ja in dem von Natur aus das Gegenteil herrscht. Es führt schnell zu der Frage, wie sich Erziehung zu Belehrung verhält.

In meinen groben Katalog habe ich verschiedene Schwierigkeiten nicht aufgenommen: den Fortfall von »Orientierung« durch »das Ende des Kommunismus« und der Bipolarität der Welt, also ihrer Aufteilung in zwei große Macht- und Ideologieblöcke; oder die direkte Konfrontation ostdeutscher Staatsbürger mit westdeutschen Marktbürgern; oder die neue Verantwortung der vereinigten Deutschen in dem noch nicht vereinigten Europa; oder das Wachstum der Wirtschaft und des Sozialstaates. Ich habe auch AIDS und die Ausländerfeindlichkeit und die Arbeitslosigkeit und den Altersaufbau unserer Gesellschaft nicht genannt – weil sie mir alle zu den Fährnissen des Lebens zu gehören scheinen, die jede Erziehung zu jeder Zeit im Sinn haben muß. Sie fordern keine neue Pädagogik, sie fordern eine bessere, bewußtere, auf größere Mühen gefaßte Pädagogik, sie fordern, daß die Pädagogik in einem ganz anderen Maß ernst genommen wird. Pädagogik ist nicht dann gut, wenn sie die Probleme vorwegnimmt und die jungen Menschen mit Lösungen wie mit einem Reiseproviant ausstattet. Sie sollte ihnen lohnende Ziele zeigen, sie zum »Reisen« ermutigen, sie befähigen, die Chancen und Gefahren zu erkennen, die da auf sie warten, ihnen Maßstäbe geben und Zuversicht in die eigenen Möglichkeiten – und einen Überblick über die verfügbaren Mittel.

Aufgaben der Schule

Wir müssen nicht nur – individuell und kollektiv – mit den genannten Schwierigkeiten unserer Zeit fertigwerden, wir müssen deren Bewältigung, also unsere »Lösungen«, mit den Vorstellungen in Übereinstimmung bringen, die wir von uns haben, vom guten Menschen, vom guten Leben in der guten Gemeinschaft. Ich unterstelle einmal großzügig (oder leichtfertig), daß unsere öffentliche Pflichtschule auch erziehen und neben der Problembewältigung auch dem Wahrnehmen und der Aneignung einer Vorstellung vom guten Leben in der guten Gemeinschaft Platz gegen wolle. Dann fragt sich:

– Wo eigentlich wird das für die Kinder und Jugendlichen erfahrbar?

– Wo kommt es ausdrücklich und überzeugend vor?

– Wo wird ihnen ermöglicht, das Vorgestellte und sich selbst auf die Probe zu stellen?

Unsere Schule belehrt einzelne Personen in einer kollektiven Organisation: der einzelne lernt, übt sich, wird geprüft, beurteilt, beraten – in einem Klassenverband, der sich in einer bestimmten Einrichtung befindet, die ihrerseits eine Gebäude-, Verwaltungs-, Versorgungsinsel innerhalb der Gesellschaft bildet.

Gewiß, die Schule ist nicht das ganze Leben der in ihr versammelten jungen Menschen. Aber sie ist es in einem hohen Maß, in einem höheren, als auch den Betroffenen bewußt ist – selbst solchen, die diese Schule ablehnen.

In unserer Schule kommt das gute Leben nicht vor – weder als Wirklichkeit noch als Frage, allenfalls als Andeutung (in der Literatur, in der Geschichte, im Religionsunterricht) oder als Karikatur (in der Kunstfigur der Klassengemeinschaft, der all das fehlt, was die wirkliche politische Gemeinschaft ausmacht: deren Notwendigkeit, deren Mittel, deren Vielfältigkeit, deren Zwecke und Ziele). Und um die Schule herum kommt das gute Leben auch nicht vor; dort walten ja die Verhältnisse, deren Unerkennbarkeit, Mängel, Verführungen und schlimme Wirkungen sie »kompensieren« soll. Wir leben nicht in einer *polis*, die selber zum Leben in der *polis* erzieht. Das gute Leben kann es in der Familie geben, die jedoch nur Vorbild und Übungsfeld für ihresgleichen, für die kleine Gemeinschaft zu sein vermag, nicht für die große.

Darum meine sich seit Jahrzehnten wiederholende und zuspitzende Forderung: Solange es keine andere Einrichtung gibt, die dies leistet, muß die Schule die Funktion der guten *polis* selber übernehmen, in der die Jungen *erfahren* konnten, wie das Leben der Großen gemeint ist, welche Aufgaben ihnen zugedacht, zu welchem Zweck und welcher Wirkung die Einrichtungen getroffen worden sind, welche wohltuenden Folgen der richtige Gebrauch, welche schlimmen der Mißbrauch hat. Sie muß selber eine *polis* der in ihr versammelten Personen *sein*.

Solange die Schule ein Ort ist, an dem man wichtige Erkenntnisse und Fertigkeiten erwirbt und *nicht auch erfährt wozu*, fehlt unserer Gesellschaft das, wonach hier gefragt ist: eine Erziehungsinstanz für das schwere Geschäft, ein mitwirkender, mitverantwortlicher, sich selbst versorgen könnender Bürger zu sein. Das ist Erziehung – die Einführung/*institutio* in die gemeinsamen Regeln des Handelns und die gemeinsamen Formen des Erkennens.

Es gibt auch andere Aufgaben der Schule: Bildung, Ausbildung, Auslese, das Anstiften zum Denken, die Herausforderung und Übung der Talente, die Entlastung der erwerbsfähigen Erwachsenen. Aber diese haben die andere, die erste Aufgabe der öffentlichen Schule vollständig überwuchert – so vollständig, daß man jene wohl tatsächlich »neu denken« muß, wenn die Schule überhaupt an dem »Erziehung« genannten gesellschaftlichen Vorgang beteiligt sein soll.

Vorbild und Verantwortung

Daß die Familie der erste und entscheidende Ort der Erziehung ist, bleibt wahr, auch wenn sie selbst ihre Gestalt verändert und eine Reihe von Normen abgeschüttelt hat.

Wie man die Familie ermutigt, ihre Rolle wahrzunehmen und durchzuhalten, ja, ob das nötig und ob öffentliche Hilfe dabei überhaupt gut ist, weiß ich nicht mit größerer Gewißheit als jeder Laie. Daß die erziehungswissenschaftliche Erkenntnis die Eltern verunsichert habe, ist schwer zu überprüfen. Wenn in einer vom SPIEGEL am 27. Februar 1995 veröffentlichten Geschichte über die Eltern von Horst X. gesagt wird, diese wüßten inzwischen nur eines, nämlich daß sie über Erziehung nichts wissen, dann hat das mehr mit den vorhin aufgeführten »Verhältnissen« zu tun als mit Erziehungswissenschaft: Sie wissen nicht, wie sie selber leben sollen und wollen, nicht, was ihre Rolle ist. Wenn ein Drittel aller 9- bis 10jährigen über einen eigenen Fernsehapparat verfügt, fast ebenso viele über einen Kindercomputer und fast zwei Drittel über einen Walkman, dann heißt das: Die Eltern haben die Erziehung ihrer Kinder an andere Instanzen abgegeben – womöglich, ohne daß es ihnen bewußt ist. Sie wissen nicht, was es heißt, Eltern zu sein.

Eine bedeutende Erziehungsinstanz – das wären wir alle, die Öffentlichkeit. Ich meine damit nicht den älteren Herrn, der an die Jungen herantritt und ihnen nahelegt, sie sollten doch lieber nicht rauchen. Ich meine jedenfalls nicht in erster Linie pädagogische »Intervention«. Ich meine Vorbild und Verantwortung, also Sich-bewußt-sein, daß man Wirkungen tut – nicht so sehr auf das unmittelbare Verhalten der Jüngeren als darauf, was sie sich für ein Bild vom Leben machen. Sie werden es entweder als einen Kampfplatz ansehen, ein Ausbeutungsobjekt, ein Feld beliebiger Lustbarkeit und unvermeidlicher Grausamkeit – *oder* als etwas, wofür gemeinsam Sorge zu tragen sich lohnt: Denn die anderen geben sich ja auch Mühe – und sie achten auf mich.

Familien, eine Nachbarschaft, die Bilderwelten des Fernsehens und in erster Linie die Schule können etwas davon vermitteln, einen »Zipfel der besseren Welt«, wenn sie dies so sehen und ernst nehmen. Aber ich fürchte, wir verstehen zumindest unter der Schule etwas ganz anderes. Mit anderen Worten: Ich glaube nicht, daß wir die Schule als Lebens- und Erfahrungsraum der künftigen Bürger wirklich wollen.

IV.

Identifikationen –
Region, Nation, Europa

Hans-Peter Schwarz
Identifikation mit Kollektiven

In dem Thema »Identifikationen – Region, Nation, Europa« sind, wenn ich es recht sehe, eine ganze Reihe falscher Fragestellungen und dummer Stereotype verborgen, die sich seit den späten siebziger Jahren durch unseren öffentlichen Diskurs schleppen. Dabei ist es eine ganze Karawane, die damit von einer Akademie zur anderen und von einer Talkshow zur anderen zieht – Volksbildner, Professoren, Schriftsteller, der schöngeistigen Rede mächtige Abgeordnete, Parteigrößen oder Präsidenten.

Ebenen der Identifikation

Identifikation – darin steckt also der Schwatzbegriff »Identität«. Der Begriff suggeriert, man könne oder solle sich mit *einem* Kollektiv eins fühlen. Wer aber nur ein klein wenig nachdenkt, erkennt genau, daß moderne Menschen – und wir alle sind das – in einer Vielzahl von Gemeinschaften zu leben haben, deren jede erwartet, daß wir uns mit ihr identifizieren. So identifizieren wir uns – bald mehr, bald weniger ausschließlich – mit zahlreichen Gemeinschaften und Großkollektiven. Da ist erstens die Familie, die im folgenden außer Betracht bleibt. Hier wird, wenn alle Instrumente nur gut gestimmt sind, das Thema unserer personalen Identität gewissermaßen pianissimo gespielt. Uns verbindet in einem weiteren Sinne die Landsmannschaftlichkeit (wir sind also Badener, Schwaben, Sachsen, Westfalen), desgleichen – und dies nicht zuletzt – identifizieren wir uns mit unserem Staat oder wir sollten dies wenigstens. Es gibt aber auch weitere größere Einheiten, mit denen wir uns identifizieren: etwa mit unserer Kirche, mit einer Berufsgruppe, mit einer Partei, mit einer Firma, mit einer Waffengattung, einer Gewerkschaft, einem Staat. Wir fühlen uns als Europäer, was immer das auch heißt, empfinden uns also dem abendländischen Kulturkreis tief verbunden, oder wir sind europäische Föderalisten und stellen uns vor, die Europäische Union sei bereits ein Bundesstaat in nuce. Doch wir empfanden oder empfinden uns auch zu Zeiten als Bürger der »freien Welt« und durchgehend als Menschbrüder, bezogen auf die eine Menschheit.

Weshalb nenne ich alle diese Identifikationskollektive?

Aus drei Gründen:

Erstens, weil dies daran erinnert, daß »Region, Nation und Europa«, nur wenige Identifikationseinheiten unter mehreren sind, und für viele weder heute noch früher die wichtisten;

zweitens, weil dies daran erinnert, daß sich der moderne Mensch (im Unterschied zu vergangenen Gesellschaften) mit zahlreichen Einheiten und Kollektiven *gleichzeitig* identifiziert, ohne deshalb seine Individualität zu verlieren;

drittens, weil dies auch daran erinnert, daß die Zeiten absoluter Identifikation mit *einer* Einheit (der Konfession, dem Volk, dem Nationalstaat, einer Partei) wenigstens im heutigen Deutschland und in den zivilisierten Teilen Europas endgültig vorbei sind.

Es sei gar nicht bestritten, daß in Krisensituationen, in denen sich ganze ethnische Gruppen (wie immer sie sich auch definieren) aus bestehenden Staaten lösen, die Identifikation mit faßbaren Kollektiven entscheidend ist. Dasselbe gilt für Bürgerkriegssituationen, für Kriege oder eben für jene historisch ganz seltenen Vorgänge, in denen ein längst morsch gewordener Zwangsstaat wie die DDR zusammenstürzt.

Doch dies ist *nicht* der Normalfall, in dem wir in der Bundesrepublik leben, und deswegen ist das Dauergerede von der Bedeutung der Identitätsorientierung eine verkehrte Definition des Problems.

Es erweckt nämlich den Anschein, als seien erstens die

absoluten Identifikationen überhaupt wünschenswert und als seien sie zweitens wiederherstellbar. An beidem sind berechtigte Zweifel möglich.

»Hard power« Arbeitswelt und demokratischer Verfassungsstaat

Bewegt man sich einmal über die Dimension der familiären Intimgruppe hinaus, so sind es zwei klar konturierte, faßbare, sichtbare und uns unablässig beschäftigende Bezugseinheiten, denen wir nicht entgehen können und denen, so sie vernünftig funktionieren, eine stark rational bestimmte Loyalität gehört, welche durchaus in warme Weichwolle emotionaler Empfindungen eingepackt sein mag.

Dies ist *erstens* die Bezugskraft der *Arbeitswelt*, in der wir uns finden, *zweitens* der *demokratische Verfassungsstaat*, dem wir angehören, welcher uns zugleich als Sozialstaat, als Schul- und Hochschulstaat, als Wehrpflicht- oder Zivi-Staat, der uns als Steuerstaat und Parteiendemokratie fordert, fördert, schützt, plagt, erziehen möchte, alles zusammen.

Die *Arbeitswelt* – hier sind zwar in den Anfängen der Berufskarriere Wahlmöglichkeiten gegeben. Doch haben wir uns erst einmal auf bestimmte Berufsfelder, Firmen, Arbeitsplätze im öffentlichen Dienst, selbständiges Unternehmertum usw. eingelassen, dann prägt das unsere ganze Persönlichkeit, und wer sich mit diesem Beruf dann nicht voll zu identifizieren vermag, der ist ein armer Hund.

Genauso unser *Staat*, der uns doch in erster Linie als Zentralstaat mit seinen Ordnungen (sprich: Bundesrepublik Deutschland) begegnet, in zweiter Linie als *Kommune*, wo Arbeitswelt und Freizeitraum oft zusammenfallen, in dritter Linie, doch zweifellos schon schwerer konkret erfahrbar, als Bundesland.

Es ist also nicht mehr die *Nation*, die von uns Loyalität,

Gesetzesgehorsam, Teilnahme erwartet, sondern der moderne demokratische Staat, und wer ihn nicht modern, sondern postmodern nennen möchte, dem sei das unbenommen.

Leider finden sich die Begriffe »Arbeitswelt« und »Staat« überhaupt nicht unter den mir zur Deklination anheimgestellten Identifikationssubstantiven – ich lege deshalb Wert darauf, das Fehlende zur Sprache zu bringen. Diese sind nämlich die eigentliche »hard power«, welche bis heute Identifikation bewirkt – damit übrigens auch persönliche Identität ausprägt.

»Soft power« Regionen

Region, Nation, Europa aber, das ist gewissermaßen *soft power*, nicht unwichtig, für manche stärkeres Bezugsfeld, für andere weniger – in jedem Fall aber von geringerer politischer und praktischer Relevanz.

Selbstverständlich gehört die Landschaft, aus der einer kommt oder in der er Wurzeln schlägt, selbstverständlich gehört die landsmannschaftliche Zugehörigkeit zu jenen Bedingungen, die uns emotional erfreuen, stabilisieren, immer wieder anziehen, und Wir-Gefühl oder Hier-bin-ich-zu-Hause-Empfinden hervorrufen.

Ich selbst komme aus einer Grenzregion, aus der Dreiländerecke der Basler Bucht, wo Deutschland, die Schweiz und Frankreich ineinander übergehen. Es versteht sich also von selbst, daß sich regionales Bewußtsein und die jeweiligen Staatsgrenzen gar nicht decken können, zumal dann, wenn diesseits und jenseits der Grenzen vielfach dieselben Alemannen eine nur wenig unterschiedene Mundart sprechen. In anderen Regionen Europas ist dasselbe zu beobachten, und das ist nichts als natürlich, zumal im zusammenwachsenden Europa. Mit der bürokratischen Kunstschöpfung des Ausschusses der Regionen in der EU hat das freilich nicht viel zu tun, viel mehr mit der Intelligenz, dem guten Willen und der Notwendigkeit von Kommunen und der administrativen Zwischeninstanzen, auch von freien Assoziationen diesseits und jenseits der Grenzen, vernünftige Zusammenarbeit zu organisieren.

Aber wie bedeutsam *Regionen* auch immer für den Seelenhaushalt der Bürger, auch für das Arbeits- und Freizeitleben sind, so weiß doch jeder, daß eben die jeweiligen Staaten nach wie vor die *hard power* darstellen. Aber auch *soft power* ist ja schließlich etwas, zumal in unseren ruhigen Zeiten.

»Soft power« Nation

Für die *Nation* und *Europa* gilt dasselbe. Nach der Wiedervereinigung erfreut sich Deutschland des Glücks, wieder ein ähnlich entspanntes Verhältnis zur Nation entwickeln zu können, wie es den meisten anderen Nationen in den europäischen Nationalstaaten schon sehr viel länger beschieden war.

Dennoch gilt für alle Staaten im EU-Bereich (lassen wir das ethnisch kompliziert zusammengesetzte Belgien einmal beiseite), daß das spezifisch Nationale allenfalls noch als *soft power* Bedeutung hat.

Man erfreut sich gewiß daran, in einem homogenen Sprachraum zu leben. Gebildetere Leute besitzen noch ein nationales Bewußtsein (das jedoch nicht erst seit heute und gestern mit Kosmopolitismus und gutem Europäertum vereinbar ist). Man ist auf vieles Deutsche oder Französische stolz: kulturell, gastronomisch, sportlich, politisch, wirtschaftlich. Man leidet insgeheim unter Untaten des eigenen Volkes; Politiker und Journalisten lieben es sogar, unablässig davon zu sprechen. Und man weiß, daß Deutsche, Schweizer, Franzosen, Luxemburger eben jeweils doch anders sind.

Doch noch einmal: mehr als soft power ist das nicht. Und je häufiger junge Deutsche und junge Türken einander heiraten oder doch engen Umgang pflegen, um so klarer wird auch das Empfinden dafür, daß es im Einwanderungsland Deutschland, das kein Einwanderungsland sein möchte, eine zunehmend problematische Sache wäre, den demokratischen Verfassungsstaat primär auf nationales Bewußtsein gründen zu wollen. Doch auch hier gilt: soft power ist power, und ein Vergessen unserer Nationalität würde uns genauso seelisch und intellektuell verarmen lassen, wie es das Vergessen unserer landesmannschaftlichen Wurzeln wäre.

»Soft option« Europa

Ähnliches gilt für Europa, und es gilt auch – die Stichworte fehlen gleichfalls – für unsere Orientierung auf die atlantische Gemeinschaft oder auf die Ökumene, wie immer man diese verstehen möchte – als von Menschen bewohnte Welt oder als zivilisierte Welt, was nicht ganz dasselbe ist.

Die Europäische Union ist durchaus schon eine politische Einheit, Integratives und Koordinatives, Bundesstaatliches und Staatenbundliches ziemlich ungeschieden miteinander verknüpft.

Doch im Vergleich mit den demokratischen Verfassungsstaaten, aus denen die EU besteht, ist sie derzeit und wohl noch für geraume Zeit nicht mehr als eine *soft option*. Aber wir stellen fest, daß sich in diesen Verfassungsstaaten durchaus Politiker, Intellektuelle, jüngere und ältere Bürger finden, für die Europa, sprich: die Europäische Union, genauso wichtig ist, wenn nicht noch wichtiger als die Nation.

Daneben aber gibt es jene, die unter Europa das römischkatholische und protestantisch geprägte Europa bis zum Bug und zur Donau begreifen, auch jene, die Rußland und die Ukraine mit inbegriffen sehen möchten. Und es gibt zugleich jene anderen (zu denen ich mich selbst rechne) für die neben dem eigenen Verfassungsstaat die Demokratien, Marktwirtschaften und Kulturen zu beiden Seiten des Nordatlantik die weitere geistige und politische Heimat darstellen, mindestens so wichtig, wenn nicht noch wichtiger als die Europäische Union.

Und es gibt schließlich jene humanitären Kosmopoliten, für die Menschenrechtspolitik noch wichtiger ist als europäische oder atlantische Politik. Zudem gibt es jene, die glauben, man könne alles zugleich wollen, ohne harte Optionen vornehmen zu müssen, der liebe Gott werde es schon richten. Das sind die Glücklichsten, wenngleich nicht immer die klarsten Köpfe.

Meine Meinung also: auch »Europa« ist eine *soft option* neben anderem, wobei eben die weltweite Ausweitung unseres Horizonts auch eine gewisse Reichhaltigkeit der Menükarte unserer außenpolitischen und kulturellen Optionen zur Folge hat.

»Soft options« contra »hard options«?

Ich behaupte nicht, daß die soft options – Region, Nation, Europa und die anderen genannten – unwichtig seien. Sie haben große praktische Bedeutung, von ihnen geht emotionale Attraktivität aus, auch Glanz, freilich sind damit auch, so wir ehrlich sind, Empfindungen der Frustration, der Trauer und manchmal der Abneigung verbunden. Schließlich verhält sich das bei den *hard options* nicht anders.

Dennoch gilt, daß vorerst, wenn wir überhaupt einen so windigen Begriff wie Identität und Identifikation verwenden wollen, die *Arbeitswelt* und der *demokratische Staat* immer noch die mit großem Abstand wichtigsten Identifikationseinheiten sind und weiterhin bleiben müssen. Das schließt nicht aus, daß wir uns voll Sympathie, voll guten Willens und mit Gewinn über die emotionale und praktische *soft power* von Region, Nation und Europa unterhalten.

Dieter Senghaas
Region – Nation – Europa
Erkenntnisse über gelungene Vergemeinschaftungsprozesse

Region, Nation, Europa (man könnte noch *Welt* hinzufügen): das sind Bezugspunkte für alte, empirisch schon vorfindbare, aber auch für denkbare neue zukünftige Identifikationen. Stabile Identifikationen bzw. stabile Identität im jeweiligen Kontext verweisen auf gelungene Prozesse der Vergemeinschaftung. Gemeinschaften zu bilden ist jedoch – gleichgültig auf welcher Ebene – ein äußerst voraussetzungsvoller Vorgang, zumal in modernen, d. h. sozial mobilen und durchpolitisierten Gesellschaften, in denen sich nicht nur in der politischen Klasse, sondern auf Massenbasis alle gesellschaftlichen Auseinandersetzungen als politische und alle politischen Konflikte als gesellschaftliche kundtun. Solche nach Interessen und Identitäten zerklüfteten Gesellschaften, die das Ergebnis säkularer Entwicklungsprozesse sind, sind nicht nur konflikt-, sondern auch gewaltträchtig. Unter modernen Vorzeichen ist deshalb die Herausbildung von dauerhaften, selbstregulativen politischen Gemeinschaften eine bemerkenswerte zivilisatorische Errungenschaft. Man könnte diese Errungenschaft als friedliche Koexistenz trotz Fundamentalpolitisierung definieren (s. Senghaas 1995a).

Der gekennzeichnete Sachverhalt verweist auf historische, aktuelle und zukünftige Problemlagen; er ist gleichermaßen auf niedriger (Region), mittlerer (Nation) und höherer Ebene (Europa/andere Großregionen/Welt) von Relevanz. Überall stellt sich dieselbe Frage: *Was sind die Voraussetzungen gelungener politischer Vergemeinschaftung* (oder wie man im angelsächsischen Sprachraum sagen würde: von »political community«)? Die Friedensleistung gelungener politischer

Vergemeinschaftung unterstellt, läßt sich diese Frage auch wie folgt formulieren: *Was sind die Konstitutionsbedingungen einer Struktur dauerhaften Friedens*? Identifikation ist ein Teilaspekt dieses übergeordneten Problemzusammenhangs.

Diese Fragen sind von unmittelbarer aktueller Relevanz, auch von politischer Brisanz: Sie lassen sich auf zerfallende Gesellschaften ebenso beziehen wie auf Gesellschaften, die sich mit anderen vergemeinschaften, d. h. integrieren wollen, also auf Desintegrationsprozesse gleichermaßen wie auf Integrationsprozesse. Denn Desintegration dokumentiert einen Mangel an Vergemeinschaftung und oft die Suche nach neuer Vergemeinschaftung; Integrationsprozesse lassen erkennen, daß die Reichweite bisheriger Vergemeinschaftung überschritten wird. Diesen Vorgängen, die in der einen oder anderen Richtung heute an vielen Stellen in der Welt zu beobachten sind, liegen Sachverhalte zugrunde, die mit einem vielfach erprobten analytischen Instrumentarium erfaßbar sind. Im folgenden soll es konstruktiv im Hinblick auf *Integration* erörtert werden; die Vorzeichen der Argumentation könnten aber ohne weiteres, wie ganz am Ende des Beitrags noch dargelegt wird, umgedreht werden – dann wäre Desintegration der analytische Bezugspunkt.

Was also hat – so ist zu fragen – die Wissenschaft über *gelungene Vergemeinschaftungsprozesse* bzw. über die *Bedingungen dauerhaften Friedens* zu sagen?

Der Sachverhalt ist komplex und darum verbieten sich einfache Antworten. Es lohnt sich deshalb vor allem an jene Argumentationen zu erinnern, in denen sich die Komplexität des Sachverhaltes tendenziell in der Komplexität des Denkens über ihn widerspiegelt. Gefragt ist also nicht eine monokausale oder monothematische Argumentation (sie findet sich am häufigsten in analytisch unzulänglichen Debatten über »Identität«), sondern eine differenzierte oder konfigurative Argumentationslinie: also komplexes Denken über komplexe Sachverhalte. Praktisch-politisch formuliert: Gefragt sind

Komplexprogramme über die Herausbildung politischer Gemeinschaft, gleichgültig auf welcher Ebene.

Der nachfolgende Beitrag stellt drei solche Komplexprogramme vor, die sich erfahrungswissenschaftlich begründeten friedenstheoretischen Überlegungen verdanken. Im *ersten* Komplexprogramm werden die Merkmale einer Struktur dauerhaften Friedens, in der das Ausmaß an integrierender Vergemeinschaftung noch gering bleibt, umrissen. Im *zweiten* Komplexprogramm werden die Voraussetzungen intensiver Vergemeinschaftung (und damit wirklicher Integrationsprozesse) dargelegt. Beide Programme beziehen sich in aller Regel auf grenzüberschreitende Prozesse der Vergemeinschaftung von schon bestehenden Gemeinschaften (wie Staaten). Deren Voraussetzungen diesseits der Grenzen, also bei den entscheidenden Akteuren auf niedriger oder mittlerer Ebene, werden im *dritten* Komplexprogramm reflektiert.

Zur Illustration soll vor allem auf Europa – das westliche und das Gesamteuropa – verwiesen werden. Die nachfolgenden Überlegungen sind jedoch hinsichtlich der Ebenen, auf die sie bezogen werden können, sowohl nach unten (Region) als auch nach oben (andere Kontinente/Welt) übertragbar. Sie sind an historischem Material erprobt und sie sind nicht ohne Reiz für prognostische Ausblicke.

Komplexprogramm I

»Zonen stabilen Friedens«, wie Kenneth Boulding ein Gebilde verläßlich dauerhaften Friedens bezeichnete, haben wenigstens fünf Strukturmerkmale, die sich relativ einfach kennzeichnen lassen (s. Galtung 1973):

1. *Positive Interdependenz*: Die Beziehungen zwischen den kollektiven Akteuren (heute immer noch den Staaten) müssen in den wesentlichen Dimensionen von Ökonomie, Kommunikation und Kontakten eine Größenordnung von

hoher *wechselseitiger* Relevanz erreichen, so daß potentiell konfrontatives Verhalten einer Seite nicht nur zur Schädigung der anderen Seite führt, sondern auch zu einer erheblichen Selbstschädigung. Der Sachverhalt läuft auch unter dem Begriff der »positiven Kovarianz« (Karl W. Deutsch 1979).

Soll eine solche positiv-interdependente Struktur von Dauer sein, ist jedoch ein zweites Merkmal erforderlich:

2. *Annähernde Symmetrie*: Interdependenzen sind höchst unterschiedlich gelagert; sie können symmetrisch, asymmetrisch, konfrontativ und anders ausgestaltet sein. Für eine Struktur dauerhaften Friedens ist die *symmetrische Interdependenz* von entscheidender Bedeutung, insbesondere in ökonomischer Hinsicht. Hier ist sie auch einfach zu operationalisieren: Wenn jede Seite über gleiche Kompetenzen in der Produktion und der Vermarktung von Wissen und Waren verfügt und solche Denk- und Warengüter ausgetauscht werden, also *substitutive* Arbeitsteilung vorliegt, besteht Symmetrie. Das pure Gegenteil hierzu wäre eine koloniale Austauschstruktur in der Folge von komplementärer Arbeitsteilung: Wissen und wissensintensive Güter gegen Rohstoffe.

Positive Interdependenz unter symmetrischen Vorzeichen legt ein weiteres Merkmal einer Friedensstruktur nahe:

3. *Homologie*: Der Sachverhalt wurde vor mehr als hundert Jahren zugespitzt von Lorenz von Stein wie folgt formuliert: »Erst dann, wenn wirklich neben der Anerkennung seiner selbst als einer selbständigen Macht die Anerkennung und Gültigkeit seiner eigenen Lebensgesetze auch *innerhalb* der anderen Teile des Staatensystems erfolgt ist, kann ein wahrer Friede eintreten. Erst alsdann ist die Bedingung des allgemeinen Friedens, die Gleichartigkeit der allgemeinen sozialen und politischen Zustände, wirklich vorhanden.« So gesehen war die Lage in Europa vor 1989/90 die genau gegenteilige, nämlich eine solche der Unvereinbarkeit der allgemeinen politischen und sozialen Zustände. Homologie bedeutet also *vergleichbare Strukturen*, die auch im Hinblick auf pragmati-

sche Gesichtspunkte von Bedeutung sind. Denn unter den Vorzeichen vergleichbarer Strukturen findet jeder auf der jeweiligen Gegenseite seinen vergleichbaren *counterpart*: der Unternehmer den Unternehmer, der Gewerkschaftler den Gewerkschaftler, der freischaffende Künstler andere freischaffende Künstler u.s.f. Das erleichtert ungemein freizügige Beziehungen. Und was solch vergleichbare Strukturen wirklich bedeuten, kann man sich noch einmal in Rückerinnerung an jene Zeit in Europa vor 1989/90 vergegenwärtigen, als nämlich die Unternehmer, Gewerkschaftler, Wissenschaftler, Sportler u. s. f. der einen Seite immer mit Partei- und Staatsfunktionären der anderen Seite zu tun hatten.

Das Merkmal Homologie legt eine weitere, in gewisser Hinsicht damit zusammenhängende Kategorie nahe:

4. *Entropie*: Was ist damit gemeint? Wiederum sei ein Rückgriff auf eine alte Beobachtung erlaubt: 1667 interpretiert Samuel Pufendorf in seiner Abhandlung »De statu imperii Germanici« das Heilige Römische Reich Deutscher Nation als »irregulare aliquod corpus et monstro simile«, also als ein Gebilde, das sich durch einen Mangel an Hierarchie und Zentralisierung, durch, wie man heute sagen würde, ausgeprägte Subsidiarität, weiterhin durch vielerlei Kompetenzüberlappungen, einen Mangel an institutioneller Synchronisation, kurz: durch »Unordentlichkeit« und eine daraus erforderlich werdende politische Kunst des sich Arrangierens auszeichnete (Pufendorf 1976; s. auch Evers 1994). Wenn man so will, war das die Vorwegnahme des Entropie-Gedankens, der heute in den Überlegungen über eine lebensfähige Friedensstruktur von erheblicher Bedeutung ist: die vielfältigen Kreuz- und Querbezüge (das Gegenteil von Gleichschaltung) im grenzüberschreitenden Verkehr, die freie Wahl der Partner, das erhebliche Maß an Selbstregulierung ohne zentralistische hierarchisch-abgestufte Vorgaben u.s.f., also wiederum das schiere Gegenteil einer bipolaren systemantagonistischen Abschreckungskonstellation (s. auch Galtung 1975).

Natürlich droht in einer solchen lockeren Struktur immer auch ein Umkippen in Chaotisierung, weshalb manche Autoren heute von der Gefahr eines »nouveau moyen âge« (A. Minc) sprechen. Aber da Friedenstheoretiker, unterstellen wir einmal, kluge Köpfe sind, haben sie natürlich ein fünftes Merkmal einer Struktur dauerhaften Friedens vorgesehen:

5. *Gemeinsame Institutionen*, also ein institutionelles Dach, von dem her, wenngleich in der Vorstellung der Theoretiker eher zurückhaltend und samtpfötig steuernd, regulierend und kontrollierend auf das Gesamtgeschehen eingewirkt wird, so daß die Gefahr der Chaotisierung ohne wirkliche Virulenz ist.

Ohnehin müssen, wie in jedem konfigurativen Denken und in jedem praktischen Komplexprogramm, die genannten Merkmale, obgleich nacheinander aufgezählt, zusammen gedacht werden. Was ist nun, illustrativ betrachtet, die Wirklichkeit in Europa im Hinblick auf dieses Komplexprogramm?

Das Europa der 15 (EU), das Europa des Europäischen Wirtschaftsraumes (EWR = EU plus Rest-EFTA) entspricht weitgehend den genannten Kriterien. Diese Teile von Europa zeichnen sich durch hohe Interdependenz (positive Kovarianz), durch symmetrisch-substitutive Arbeitsteilung, homologe Binnenstrukturen, entropisch strukturierte Beziehungen und durch ausreichende gemeinsame Institutionen aus. Im Hinblick auf Gesamteuropa ist die Lage der Dinge hinsichtlich einzelner Kriterien und hinsichtlich ihrer Summe eher problematisch: Der Westen des Kontinents ist für den Osten weit lebenswichtiger als umgekehrt. Die Arbeitsteilung zwischen West und Ost ist weithin noch komplementär und nur in Ausnahmefällen (wie in Tschechien) in ersten Ansätzen substitutiv; homologe Gesellschaftsgebilde sind im Osten erst im Entstehen (die anhaltende Debatte über die mangelnde »Zivilgesellschaft« ist ein Indiz hierfür); Entropie liegt eher im Sinne von Chaotisierung und mafiosen Beziehungen vor; und die gemeinsamen Institutionen, die es gibt, leiden an Kompetenz- und insbesondere an Effizienzschwäche.

Damit stellt sich die Frage, wie kommt man zu Voraussetzungen, die schließlich und endlich der Herausbildung einer Friedensstruktur der genannten Art förderlich wären?

Komplexprogramm II

Ein zweites theoretisches Angebot aus der Wissenschaft bemüht sich gerade um die analytische Herausarbeitung solcher Voraussetzungen. Man könnte es als das Komplexprogramm II bezeichnen. Gemeint sind historisch-vergleichende Studien über die Prozesse politischer Vergemeinschaftung bzw. über den Zerfall von politischen Gemeinschaften, was nur die Kehrseite des erstgenannten Prozesses ist, also Studien über Einigungsvorgänge, Integration, Assoziation, *community-building* – Vorgänge, die dann, wenn die förderlichen Faktoren umkippen und zu Sprengsätzen werden, in Desintegration, Verfall/Zusammenbruch, Dissoziation und community-decay münden (s. vor allem Karl W. Deutsch u. a. 1957).

Die harten Erkenntnisse und die weicheren Einsichten weisen im Hinblick auf förderliche Voraussetzungen für Vergemeinschaftungsprozesse auf zehn Punkte:

1. *Vereinbarkeit von hauptsächlichen Werten*. Der Sachverhalt ist im Hinblick auf Gesamteuropa einfach und plakativ zu bezeichnen: Der Slogan »Rückkehr nach Europa«, wie er vor und nach 1989/90 in Osteuropa von maßgeblichen Akteuren des Umbruchs (V. Havel u. a.) zu hören war, deutet auf den politischen Willen, die eigenen politischen und Gesellschaftsordnungen an den Errungenschaften des demokratischen Verfassungsstaates des Westens auszurichten. Der »Schirinowski-Effekt« weist in eine gegenteilige Richtung. Wohin Europa sich insgesamt entwickeln wird, wird ganz

wesentlich davon abhängen, auf welche Option seine Gesellschaften sich festlegen werden. Plakativ formuliert: Havel oder Schirinowski. Da Abstufungen innerhalb Europas zu erwarten sind (Ost-Mittel-Europa wird aller Wahrscheinlichkeit der Havel-Option folgen, beim wirklich östlichen Europa kann man sich da nicht sicher sein), wird das künftige Europa ein von Westen nach Osten und Südosten hin abgestuftes sein.

2. *Erweiterung von grenzüberschreitenden Kommunikations- und Transaktionsvorgängen, die für beide Seiten von Gewicht werden.* Der Sachverhalt wurde oben schon als positiv-symmetrische Interdependenz umschrieben. Im Hinblick auf das östliche Europa bedeutet dies konkret: Wird Osteuropa den »ostasiatischen Weg« der letzten 40 Jahre wiederholen, d. h. einen Entwicklungsweg, der mit relativ einfachen Wirtschafts- und Güterstrukturen einsetzt und Schritt für Schritt ein »upgrading« durchläuft, oder wird das westliche Europa (EWR) das Zentrum, das östliche Europa die quasikoloniale Peripherie sein? Wenn im östlichen Europa (in Ostmitteleuropa sicher eher als im östlichen Europa jenseits Ostmitteleuropas) eine »Peripherisierung« vermieden werden kann, besteht die Chance seiner allmählichen Integration in den Club der hochindustrialisierten westeuropäischen Gesellschaften und Ökonomien, wobei, nach aller Erfahrung zu urteilen, aus der Tatsache, daß Osteuropa zu einem markanten Konkurrenten für Westeuropa würde, eher integrierende als desintegrierende Folgen zu erwarten wären.

Als förderliche Voraussetzung für die Herausbildung einer Friedensstruktur ist also nicht die Quantität, sondern das qualitative »upgrading« von Bedeutung. Da aber »upgrading« einem langwierigen Vorgang zum Abbau von Asymmetrie gleichkommt, ist für den Übergang ein weiterer Punkt von essentieller Bedeutung:

3. *»responsiveness»*, d. h., die Aufgeschlossenheit stärkerer Partner für die Belange anderer, insbesondere die Bereit-

schaft, auf die Nöte von Schwächeren einzugehen. »Responsiveness« ist das Gegenteil von Macht-, Kompetenz-, Wirtschafts- und Kulturarroganz und der sie kennzeichnenden Insensibilitäten. Was Mangel an »responsiveness« oder an Empathie bedeutet, wird ausführlich im innerdeutschen Kontext diskutiert und kann von dort aus ohne Schwierigkeit auf die gesamteuropäische Szene übertragen werden.

Nach aller Erfahrung stellt sich »responsiveness« als Einstellung leichter ein, wenn ökonomische Substanz verfügbar ist. Deshalb ist für einen Vergemeinschaftungsprozeß ein vierter Sachverhalt von großer Bedeutung:

4. *Akzentuiertes Wachstum und die Erwartung von gemeinsamen Vorteilen.* Der Sachverhalt ist banal: Wenn der Kuchen wächst, kann mehr verteilt werden, können auch mehr Transferleistungen getätigt werden. Dem Lastesel fällt es dann leichter, eine solche Rolle zu übernehmen, zumal, wenn die Nutznießer der Transferleistungen in absehbarer Zeit »nützlich« werden und die einseitigen Transferleistungen allmählich von Strukturen gemeinsamen Vorteils (»joint rewards«) abgelöst werden, die Rollen des Lastesels einerseits und der Nutznießer andererseits also nicht auf Dauer rollenmäßig fixiert bleiben.

Mehr ökonomische Substanz bedeutet auch mehr Chancen für Problemlösungsfähigkeit. Und das ist der fünfte Punkt:

5. *Steigerung von Problemlösungsfähigkeit.* Solche Fähigkeiten sind natürlich nicht nur in ökonomischen Sachverhalten begründet, sondern auch in politisch-administrativen; und sie sind in allen relevanten Politikfeldern von Bedeutung. Die diesen Punkt begründende Philosophie ist unmittelbar einsichtig: Wenn zusammenwachsende politische Gemeinschaften sich als fähig erweisen, gemeinsam wahrgenommene Probleme gemeinsam zu lösen, entfalten sich neue Loyalitäten gegenüber solchen Institutionen der Problemlösung, die zu verläßlichen Agenturen der Koordination politischen Handelns werden. Wo Unfähigkeit sich herausstellt, wie das

derzeit beispielsweise im westeuropäischen Kontext oder auf der Ebene der OSZE hinsichtlich friedlicher Streitbeilegung und kollektiver Sicherheit der Fall ist, verlieren alte oder neue Institutionen an Respekt, und es stellt sich, wenn man ein historisches Beispiel bemühen soll, das »Abessinien-Syndrom« ein: erinnernd daran, daß das faschistische Italien den Völkerbund laufend so vorführte, wie es in den vergangenen Jahren Serbien vergleichbar gegenüber der KSZE/OSZE, der EU, der NATO und der UNO tat.

6. *Kerngebiete mit Zugpferd-Funktion*: Wo eine Vielzahl von kollektiven Akteuren sich in Wahrnehmung und Verhalten auf einen gemeinsamen Nenner zubewegen will (oder soll), bedarf es nach aller Erfahrung bestimmter Aktionspole mit Ausstrahlungskraft. Die theoretische Diskussion spricht in diesem Zusammenhang von »core areas«. Politische Führung ist also gefragt, weil ohne Führung Drift-Prozesse obsiegen können.

Natürlich trägt politische Führung, auf Dauer von einem einzelnen Akteur oder von wenigen übernommen, die Gefahr einer hegemonialen Zentrumsbildung bzw. der Herausbildung eines oligopolistischen Konzerts in sich. Deshalb hat sich in historischer Erfahrung ein weiterer Faktor als wichtig herausgestellt:

7. *Rollenwechsel*: In einer größeren Gemeinschaft ist es wichtig, daß nicht immer der gleiche Akteur die gleiche Rolle übernimmt, daß es vielmehr einen Wechsel von Rollen gibt, die einzelne Akteure bzw. politische Einheiten gruppenweise spielen: einmal Teil der Mehrheit, ein ander Mal Teil der Minderheit zu sein, ohne rigid-fixierten Rollenzuschreibungen zu folgen. Also Rollenrotation. Solcher Rollenwechsel bringt Flexibilität in eine sich herausbildende politische Gemeinschaft, und sie erzeugt politische Manövriermasse für die im politischen Bereich unerläßlichen bargaining-Prozesse.

Ähnliche Erfahrungen sind auch im Hinblick auf den achten Punkt festzuhalten:

8. *Erweiterung der Eliten im Sinne der Chance für Aufwärtsmobilität*: Offensichtlich muß eine sich herausbildende politische Gemeinschaft erhebliche Kooptationsräume schaffen, in die neue und junge Eliten hineinwachsen können, so wie eine grenzüberschreitende Mobilität der Bürger für den Zusammenhalt eines solchen Gebildes von Bedeutung ist. Also an Stelle von Abkapselung: Öffnung und Aufwärtsmobilität. Das garantiert und erhöht Lebenschancen und schafft auf gesellschaftlicher Ebene Loyalität. Das verweist zugleich auf einen neunten Punkt:

9. *Chancen eines neuen/alternativen Lebensstils*: Mit ihm übersetzt sich eine neu sich herausbildende politische Gemeinschaft in Alltagserfahrung. Die neue Umwelt wird zu einem selbstverständlichen Teil von Sozialisationsprozessen, und es macht einen deutlichen Unterschied, ob man Teil einer sich herausbildenden Gemeinschaft ist oder außerhalb von ihr steht. Die derzeitige Diskussion in der östlichen Hälfte Europas, von den Entwicklungen auf gesamteuropäischer Ebene nicht abgekoppelt zu werden, an ihnen teilzuhaben und in ihren Sog zu geraten, weist darauf hin, daß in- oder außerhalb dieses Prozesses der Vergemeinschaftung zu leben einen erheblichen Unterschied für das Leben des einzelnen macht. Eine solche Wahrnehmung ist auf affektiv-emotionaler Ebene wie ein Lackmus-Test der Gemeinschaftsbildung.

10. *Voraussagbarkeit der Motive und des Verhaltens (Erwartungsstabilität)*. Zu den chronischen Problemen der Staatenanarchie gehört die Ungewißheit und Unsicherheit im Hinblick auf das Verhalten der anderen Seite, die mit der eigenen Seite dasselbe Problem hat. Das Sicherheitsdilemma ist deshalb ein Kernsyndrom der Staatenanarchie. Erwartungsstabilität oder Erwartungsverläßlichkeit ist das Fazit des Kontrastprogrammes zur Staatenanarchie, nämlich der politischen Gemeinschaftsbildung. Das heißt nicht, daß in solchem Umfeld nicht Interessen- und andere Konflikte massiv vorhanden sind, aber sie übersetzen sich nicht in autistisch-

eskalatorische Konfliktstrukturen. Das ist der Unterschied, und es ist ein Unterschied ums Ganze, insbesondere im Hinblick auf die Gewaltanfälligkeit von Konfliktbezügen, die als Ergebnis von Vergemeinschaftungsprozessen praktisch eliminiert würden.

Das Komplexprogramm II gleicht also einem komplexen kollektiven Lernprozeß mit normativen, institutionellen, materiellen und emotionalen Dimensionen solcher Gemeinschaftsbildung. Es ist ein friedenspolitisches Aufbereitungsprogramm. Wo Gemeinschaftsbildung sich erfolgreich aufbaut, könnte die Chance für die Entwicklung einer stabilen Friedensstruktur im Sinne des Komplexprogramms I gegeben sein. Man sieht an den zehn formulierten (durch empirische Betrachtungen abgesicherten) Punkten, wie voraussetzungsvoll ein solcher Prozeß ist (detailliert s. Senghaas 1992).

Jedoch wurde in der vorangehenden Darlegung ein Kernproblem noch gar nicht angesprochen. Dieses 10-Punkte-Programm setzt handlungsfähige Akteure im Sinne von Staaten und Gesellschaften voraus. Und eine solche Voraussetzung ist auch dann erforderlich, wenn die Gemeinschaftsbildung nur eine begrenzte sein sollte: wenn also das Ergebnis des Vergemeinschaftungsprozesses nicht, wie es in der Sprache der Theorie heißt, eine amalgamiert-integrierte neue politische Einheit sein soll (so wie aus den englischen Kolonien in Nordamerika einst die USA erwachsen sind), sondern nur eine begrenzte konföderative oder pluralistische Sicherheitsgemeinschaft (Deutsch u.a. 1957). Historisch-vergleichende Forschung hat gezeigt, daß man eine solche in ihrer Reichweite begrenzte Gemeinschaft erreichen kann, wenn sich wenigstens drei der vorgenannten 10 Faktoren bündeln: die Vereinbarkeit in den Grundwerten, die Voraussagbarkeit der Motive und des Verhaltens sowie die Fähigkeit, auf die Belange der Partner (»responsiveness«) einzugehen. Aber selbst in diesem begrenzteren Fall, der für Gemeinschaftsbildungen auf internationaler Ebene der repräsentativere sein wird, sind vorgängig *leidlich konsolidierte politische Akteure* erforderlich. Unter den Vorzeichen von Führungsschwäche und Unregierbarkeit ist es unwahrscheinlich, daß selbst begrenztere Vorhaben, wie dasjenige einer pluralistischen Sicherheitsgemeinschaft, erfolgreich sein können.

Handlungsfähigkeit der betroffenen kollektiven Akteure ist also in gewisser Hinsicht eine stillschweigende Metavoraussetzung für grenzüberschreitende Vergemeinschaftungsprozesse, höchst problematisch unter den Voraussetzungen eines nicht nur in Europa, sondern weltweit beobachtbaren Trends zur Fundamentalpolitisierung, die darin besteht, daß – wie eingangs dargelegt – alle gesellschaftlichen Auseinandersetzungen sich als politische und alle politischen sich als gesellschaftliche Auseinandersetzungen darstellen, sozial mobile Gesellschaften sich hinsichtlich von Interessen, Identitäten, aber auch von Leidenschaften politisieren und damit die innere Koexistenzproblematik akzentuiert wird, überdies sich das Problem von Regierbarkeit stellt (Senghaas 1993 und 1994a).

Im westlichen Teil Europas sind die genannten Probleme, wenn man sie aus einer europaweiten oder sogar einer weltweiten Perspektive betrachtet, nur milde akut. In der östlichen Hälfte sind sie (wie in weiten Teilen der übrigen Welt) von dramatischer Virulenz, weshalb auf ein drittes theoretisches Angebot aus der Wissenschaft zurückzugreifen ist.

Komplexprogramm III

Dieses dritte Komplexprogramm bezieht sich auf die Konsolidierung von Gesellschaften hinsichtlich ihrer politischen Ordnung, die oft vor dem Zusammenbruch steht, vielleicht auch nur leidlich überlebt und bestenfalls in einem (neuen) Aufbauprozeß sich befindet. Worum es geht, ist, nicht unähnlich zur ordnungspolitischen Problematik im nordwestlichen

Europa in der Frühphase der Neuzeit: nämlich eine innere Friedensformel zu finden, um mit deren Hilfe die »hobbesianische Situation«, also einen politischen Zustand, in dem Bürgerkriege drohen oder ausbrechen, einer friedenszuträglichen Lösung zuzuführen. Allerdings ist der Unterschied zum Beginn der Neuzeit der, daß die hobbesianische Lösung, nämlich der Leviathan pur und simpel, heute nicht mehr zureichend ist. Die hobbesianische Formel, das Gewaltmonopol, ist immer noch eine Teilantwort, allerdings nur *eine* von sechsen, die überdies innerhalb der sechs konfigurativ vernetzten Antworten qualitativ umfunktioniert wird. Und in diesen sechs Antworten, dem »zivilisatorischen Hexagon« (Senghaas 1994a, S. 20ff.), besteht das dritte Komplexprogramm:

1. Ohne *Gewaltmonopol* ist eine Zivilisierung öffentlicher Konflikte nicht möglich, aber gleichermaßen gilt

2. ohne *rechtsstaatliche Kontrolle des Gewaltmonopols* ist das Gewaltmonopol selbst nicht erträglich. Aus Gewaltmonopol und rechtsstaatlicher Kontrolle erwächst der Verfassungsstaat.

3. Hilfreich für die Konsolidierung potentiell konflikt- und gewaltträchtiger Gesellschaften ist die Herausbildung eines *arbeitsteilig-differenzierten Sozialkörpers*, insbesondere einer entsprechend arbeitsteiligen Ökonomie, die den »homo sociologicus« hervorbringen hilft, also einen in differenzierte Interdependenzstrukturen eingebundenen, nur mit erheblicher *Affektkontrolle* überlebensfähigen mehrfachen Rollenspieler.

4. Die Transformation traditionaler Gesellschaften in sozial mobile bedeutet einen erheblichen Umbauprozeß mit der Folge der Herausbildung neuer, nach Schichten und Klassen differenzierter, je spezifischer Interessen und Identitäten. Dieser Emanzipationsprozeß macht mittel- und langfristig Demokratisierungsschübe bzw. *Demokratisierung* unabweisbar, mit Zeitverzug auch

5. die Auseinandersetzung um *Verteilungsgerechtigkeit*, zumal in solchen sich modernisierenden Gesellschaften eher Ungleichheit als Gleichheit das natürlich Ergebnis von Wettbewerbswirtschaft ist.

6. Wenn alles gut geht, entsteht aus solchen vorgängigen Entwicklungen eine *politische Kultur konstruktiver Konfliktbearbeitung*, die sich in entsprechenden Tiefenbindungen – »Ligaturen« – sedimentieren.

Schaubild: Das zivilisatorische Hexagon

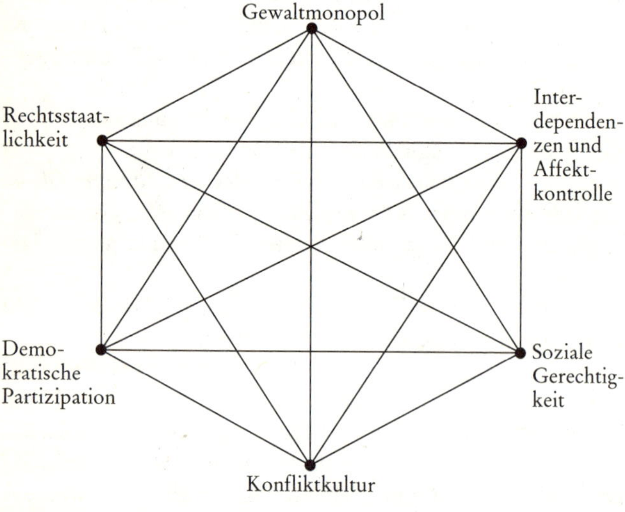

Das »zivilisatorische Hexagon« ist, abgekürzt formuliert, ein Komplexprogramm für inneren Frieden: »rendre la paix *interne* perpétuelle« – ein Projekt, das in der Westhälfte Europas spätestens in etwa zu Beginn des 13. Jahrhunderts mit dem Kampf um die Magna Charta beginnt.

In diesem Westeuropa hat dieses Komplexprogramm eine jahrhundertelange Aufbauphase durchlaufen, und es gab immer nur vorläufige Ergebnisse: Das Hexagon war erosionsanfällig und einbruchsgefährdet, und zwar von allen sechs Komponenten her. Man hat den Eindruck, daß im westlichen Teil Europas dieses Gebilde erst nach 1950 eine gewisse Stabilität angenommen hat; zumindest scheint es derzeit weniger einbruchsgefährdet zu sein als noch in den Jahrzehnten davor.

Nun ist oft zu hören, daß dieses Komplexprogramm, westlich geprägt und durchtränkt, auf die östliche Hälfte Europas nicht mit Erfolg übertragbar sei, und daß, falls es übertragbar wäre, die Zeit hierfür nicht vorhanden sei. Diese auf das östliche Europa bezogene Aussage wird aber durch jüngste ostasiatische Erfahrungen dementiert. Insbesondere in den ostasiatischen Schwellenländern Korea und Taiwan zeigt sich, daß ein diktatoriales Gewaltmonopol in Kombination mit einer sich aufbauenden effizienten Ökonomie unabweisbare Demokratisierungsprozesse provoziert, die ihrerseits über heftige politische Konflikte zur Herausbildung von Rechtsstaatlichkeit und damit zur Domestizierung des Gewaltmonopols führen. Knappheit auf den Arbeitsmärkten und Demokratisierung bringen die Verteilungsgerechtigkeit politisch ins Spiel; der erfolgreiche Entwicklungsweg drängt konfuzianisch-konfliktscheue Kulturen in Richtung auf die Herausbildung von politischen Kulturen mit neu entstehendem Sinn für offene Konflikte und deren offene Bearbeitung (Senghaas 1995b).

Die ostasiatische Erfahrung muß sich natürlich nicht in der östlichen Hälfte Europas wiederholen, aber das prinzipielle Argument, die westeuropäische Erfahrung sei nicht wiederholbar, wird durch Ostasien überdeutlich dementiert – und dies eben nicht nur hinsichtlich entsprechender Konkurrenzfähigkeit von Technologien und Gütern, sondern auch hinsichtlich gesellschaftlicher und politischer Veränderungsprozesse.

Die genannten Komplexprogramme gleichen, theoretisch nicht anders denkbar, Vorstellungen über das Optimum. Das Optimum in Europa heute wäre ein Aufbau- und Konsolidierungsprogramm hinsichtlich fragiler gesellschaftlicher, ökonomischer und politischer Ordnungen in der östlichen Hälfte Europas im Sinne des zivilisatorischen Hexagon; darauf aufbauend gliche das Optimum einem Szenario im Sinne der tendenziellen Herausbildung der zehn Voraussetzungen, die einer politischen Gemeinschaftsbildung jenseits einzelner Akteure zuträglich wären; und durch die flächendeckende Gleichläufigkeit des Vorgangs würde sich schließlich ein solches Szenario in eine stabile Friedensstruktur mit den aufgezeigten fünf Dimensionen übersetzen.

Nichts kann einen hindern, im Lichte des theoretisch definierbaren Optimum auch über das praktisch realisierbare zureichende Minimum nachzudenken. Doch die Wissenschaft sollte sich nicht zu frühzeitig mit dem Minimum begnügen; das Optimum bei der Konzipierung eines Friedensprojektes, das zu dauerhafter politischer Vergemeinschaftung führt, muß so etwas wie eine regulative Idee bleiben.

Optimum oder zureichendes Minimum – wie eingangs betont: die dargelegten Überlegungen sind auf jedweder Ebene analytisch fruchtbar: Warum wurden aus 13 englischen Kolonien die USA, warum nach 1952 aus vier Ländern das *eine* Baden-Württemberg (ein besonders faszinierendes Beispiel eines gelungenen Vergemeinschaftungsprozesses)? Und welche Chancen bestehen heute für Vergemeinschaftungsprozesse über nationalstaatliche Grenzen hinweg zwischen benachbarten Regionen (z. B. Südbaden, Elsaß, Burgund usf.)? Auf solche und andere Fälle lassen sich die Komplexprogramme analytisch, aber auch programmatisch-politisch beziehen.

Die konstruktive Perspektive dieses Beitrages kann aber

auch, wie eingangs avisiert, in eine Desintegrations- und Verfallsprozesse reflektierende Betrachtung umgedreht werden: Man muß dann nur die zitierten Komplexprogramme negativ durchdeklinieren, um die entscheidenden Faktoren zu erfassen, die in vielen Teilen Europas, aber auch der übrigen Welt heute den Verfall und Verlust an politischer Gemeinschaft bewirken. Entwicklungen wie in Jugoslawien und andernorts werden dann einigermaßen einsichtig. Die derzeit viel bemühte These von der Unübersichtlichkeit der Weltlage verliert dann an Plausibilität.

Fazit

Wie aus Dörfern »Landschaften«, aus Landschaften Regionen, aus Regionen Länder, aus Ländern Staaten, aus Staaten grenzüberschreitende politische Gemeinschaften unterschiedlichen Integrationsgrades werden – das sind im Hinblick auf wichtige, oft weichenstellende Faktoren durchaus transparente Vorgänge. Sie bestehen aus einer Mischung aus materiellen, institutionellen, emotionalen und nicht zuletzt verfassungspolitischen Dimensionen. Gelungene politische Vergemeinschaftung ist dabei immer ein zivilisatorisches Kunstprodukt, also fragil und zusammenbruchsgefährdet: Sie muß gehegt und gepflegt werden. Daß so voraussetzungsvolle Gebilde wie politische Gemeinschaften tatsächlich oft zusammenbrechen, kann im Lichte der Darlegung nicht überraschen. Doch die Gründe für die Gefährdungen sind bekannt, so auch die Ansatzpunkte für konstruktive Gegenmaßnahmen.

Literatur

Boulding, Kenneth. 1978. Stable Peace. Austin: University of Texas Press.

Deutsch, Karl W. 1979. Macht und Kommunikation in der internationalen Gesellschaft, in Wolfgang Zapf, Hg., Theorien des sozialen Wandels, Meisenheim: Verlag Anton Hain, 471-483.

Deutsch, Karl W. u. a. 1957. Political Community and the North Atlantic Area. International Organization in the Light of Historical Experience. Princeton: Princeton University Press.

Evers, Tilman. 1994. Supranationale Staatlichkeit am Beispiel der Europäischen Union. Civitas civitatum oder Monstrum?, Leviathan, Bd. 22, Heft 1, 115-134.

Galtung, Johan. 1973. Europa – bipolar, bizentrisch oder kooperativ? in Johan Galtung und Dieter Senghaas, Hg., Kann Europa abrüsten? München: Carl Hanser Verlag, 9-61.

Galtung, Johan. 1975. Entropy and the General Theory of Peace. Essays in Peace Research, Bd. 1. Kopenhagen: Christian Ejlers Verlag, 47-75.

Pufendorf, Samuel. 1967/1976. Die Verfassung des deutschen Reiches. Stuttgart. Reclam.

Schlotter, Peter, Ropers, Norbert, Meyer, Berthold. 1994. Die neue KSZE. Zukunftsperspektiven einer regionalen Friedensstrategie. Opladen: Leske & Budrich.

Senghaas, Dieter. 1992. Friedensprojekt Europa. Frankfurt: Suhrkamp Verlag.

Senghaas, Dieter. 1993. Frieden und Krieg in dieser Zeit, in: Sicherheit und Frieden, Bd. 11, 159-165.

Senghaas, Dieter. 1994a. Wohin driftet die Welt? Über die Zukunft friedlicher Koexistenz. Frankfurt: Suhrkamp Verlag.

Senghaas, Dieter. 1994b. Interdependenzen im internationalen System, in Gert Krell und Harald Müller, Hg., Frieden und Konflikt in den internationalen Beziehungen. Frankfurt: Campus Verlag, 190-222.

Senghaas, Dieter, Hg. 1995a. Den Frieden denken. Si vis pacem, para pacem. Frankfurt: Suhrkamp Verlag.

Senghaas, Dieter. 1995b. Asiatische und andere Werte, in: Leviathan, Bd. 23, Heft 1, 1-8.

Stein, Lorenz von. 1921 (Neuausgabe). Geschichte der sozialen Bewegung in Frankreich von 1789 bis auf unsere Tage. München, Bd. I.

V.

Untergang oder Renaissance der Religion?

Karl Gabriel
Gesellschaftliche Modernisierung und der Bedeutungswandel des Religiösen

Untergang oder Renaissance der Religion?

Eine herausfordernde Uneindeutigkeit prägt das Urteil über das Schicksal der Religion in unserer Gesellschaft. Wer heute an den Untergang der Religion glauben möchte, wird mit Leichtigkeit Phänomene finden, die seinen Glauben bestätigen und bekräftigen. Gerade schnellen wieder einmal die Kirchenaustrittszahlen in die Höhe. Alljährlich – bevorzugt in der vorweihnachtlichen Zeit – präsentiert der »Spiegel« seinem Leserpublikum eine Umfrage über den Glauben der Deutschen. Schwarz auf weiß ist jeweils nachzulesen, die Deutschen hätten mehrheitlich längst Abschied genommen von der christlichen Religion. Auch fünf Jahre nach der Wende gehören einige Regionen Ostdeutschlands zu den säkularisiertesten Europas, vielleicht sogar der ganzen Welt.[1]

Andererseits wirkt die jährlich aufs neue gestellte »Spiegel«-Gretchen-Frage nach der Religion der Deutschen heute manchmal wie das Pfeifen eines Verunsicherten im Wald, der Zahlen braucht, um seinen angeschlagenen Glauben nicht zu verlieren. Jedenfalls ist der utopische Gehalt, der sich einstmals mit der Vorstellung und Idee einer religionslosen Zukunft verband, gründlich entzaubert. Auch die Phänomene rund um den Globus lassen die Untergangsthese der Religion heute als eine immer gewagtere Hypothese erscheinen. Dabei sind es nicht nur die im Zuge globaler Verflechtungen gewaltsam aus feudalistisch-patriarchalen Strukturen Herausgedrängten, die vermehrt auf Religion zur Verarbeitung ihrer Situation zurückgreifen. Auch für die Gesellschaft, die es weltweit am längsten und intensivsten mit Modernität zu tun hatte, die nordamerikanische, wird man schwerlich von einer Abnahme, geschweige denn von einem Untergang der Religion sprechen können.[2]

Die Uneindeutigkeit in Sachen Religion betrifft aber nicht nur das öffentliche Bewußtsein, sie reicht auch bis in die Wissenschaft hinein. Bis heute gibt es unter den Religionssoziologen keinen Konsens darüber, was – soziologisch betrachtet – Religion sei, wo sie anfange und wo sie aufhöre. Von einem Unbestimmt-Werden des Religionsbegriffs ist die Rede[3] und davon, daß er die Eierschalen seiner Geburt aus der europäischen Christentumsgeschichte bis heute nicht abgelegt habe.[4] Natürlich hängt es sehr wesentlich vom gewählten Religionsbegriff ab, ob man der Religion Marginalität oder gar Untergang einerseits oder Renaissance andererseits attestiert bzw. voraussagt.

Angesichts schwer lösbarer Definitionsprobleme gehe ich im folgenden von der Existenz eines religiösen Felds aus, in dem unterschiedliche Akteure darum ringen, Religion zu definieren, die Grenzen von Religion zu bestimmen und religiöse Rollen auszugestalten.[5] Die Probleme menschlichen Zusammenlebens, um deren Bewältigung und Lösung bzw. Kontrolle es im religiösen Feld geht, lassen sich aus der Religionsgeschichte gewinnen. Franz-Xaver Kaufmann hat sechs solcher für das menschliche Zusammenleben zentraler Problemkonstellationen benannt:[6]

1. Das Problem der Angstbewältigung, der Affektbindung und der Sicherung von Identität.
2. Das Problem der Handlungsführung im Außeralltäglichen, für das Religionen zum Beispiel Rituale oder ethische Weisungen entwickeln.
3. Das Problem der Verarbeitung von Kontingenzerfahrungen – von Unrecht, Leid und Schicksalsschlägen –, letztlich von Daseinsbedingungen, die der menschlichen Verfügbarkeit entzogen erscheinen.

4. Das Problem der Legitimation von Gemeinschaftsbildung und sozialer Integration.
5. Das Problem der »Kosmisierung« von Welt – der »Erklärung« und Begründung von Welt aus einem (einheitlichen) Prinzip heraus.
6. Das Problem der Distanzierung von gegebenen Sozialverhältnissen, der Ermöglichung von Widerstand und Protest gegen einen als ungerecht und unmoralisch empfundenen Gesellschaftszustand.

Was läßt sich – so möchte ich weiter fragen – über die prägenden Wandlungstendenzen auf dem Feld des Religiösen heute sagen?

Auflösung des etablierten Felds christlicher Religion

Für das mittelalterliche Christentum war es charakteristisch, daß es alle sechs genannten Funktionen von Religion in einem einheitlichen Symbolkomplex auf plausible Weise zu erfüllen vermochte. Für ihre Erfahrungen von Transzendenz verfügten die mittelalterlichen Menschen über ein verbindliches, alternativlos vorgegebenes und in diesem Sinne auch glaubwürdiges Modell.[7] Das Modell war gekennzeichnet durch ein fest etabliertes Monopol der Definition von Religion. Bis in die Gegenwart hinein ist der Wandel des Religiösen durch die Auflösung eines einheitlichen Musters der Transzendenzerfahrung mit einem fest etablierten Definitionsmonopol von Religion gekennzeichnet. Nichts prägt den religiösen Wandel der letzten beiden Jahrzehnte mehr als der Selbstverständlichkeitsverlust der institutionell verfaßten, christlichen Religion. In den entwickelten Gesellschaften des Westens weisen alle Indikatoren in dieselbe Richtung: Die kirchlich-rituelle Praxis hat sprunghaft nachgelassen, die kirchlichen Moralvorschriften finden nur noch bei einer Minderheit Gehör und auch die Zustimmung zu den Glaubenswahrheiten ist deutlich gesunken. Die empirischen Anzeichen für das, was man eine De-Institutionalisierung der christlichen Religion nennen könnte, sind unübersehbar.[8] Vieles von dem, was die mittelalterliche christliche Religion in einem einzigen Symbolkomplex plausibel zusammenband, findet sich heute über viele Instanzen und Deutungssysteme in der Gesellschaft hin zerstreut: Angstbewältigung gilt als Sache der Psychologie, Handlungsführung als Thema von Vernunftethiken, Kontingenzbewältigung als Aufgabe von Sicherungssystemen, für soziale Integration reicht eine gut geschnittene Ideologie, die Kosmisierung von Welt liegt in den Händen der Naturwissenschaften, und um die Funktionen von Kritik und Protest streiten sich Bewegungen und Berufe der verschiedensten Art. Wenn auch die Sehnsüchte nach einem einheitlichen, übergreifenden Ideen- und Symbolkomplex unverkennbar sind, der dies alles wieder zu einer Einheit zusammenbände, wird man Franz-Xaver Kaufmann recht geben müssen, wenn er konstatiert: »Heute gibt es offenkundig keine Instanz und keinen zentralen Ideenkomplex, die im Stande wären, alle diese sechs Funktionen in für die Mehrzahl der Zeitgenossen plausibler Weise zugleich zu erfüllen; in diesem Sinne gibt es Religion nicht mehr«[9]. Also doch Untergang der Religion? Als übergreifender, alles umfassender Symbolkomplex scheint sie der modernen Komplexitätsexplosion nicht gewachsen, in den Einzelfunktionen von Konkurrenten hart bedrängt.

Individualisierung und Bastelreligion

Wenn die Religion als institutionell durchgesetztes Einheitsmodell der Lebensdeutung und Lebensführung verblaßt und an Plausibilität verliert, darf dies nicht ohne weiteres mit ihrem Verschwinden gleichgesetzt werden. Es könnte sich auch gewissermaßen um eine Veränderung des Aggregatzustands der Religion handeln, der ihre Greifbarkeit und Sichtbarkeit, nicht aber ihre Virulenz betrifft.[10] Sie könnte sich von einer primär öffentlichen Angelegenheit wandeln hin zu einer Sache stärker des Privaten und Persönlichen. Für einen solchen Wandel des Aggregatzustands der Religion gibt es nun tatsächlich in den entwickelten Gesellschaften des Westens unübersehbare Anzeichen.

Wie sich besonders deutlich an der jungen Generation zeigt, liegt der Hauptfaktor der Veränderung in der individuellen Zugänglichkeit des religiösen Felds. Die Menschen sehen sich in Sachen Religion mehr oder weniger gezwungen auszuwählen, statt ein verbindliches Modell zu übernehmen. Die Folge ist eine stärkere Individualisierung der Erfahrung des Religiösen und das Basteln an der eigenen, individuell-biographisch bestimmten Religion. Die Veränderung betrifft auch die Art der Vermittlung der Religion: neben, manchmal auch an die Stelle der Vermittlung entlang den herkömmlichen Autoritätslinien von Familie und Kirche tritt tendenziell ein Wettbewerb von Sinndeutungen, Symbolen und Ritualen. Das einst von einem Monopolanbieter beherrschte religiöse Feld wandelt sich hin zu einer Struktur, in der sich die einzelnen ihre Religion selber zusammenbasteln, ja zusammenbasteln müssen. Peter Berger spricht schon seit längerem von einem »häretischen Imperativ«, von einem Zwang zur Auswahl, von dem er die moderne Glaubenssituation unausweichlich gekennzeichnet sieht.[11] Empirisch findet dies seinen vielleicht handfestesten Niederschlag darin, daß sich die Deutschen – in West wie Ost – in Sinnfragen nur in einem Punkt einig sind: um seinen Lebenssinn muß sich der einzelne selber kümmern.[12]

Damit wird das Doppelgesichtige der gegenwärtigen religiösen Situation, der Eindruck von Untergang und Renaissance der Religion zugleich, ein Stück weit verständlicher. Ohne eine verbindliche Instanz zur Definition von Religion werden ihre Grenzen unschärfer. Religion verliert nicht nur an Sichtbarkeit, sie taucht auch in Bereichen (wieder) auf, aus denen sie in der Moderne ausgegrenzt erschien. So ist es unübersehbar, daß Phänomene des Okkulten in den Alltag hochmodernisierter Gesellschaften zurückkehren. Neben den Kirchen und den herkömmlichen Sekten ist seit den 70er Jahren eine neureligiöse Szenerie entstanden.[13] Einen solchen dritten Strom des Religiösen kennt die moderne Religionsgeschichte von Anfang an. Ernst Troeltsch hatte ihm zu Beginn des Jahrhunderts den Namen »Mystik« gegeben. Neu ist hier das Ausmaß, in dem man auf Elemente aus nichtchristlichen Traditionen zurückgreift und sie zur Sinngebung des Alltags und der Wirklichkeit hochmodernisierter Gesellschaften nutzt. Im »New Age«, das als einheitliche Religion ein Konstrukt des Büchermarkts und der Medien darstellt, wird dieser Strom zum ersten Mal öffentlichkeits- und breitenwirksam.[14] Ganzheitlichkeit, Bewußtseinsveränderung und -erweiterung sowie die Existenz einer anderen, die Alltagswirklichkeit transzendierenden Realität sind die zentralen Sichtworte des New Age.[15] Wenn die Zahl der tatsächlichen Anhänger der neureligiösen Szenerie auch kleiner ist als ihre Publizität es glauben macht, so hat sie doch einen erstaunlichen Einfluß auf die öffentliche Kultur ausgeübt. Sie hat nicht nur unter den neuen Helden der Unterhaltungsindustrie, sondern auch bis in die allerhöchsten »Tempel des Fortschritts« hinein – unter Managern und Bankern – den Glauben an eine religionslose Zukunft unterminiert.

Religionsproduktive Tendenzen in der entfalteten Moderne?

Zweifellos werden auch künftig vom weiteren Modernisierungsprozeß Wirkungen der Entzauberung religiöser Lebens- und Weltdeutungen und der Relativierung von Glaubenshaltungen angesichts eines bis zum einzelnen hinabreichenden und globalisierten Pluralismus ausgehen. Vieles spricht aber dafür, daß die wohl nie gänzlich verschwundenen, gleichzeitigen Prozesse der »Wiederverzauberung« – um im Bild der Sprache Max Webers zu bleiben – künftig deutlicher hervortreten und an Wirksamkeit gewinnen werden. Folgende Faktoren sprechen für eine solche Perspektive:

1. Das öffentliche kulturelle Bewußtsein hat an transzendenzverleugnender Eindimensionalität verloren und ist offener geworden für den Sinn und die Möglichkeit eines religiösen Bewußtseins im Konzert einer Vielfalt von Bewußtseins- und Vernunftformen. Der Glaube an die Wissenschaft, aber auch an die säkular-religiösen, wissenschaftlichen Utopien ist als solcher entlarvt und hat Raum gegeben für eine neue Mehrdimensionität des (post)modernen Wirklichkeitsverständnisses.[16]

2. Der weitergehende Modernisierungsprozeß erweist sich heute auf der Ebene der individuellen Lebensführung, der gesellschaftlichen Strukturen und der Kultur als ein Prozeß der Steigerung von Angst und Unsicherheit, der Vervielfältigung der Zukunftsgefährdungen und der Ausweitung des Kontingenzbewußtseins (»Alles könnte auch anders sein«). Insofern zeigt der (post-)moderne gesellschaftliche Kontext eine Tendenz zur Revitalisierung religiöser und ethischer Fragen.[17]

3. Der ausmachbare »Religionsbedarf« weist in eine doppelte Richtung: Zum einen Religion als »weltbejahende«, transzendente Sinngebung (Religion befähigt zum »Ja« trotz allem!), zum anderen Religion als »weltverneinender«, transzendenter ethischer Protest (Religion befähigt zum identitäts- und zukunftsgewinnenden »Nein«!).

4. Um politisch-fundamentalistischen und ökonomisch-individualistischen Gefährdungen des Religiösen zu begegnen, wird es um die Institutionalisierung eines eigenständigen Wettbewerbs gehen, auf dem um die bessere Erfüllung von akzeptablen Geltungsansprüchen wahrhaftiger Sinngebung

und ethischer Richtigkeit gerungen wird.[18] Auf ihm haben sich Kirchen, Sekten wie die neureligiösen Bewegungen zu bewähren. Verschiebungen zwischen den drei Hauptströmen moderner Religiosität dürfen nicht mit einem Verschwinden der Religion verwechselt werden. So ist kein Untergang der Religion zu erwarten, aber auch keine Rückkehr zu einem einheitlichen, gesellschaftsintegrierenden Modell des Religiösen.

Anmerkungen

1 Spiegel, 1992: Nur noch jeder vierte ein Christ. In: Der Spiegel 25/1992, 36-57; D. Pollack, Kirche in der Organisationsgesellschaft. Zum Wandel der gesellschaftlichen Lage der evangelischen Kirche in der DDR. Stuttgart, Berlin, Köln 1994, 373-445.

2 H. Kochanek (Hrsg.), Die verdrängte Freiheit. Fundamentalismus in den Kirchen. Freiburg, Basel, Wien 1991; D. Martin, Säkularisierung in Europa – Glaubensvielfalt in Amerika. Transit. Europäische Revue 8 (1994) 42-52.

3 F.-X. Kaufmann, Religion und Modernität. Tübingen 1989, 58

4 J. Matthes, Was ist anders an anderen Religionen? Anmerkungen zur zentristischen Organisation des religionssoziologischen Denkens. In: J. Bergmann u. a. (Hrsg.), Religion und Kultur. Sonderheft 33 der Kölner Zeitschrift für Soziologie und Sozialpsychologie, Opladen 1993, 16-30.

5 P. Bourdieu, Rede und Antwort. Frankfurt a. M. 1992, 224ff.; K. Gabriel, Wandel des Religiösen. Forschungsjournal Neue Soziale Bewegungen 3-4 (1993) 28-36.

6 F.-X. Kaufmann, Religion und Modernität. Tübingen 1989, 84ff.

7 Th. Luckmann, Die unsichtbare Religion. Mit einem Vorwort von Hubert Knoblauch. Frankfurt a. M. 1991, 178ff.

8 K. Gabriel, Christentum zwischen Tradition und Postmoderne. Freiburg i. Br. 1994³, 146ff.

9 F.-X. Kaufmann, Religion und Modernität. Tübingen 1989: 86

10 So die These von Th. Luckmann, die er in den 60er Jahren zum ersten Mal formuliert hat: The Invisible Religion. The Transformation of Symbols in Industrial Society. New York/London 1967.

11 P. Berger, Der Zwang zur Häresie. Frankfurt a. M. 1980; neuerdings: Ders., Sehnsucht nach Sinn. Glauben in einer Zeit der Leichtgläubigkeit. Frankfurt a. M. 1994

12 »Das Leben hat nur dann einen Sinn, wenn man ihm selber einen gibt«, erweist sich heute in der Umfrageforschung als der von den Deutschen in Sinnfragen mit Abstand am stärksten akzeptierte Satz: Allgemeine Bevölkerungsumfrage der Sozialwissenschaften (ALLBUS) 1992 – Zentralarchiv für empirische Sozialforschung. Köln 1992, 93.

13 E. Barker, Neue religiöse Bewegungen. Religiöser Pluralismus in der westlichen Welt. In: J. Bergmann u. a. (Hrsg.), Religion und Kultur, Opladen 1993, 231-248.

14 Ch. Bochinger, »New Age« und moderne Religion. Gütersloh 1994.

15 H. Stenger, Die soziale Konstruktion okkulter Wirklichkeit. Eine Soziologie des »New Age«. Opladen 1993, 20ff.

16 G. Küenzlen, Der Neue Mensch. Zur säkularen Religionsgeschichte der Moderne. München 1994, 261ff.

17 Hierzu und zur folgenden These ausführlicher: K. Gabriel, Christentum zwischen Tradition und Postmoderne. Freiburg i. Br. 1994[3], 157ff.

18 H.-P. Krüger, Strategien radikaler Demokratisierung. Ein normativer Entwurf. In: R. Deppe u. a. (Hrsg.), Demokratischer Umbruch in Osteuropa. Frankfurt a. M., 1991, 82ff.

Eberhard Jüngel
Untergang oder Renaissance der Religion? Überlegungen zu einer schiefen Alternative

1.

»Untergang oder Renaissance der Religion?« – wer so fragt, der will es offensichtlich wissen. Er will eine Antwort auf eine Frage haben, die doch nur die Zukunft selber geben kann. Dabei suggeriert er mit der so gestellten Frage eine radikale Alternative, zwingt also der Zukunft selber eine Entscheidung auf, von der keineswegs gewiß ist, ob sich die Zukunft überhaupt auf diese Alternativ-Entscheidung einläßt: Sein oder Nichtsein – ist das wirklich hier die Frage? »Untergang oder Renaissance der Religion?« – das heißt doch: *entweder* bringt die Zukunft eine regelrechte Wiedergeburt der Religion, ein neues religiöses Zeitalter, *oder* die Religion hat überhaupt keine Zukunft mehr und es steht uns zum ersten Mal in der Weltgeschichte *das* religionslose Zeitalter bevor.

Wer soll auf die als derart radikale Alternative gestellte Frage antworten? Wer kann es? Er müßte die Zukunft entweder aufgrund von Offenbarung kennen oder aufgrund von Gegenwartsanalyse hochrechnen und also wahrsagen können, was kommt. Nun, ich bin Theologe. Und ein Theologe ist weder ein Prophet noch ein Wahrsager. Zum Propheten wird man bekanntlich *berufen*, und zwar auf andere Weise, als man zum Professor berufen wird. Und zum Wahrsagen wird man in der Regel *verführt* oder *gedrängt*, wobei ich nicht ausschließen will, daß sich auch der eine oder andere Theologe nur allzu gern dazu drängen läßt.

Ich möchte mich meinerseits darauf beschränken, den Wahrsagern einige Ratschläge zu geben, deren Beachtung sie instand setzen könnte, beim Wahrsagen möglichst wenig Falsches zu äußern.

Den wichtigsten Hinweis fand ich bei Immanuel Kant, der in seiner Schrift *Der Streit der Fakultäten* behauptet hatte, daß eine »wahrsagende Geschichtserzählung« nur dann möglich sei, »wenn der Wahrsager die Begebenheiten selber macht und veranstaltet, die er im Voraus verkündigt«.[1] Wer Geschichte voraussagen will, der muß also, soll er recht behalten, die Geschichte, die er voraussagt, selber machen.

Von dieser Einsicht geleitet, werde ich zunächst die Bedingungen erörtern, unter denen die Alternative »Untergang oder Renaissance der Religion« überhaupt erst möglich wird. Dann soll die unbestreitbare Entwicklung unserer Gesellschaft unter besonderer Berücksichtigung der Situation in den neuen Bundesländern zur Sprache gebracht werden. Schließlich werde ich auf die Beziehung zwischen der christlichen Kirche und der sogenannten Zivilreligion eingehen, von der behauptet wird, daß sie die moderne Gesellschaft zusammenhält.

2.

Wer selber Geschichte machen will, der muß sich in der Vergangenheit zumindest ein wenig auskennen. Deshalb möchte ich zunächst darauf aufmerksam machen, daß die als radikale Alternative gestellte Frage »Untergang oder Renaissance der Religion?« so erst in unseren Tagen, also am Ausgang des 20. Jahrhunderts *möglich* ist. Ob sie deshalb auch schon eine *zutreffende* Alternative formuliert, wird freilich ebenfalls zu fragen sein.

Die Frage nach Sein *oder* Nichtsein der Religion ist erst im Zeitalter der die Religion als fundamentales anthropologisches Selbstmißverständnis interpretierenden großen religionskritischen Entwürfe möglich geworden. Religionskritik hat es zwar schon immer gegeben (Der älteste Beleg für das Wort »Theologie« ist ein ausgesprochen religionskritischer Text!). Aber sie war in der Regel, von einzelnen zunächst wirkungslosen Entwürfen abgesehen, Religionskritik im Dienste der Religion. Und über Defizienzen der institutionalisierten Religion sowie über religiöse Defizite der Gesellschaft hat man auch in früheren Zeiten bewegt Klage geführt. Ich erinnere nur an die entsetzten Berichte der ersten reformatorischen Visitatoren.[2]

Doch daß so etwas wie der Untergang von Religion überhaupt drohen könne, das ist in früheren Zeiten niemandem in den Sinn gekommen: »Denn es ist nie kein Volk so ruchlos gewesen, das nicht einen Gottesdienst aufgerichtet und gehalten habe« urteilt z. B. Martin Luther[3], den doch die eklatanten religiösen Mißstände in der damaligen Christenheit überhaupt erst zum Reformator gemacht haben.

Und noch Friedrich Daniel Ernst Schleiermacher, der immerhin zu ihrer Verteidigung »Reden über die Religion an die Gebildeten unter ihren Verächtern« zu verfassen sich veranlaßt gesehen hatte, hält die religiöse Veranlagung des Menschen für unzerstörbar und hat deshalb die individuelle Gottlosigkeit – und dementsprechend jeden Atheismus[4] – für einen Krankheitszustand gehalten, von dem der Atheist durch religiöse Bildung geheilt werden könne.[5] Selbst die besorgte Frage Schleiermachers, ob denn »der Knoten der Geschichte so auseinander gehn« solle: »das Christenthum mit der Barbarei, und die Wissenschaft mit dem Unglauben?«[6] – selbst diese besorgte Frage rechnet doch in großer Selbstverständlichkeit mit der Fortdauer des Christentums.

Die Möglichkeit eines der Wissenschaft völlig entfremdeten Christentums und einer dem Glauben nicht nur fremd, sondern feindlich gegenüberstehenden Wissenschaft deutet nun allerdings eine Konstellation an, die der Religion durchaus lebensgefährlich werden konnte und ihr schon bald nach Schleiermacher durchaus lebensgefährlich zu werden begann.

Denn die Wissenschaft und insbesondere die ihr sich verdankende technische – mit Max Weber zu reden – Zweckrationalität war zu einer europäischen Großmacht geworden, die konstitutive Bedeutung gewann für »die Institutionalisierung der Gesellschaft, diese unaufhörliche Arbeit der Gesellschaft an sich selber, durch welche sie sich ununterbrochen gestaltet und hervorbringt«[7]. Die alle Lebensbereiche der Gesellschaft immer nachhaltiger bestimmende Wissenschaft drohte der Religion ihren Platz im Leben der Gesellschaft zu entziehen. In Verbindung mit dem die Gesellschaft ebenfalls immer stärker prägenden Pluralismus kam es zu einer Entwicklung, die zur – von Max Weber so genannten – Entzauberung aller Wirklichkeitsbereiche führte. Das hatte zur Folge, »daß Institutionalisierungen in den westlichen Gesellschaften – eine bestimmte Organisation des Wohnens, der Arbeit, der Freizeit, der Erziehung, der Familie usw. – in erster Linie von ökonomischen und wissenschaftlich-technischen Codes gelenkt werden, in denen das Religiöse immer weniger wirksam ist«[8]. Inwieweit die großen religionskritischen Entwürfe (von Ludwig Feuerbach, Karl Marx, Friedrich Nietzsche und Sigmund Freud) das Ihre dazu beigetragen haben oder eher der theoretische Ausdruck jener Entwicklung zu einer Gesellschaft sind, deren »Konstruktion ... in den meisten westlichen Ländern nicht mehr religiösen Motiven gehorcht«[9], kann hier dahingestellt bleiben. Hier ist nur festzuhalten, daß in der ersten Hälfte unseres Jahrhunderts die *Religionslosigkeit* mehr oder weniger als Signet der »modernen Welt« galt, in der man leben müsse, »etsi deus non daretur«. Sogar die christliche Kirche wurde von ihren eigenen Theologen zur »nicht-religiösen Interpretation« der ihre Botschaft ursprünglich bezeugenden biblischen Texte aufgefordert.[10] Die in den sechziger Jahren unseres Jahrhunderts blühende sogenannte Gott-ist-tot-Theologie schien theologie-intern die definitive Bestätigung des bevorstehenden »Untergangs der Religion« zu sein.

»Doch als ein Jahr vergangen, simsalabimbambasaladusaladim, da war der Kuckuck wieder da« – sangen wir in unserer Jugend. Im Falle der Religion hat es vielleicht etwas, aber doch nicht sehr viel länger gedauert, bis ein neuer religiöser Frühling ins Land gekommen zu sein schien.

Damit Hand in Hand ging die – sit venia verbo – Entmythologisierung der Wissenschaft vonstatten. Gerade die von ihr ermöglichten gewaltigen technologischen Erfolge produzierten die bekannten Folgeprobleme, die ihrerseits das bisherige Grundvertrauen in die Wissenschaft und in den durch sie ermöglichten technischen Fortschritt nachhaltig erschütterten. Was bisher als Fortschritt begrüßt und genossen wurde, das geriet nun in den Verdacht, nur noch in Aporien, in Ausweglosigkeiten fortschreiten zu können. Es begann eine Entzauberung der Wissenschaft, die doch zuvor als die alle Dimensionen der Wirklichkeit entzaubernde Macht galt. Und mit dieser Entzauberung der Entzauberin ging und geht nicht nur eine Wiederkehr des Mythos, sondern auch eine neue Religiosität einher, die zwar eine ausgesprochen vagabundierende Religiosität (religio vagans) ist, aber gleichwohl als »Wiederkehr der Religion« lauthals begrüßt wurde. Handelt es sich um ein Strohfeuer, dessen kurzlebige Glut nur verdeckt, daß der »Untergang der Religion« zumindest in unserem Kulturbereich unwiderruflich bevorsteht? Oder handelt es sich um ein Indiz dafür, daß die Natur des Menschen eine »unheilbar religiöse Natur«[11] ist?

Erst in *dieser* geschichtlichen Situation kann die radikale Alternative von »Untergang oder Renaissance der Religion« überhaupt sinnvoll erwogen und also gefragt werden, ob die Religion überhaupt noch eine Zukunft hat oder aber die Zukunft der Religion gehören wird.

3.

Der Wahrsager, der hier antworten können soll, muß auch dann, wenn er die Geschichte selber machen wollte, die er vorhersagt, vor allem – sozusagen im Banne der gestellten

Frage, die ohne jede Näherbestimmung nach *der Religion* und der alternativen Möglichkeit ihres Unterganges oder ihrer Renaissance fragte – zu ermitteln suchen, was eigentlich gemeint ist, wenn von »der Religion« die Rede ist.[12]

Welche Religion ist gemeint? Ist überhaupt eine *bestimmte* Religion, ist eine der – wie man im Anschluß an Schelling und Schleiermacher formulierte – *positiven Religionen* gemeint? Oder ist das, was man seit der Aufklärung den institutionalisierten Religionen als sogenannte *natürliche Religion* entgegensetzte, gemeint? Oder die seit J.-J. Rousseau so genannte *Zivilreligion*, die wiederum zu unterscheiden ist sowohl von der – als privatisierte christliche Frömmigkeit begriffenen – *bürgerlichen Religion* als auch von der sich als Gegensatz zur *Staatsreligion* verstehenden *Religion des Bürgers*, die die jeweilige Autonomie von Religion und Politik gewahrt wissen will? Oder ist jene sedimentierte postkonfessionelle Religiosität gemeint, die man wenig glücklich als *Kulturreligion* zu bezeichnen pflegt?[13] Oder gar jedwede vagierende Religiosität, die gleichermaßen zum (christlichen) Glauben und zum Aberglauben eine Affinität hat?

Daß *positive Religionen*, daß *institutionalisierte* Religionen untergehen können und immer wieder untergegangen sind, das lehrt die Geschichte. »Da Ihr noch die schöne Welt regieret an der Freude leichtem Gängelband« – das war einmal (wenn es denn überhaupt stimmt, daß die Götter Griechenlands auf *diese* Weise »regierten«). Apollon, Athene, Aphrodite, Poseidon, Hera und Zeus sind nicht mehr, sind jedenfalls nicht mehr Gegenstand religiöser Verehrung. Und für viele religiöse Kulte der Vergangenheit gilt dasselbe. Doch eine positive, eine institutionalisierte Religion wurde nie durch Religionslosigkeit, sondern stets durch eine andere entweder schon bestehende oder neue Religion abgelöst. Auf Religion folgt immer Religion. So war es jedenfalls in der uns bekannten Geschichte[14]. Religionsgeschichtliche Erfahrung spricht also durchaus dafür, daß Religionen kommen und gehen. Die Religiosität aber, so scheint es, vielmehr: so schien es bisher, sie bleibt.

Daher kann man im Horizont einer durch religionsgeschichtliche Erfahrung geleiteten Urteilskraft nicht ausschließen, daß trotz bleibender Religiosität auch das Christentum als institutionalisierte Religion irgendwann »untergehen« könnte. Zumindest in Deutschland und in Frankreich ist es nicht völlig auszuschließen, daß im Rahmen einer sich noch steigernden Immigration eines nicht allzu fernen Tages der Islam sich nicht nur als die dem Christentum gegenüber ungleich vitalere, sondern vielmehr als die das Christentum verdrängende Religion erweisen könnte. Im Horizont des Selbstverständnisses des christlichen Glaubens hingegen ist es unerschütterlich gewiß, daß »una sancta ecclesia perpetuo mansura sit: daß alle Zeit musse ein heilige christliche Kirche sein und bleiben«[15]. Denn der christliche Glaube lebt von der Verheißung Jesu Christi: »siehe, ich bin bei euch alle Tage bis an der Welt Ende« (Matthäus 28,20). Insofern kennt der christliche Glaube die Sorge um seinen eigenen Bestand nicht, sondern weiß die seine Fortdauer betreffende Existenzfrage in der göttlichen Fürsorge bestens aufgehoben.

Das bedeutet freilich nicht, daß die christlichen Kirchen sich dem unbestreitbaren Schwund ihrer Bedeutung gegenüber gleichgültig verhalten könnten. Die Entkirchlichung der deutschen Gesellschaft muß die Kirchen vielmehr um ihres Auftrages willen, »die Botschaft von der freien Gnade Gottes auszurichten an alles Volk«[16], in höchstem Maße interessieren. Ich sage »interessieren« und nicht »alarmieren«, weil die zunehmende *Entkirchlichung* unserer Gesellschaft kategorial sehr sorgfältig zu unterscheidende Probleme aufwirft, die nicht zu unterscheiden verhängnisvoll wäre.

Es gibt spätestens seit der Aufklärung im Zusammenhang der Säkularisierung und des sich durchsetzenden Pluralismus eine Art von Entkirchlichung der Gesellschaft, die von den Kirchen selber begrüßt wird oder doch begrüßt werden sollte. Ich meine nicht nur die Aufhebung des staatlich garantierten Geltungsmonopols für eine bestimmte Religion oder Ideologie. Ich meine auch die weltliche »Beerbung« ursprünglich christlicher »Güter«. Die weltliche Hochschätzung der Freiheit des Gewissens zum Beispiel (das der Philosoph Hegel für »ein Heiligtum« erklärte, »welches anzutasten Frevel wäre«), die weltliche Behauptung der Unverletzlichkeit der Würde der Person, die weltliche Selbstverpflichtung zum Schutz auch des beschädigten Menschenlebens, die allgemeine Schulpflicht und viele andere Errungenschaften des modernen Rechtsstaates sind säkularisierte Schätze der Kirche: Schätze, die oft sogar erst durch ihre Säkularisierung in ihrer vollen Bedeutung erkannt wurden. Die Kirche sollte diese ihre weltlichen Kinder segnen statt sie gewissermaßen in den Mutterschoß zurückzufordern.

Davon zu unterscheiden ist jene Weise der Entkirchlichung der Gesellschaft, die der positiven Religion – wie oben dargelegt – ihren Sitz im Leben zu rauben droht und damit, jedenfalls im Horizont einer durch soziologische Analyse geschulten Urteilskraft, das Ende der positiven Religion herbeizuführen scheint. Gegen diese Entkirchlichung darf man nicht geltend machen, daß die christlichen Religionsgemeinschaften insgesamt, trotz der großen Zahl der Kirchenaustritte, noch immer mehr Mitglieder aufzuweisen haben als jede politische Partei oder irgendeine andere gesellschaftlich relevante Interessenvertretung (1992 gehörten in Deutschland 35,7 % der Bevölkerung der evangelischen Kirche und 34,7 % der katholischen Kirche an, während 29,6 % entweder einer anderen Religion angehörten oder als religionslos galten). Das ist zwar richtig, doch vor einer solchen harmlosen Argumentation sollte schon die ernüchternde Tatsache bewahren, daß in den neuen Bundesländern aufgrund der zur ideologischen Zielsetzung des ehemaligen Regimes gehörenden Begünstigung des theoretischen und praktischen Atheismus nach dem Zusammenbruch der sich sozialistisch nennenden

Diktatur (nach der Statistik von 1992) nur 27,0% der Bevölkerung der evangelischen Kirche und 5,9% der katholischen Kirche angehörten, während 67% als »andersgläubig oder religionslos« galten, wobei man doch wohl nur eine sehr geringe Zahl von »Andersgläubigen« zu unterstellen hat. Bedenkt man, daß noch 1949 über 80% der in Ostdeutschland lebenden Menschen der evangelischen Kirche und sicherlich mehr als 5,9% der katholischen Kirche angehörten, dann ermißt man den »Erfolg« der atheistischen Progaganda und mehr noch der gesellschaftlichen Repression, mit der der »real existierende Sozialismus« sich selbst verwirklichte. Das Ergebnis ist neben der statistisch faßbaren Entkirchlichung zugleich ein lawinenartiger Verfall der individuellen religiösen Kultur, so daß man in den neuen Bundesländern auf eine geradezu barbarische, als solche aber schon wieder faszinierende religiöse Ahnungslosigkeit trifft. Auch wenn die Nichtzugehörigkeit zu einer Religionsgemeinschaft noch nicht mit Religionslosigkeit gleichzusetzen ist, und auch wenn man bei den sich als Atheisten verstehenden Bürgern allerlei Quasireligion unterstellen darf, wird man doch von einer religiösen Ahnungslosigkeit bisher ungekannten Ausmaßes reden müssen (die vermutlich nur noch von der Situation in Albanien übertroffen wird).

Die Situation in den neuen Bundesländern ist für die uns gestellte Frage »Untergang oder Renaissance der Religion?« deshalb von so hoher Bedeutung, weil sie die westliche Gesellschaft vor die elementare Frage stellt, ob die sozialistische Gewaltherrschaft durch ihre antireligiösen Repressionen vielleicht nur eine Entwicklung begünstigt hat, die im Ansatz längst vorbereitet war. Hat die in unterschiedlichen Graden und Formen vollzogene antireligiöse Vergewaltigung, der man sich bei einiger Tapferkeit sehr wohl entziehen konnte, am Ende nur akzeleriert zu Tage gebracht, was im Grunde schon der Fall war: nämlich das qualitative und quantitative Wachstum einer elementaren religiösen Bedürfnislosigkeit, die in einer keineswegs aggressiven Areligiosität nunmehr ihr »Reifestadium« gefunden hat? Nach dem Zusammenbruch der sozialistischen Diktatur hätte ja sonst – eine nicht nur intensive, sondern auch extensive kirchliche Verkündigung allerdings vorausgesetzt – ein religiöses Erwachen durch die Lande gehen müssen, gegen das der Boom an religio vagans in der westlichen Gesellschaft sich als quantité négligeable darstellen würde. Man bedenke auch, daß es der sozialistischen Diktatur in der ehemaligen DDR nicht gelungen ist, die Kirchen zu zerstören, ja daß die Kirche im letzten Jahrzehnt der DDR von deren Machthabern eher als eine die sozialistische Gesellschaft stabilisierende Autorität nolens volens beansprucht worden ist. Es duldet jedenfalls keinen Zweifel: wenn sie ernsthaft wollten, dann konnten die Bürger der DDR auch »mit ernst Christen ... seyn«.[17] Insofern ist die weitgehende Entkirchlichung der DDR-Bevölkerung zwar ein unbestreitbarer »Erfolg« der Kirchen- und Religionspolitik der sozialistischen Diktatur. Doch sie scheint ein »Erfolg« zu sein, der durch das, was ich »elementare religiöse Bedürfnislosigkeit« nannte, vital begünstigt worden sein dürfte. Der Atheismus hätte dann das Stigma von Ehrlichkeit an sich, über die man mit dem Hinweis auf die in das angeblich religionslos gewordene Europa zurückkehrende neue Religiosität und mit dem Verweis auf die im Verhältnis zur Gesamtbevölkerung trotz aller Kirchenaustritte noch immer respektable Zahl von Kirchenmitgliedern sich nur um den Preis der Selbsttäuschung hinwegtrösten kann. Ein Wahrsager, der deshalb authentisch ist, weil er die Geschichte selber zu machen gedenkt, die er voraussagt, sollte solcher Selbsttäuschung nicht erliegen. Und wir wollen nicht ausschließen, daß die christliche Kirche, im besten Sinne der Kantischen Behauptung, ein solcher Wahrsager zu sein vermag – indem sie nämlich genausowenig wie jener Selbsttäuschung nun umgekehrt dem »moderne[n] Aberglaube[n]« erliegt, »daß der Charakter eines Zeitalters als Fatum des nächsten fungiere«[18]. Die christliche Kirche könnte statt zu resignieren wiederentdecken, daß sie ihrem Wesen nach eine *missionierende* Kirche, daß sie eine den christlichen Glauben glaubwürdig zur Geltung bringende Kirche ist. Quod deus bene vertat.

4.

Die Frage nach »Untergang oder Renaissance der Religion« ist indessen auch dann noch nicht hinreichend geklärt, geschweige denn beantwortet, wenn man gegenüber vorschnellem Optimismus daran erinnert, daß die religiöse Situation in den neuen Bundesländern über die Zukunft aussagekräftiger ist als die – doch immerhin auch durch rückläufige Zahlen der Kirchenmitgliedschaft charakterisierte – religiöse Situation in den Ländern der alten Bundesrepublik. Denn für die sachgemäße Erörterung der Frage nach der Zukunft der Religion ist es von nicht zu unterschätzender Bedeutung, wie man die Funktion der sogenannten *Zivilreligion* in der Gesellschaft und das Verhältnis der in den Kirchen institutionalisierten christlichen Religion zu dieser Zivilreligion beurteilen soll.

Die neuere Religionssoziologie hat immerhin in einer nicht unerheblichen Korrektur der – dadurch gleichwohl nicht einfach falsifizierten – These von der schwindenden Bedeutung der positiven Religion für die Institutionalisierung der Gesellschaft darauf aufmerksam gemacht, daß »jede Institutionalisierung das Vorhandensein einer grundlegenden sozialen Ordnung voraus[setzt], die dieser als Rahmen dient«, und daß dieser jedem Institutionalisierungsprozeß immer schon vorgegebene Rahmen ein »symbolischer Raum« ist, der den Handelnden das Gefühl gibt, auf der Basis einer grundlegenden Sinn-Struktur zu agieren und zu reagieren.[19] Jede nationale Gesellschaft ist demnach darauf angewiesen, daß ein solcher symbolischer Raum konstituiert wird, der sich dann in einigen grundlegenden Glaubensinhalten und einigen rituellen Handlungen manifestiert, in denen »eine politische Gesellschaft ... ihre Letztbegründung zum Ausdruck bringt«.[20] Und eben diese allen gesellschaftlichen Institutionalisierungen als Bedingung ihrer Möglichkeit vorgegebene Produktion eines alle Individuen einer Gesellschaft zu einer gemeinsamen (nationalen) Welt verbindenden Sinnhorizontes nennt man seit *Robert N. Bellah* mit einem von *Jean-Jacques Rousseau* entlehnten Ausdruck *Zivilreligion*.

Die nationalen Gesellschaften wären dann also, obwohl ihre *Institutionalisierung* (also der »Komplex von Praxen ..., durch die sich eine Gesellschaft unaufhörlich selber konstruiert, indem sie in bestimmter Weise ihr ökonomisches, politisches, soziales und kulturelles Leben, ihr Erziehungs- und Gesundheitssystem organisiert«[21]) immer weniger *religiösen* Motiven gehorcht, sondern »in erster Linie von ökonomischen und wissenschaftlich-technischen Codes gelenkt«[22] wird, ihrerseits an eine *religiöse* Bedingung ihrer Möglichkeit, eben an die sogenannte *Zivilreligion* zurückgebunden. Dann entsteht aber für die positiven Religionen bzw. für die sie vertretende Religionsgemeinschaften, in unserem Fall also für die christliche Kirche, die Frage, wie sie sich zu dieser Zivilreligion verhalten soll.

Bei der Beantwortung dieser Frage wird man sich vor Augen halten müssen, daß die jeweiligen Zivilreligionen der nationalen Gesellschaften nur in ihrer *formalen* Eigenart, also in ihrer identitätsstiftenden Funktion bzw. in ihrer Letztbegründungsfunktion einander gleichen, nicht aber in ihrer *materialen* Eigenart. Zivilreligion ist der Name für »die Form, in der sich das politische System und dann speziell auch der Staat selber auf ... Voraussetzungen, von denen er lebt, ohne sie garantieren zu können, ausdrücklich zurückbezieht«.[23] *Materialiter* kann sich diese *Form* jedoch sehr unterschiedlich darstellen.

In der Regel sind es minima religiosa, ist es ein Ensemble von Restbeständen einer religiösen Kultur, was als *Zivilreli-*

gion existiert. Das gilt schon von Rousseaus Konzept einer *religion civile*, wie es im letzten Kapitel vor dem Schluß des *Contrat Social* entworfen worden ist.[24] Nur wenige Dogmen machen den Gehalt der Rousseauschen Zivilreligion aus, wobei sicherlich das Interesse an universell konsensfähigen, die damaligen kontroverstheologischen konfessionellen Differenzen übergreifenden Glaubensartikeln leitend war. Bei Rousseau[25] sind diese zivilreligiösen Dogmen (les dogmes de la Religion civile) – nämlich die Existenz einer allmächtigen, intelligenten, wohltätigen, voraussehenden und fürsorglichen Gottheit (l'existence de la Divinité puissante, intelligente, bienfaisante, prévoyante et pourvoyante), das zukünftige Leben nach dem Tode (la vie à venir), die Belohnung der Tugendhaften (le bonheur des justes), die Bestrafung der Übeltäter (le chatiment des méchans), die Heiligkeit des Gesellschaftsvertrages und der Gesetze (la sainteté du contract social et des lois) und negativ das Verbot der Intoleranz (intolérance) – *bekenntnispflichtig*, so daß sich das Toleranzgebot nicht auf mögliche Gegner der Zivilreligion selber erstreckt. Der im Sinne der Zivilreligion Gottlose kann vom Staat verbannt werden, und zwar nicht nur als Ungläubiger, sondern als Asozialer (»il peut le bannir, non comme impie, mais comme insociable«).[26] Insofern mutet die Zivilreligion Rousseaus religionspolitisch noch »voraufgeklärt« an.[27]

Die heute in Anspruch genommene Zivilreligion ist hingegen von jeder Bekenntnispflicht frei. Sie vollzieht sich vor allem in Symbolen und Riten (die quasiaxiomatisch, gleichsam ex opere operato ihre Sinnhaftigkeit zur Wirkung bringen), und die dabei implizierten Aussagegehalte sind gegenüber Rousseaus Minimaldogmen noch einmal »extrem minimalisiert«, in der Regel auf nicht mehr als auf die Existenz Gottes.[28] Diese Minimalisierung erklärt sich aus den »zunehmende[n] strukturelle[n] *Differenzierungen* des Gesellschaftssystems«, die eine »zunehmende *Generalisierung* der für alle verbindlichen Symbolik« erfordern.[29]

Solche *Generalisierung* der für alle verbindlichen Symbolik kann nun allerdings auch in einem ausgesprochen antireligiösen Gesellschaftssystem die Funktion einer »Zivilreligion« übernehmen, zum Beispiel indem man »religioide Phänomene und funktionale Äquivalente für Religion« bemüht wie »Staatsfeiern oder Plakate, die im Namen der Arbeiterklasse, ihrer Partei und des roten Oktobers Überstunden fordern«.[30] Mitunter werden Symbole der bekämpften Religion bewußt in eine säkularisierte Gestalt überführt wie etwa in der ehemaligen Sowjetunion die Ikonenecke in die Friedensecke (ugol mira) oder die Verehrung der Gebeine der Heiligen in die Verehrung heischende Zurschaustellung der einbalsamierten Leichen Lenins und Stalins im Mausoleum vor der Kremlmauer.

Eine solche »Zivilreligion« wäre freilich gerade nicht mehr die Form, in der eine Gesellschaft und speziell ihr Staat sich auf letztbegründende Voraussetzungen zurückbezieht, die er *nicht* zu garantieren vermag. Der totalitäre Staat beansprucht vielmehr gerade, diese ihn selbst legitimierenden Voraussetzungen selber zu garantieren. Er prätendiert geradezu, der Lieferant des Sinnes zu sein, von dem die ganze Gesellschaft und also auch jeder einzelne in ihr leben soll – ein Anspruch, den die 5. These der Barmer Theologischen Erklärung 1934 ausdrücklich verworfen hat.[31] Mit Religion hat eine solche »Zivilreligion« soviel zu tun wie der Antichrist mit Christus. Eine solche »Zivilreligion« wäre, würde sie sich auf Dauer behaupten, zwar nicht der Untergang, wohl aber – und schlimmer noch – die *Perversion* der Religion.

Eine positive Religion, die in der christlichen Kirche institutionalisierte positive Religion zumal, kann in der sogenannten Zivilreligion also nur ein äußerst ambivalentes Phänomen zur Kenntnis nehmen. Sie wird je nach gegebenem Fall sorgfältig unterscheiden müssen, ob sie sich auf die mit dem Gesamtsystem der Gesellschaft gegebene Zivilreligion positiv beziehen kann oder ob sie sie als pervertierte Religion kategorisch verneinen muß. Auf jeden Fall entscheidet sich erst durch die Relation zur als Teilsystem der Gesellschaft existierenden positiven Religion, also in unserem Fall in der Beziehung zur christlichen Kirche, was es mit dem Religionscharakter der Zivilreligion auf sich hat. Kirchliche »Dogmatik sowie Kontaktaufnahme und Interaktion im kirchlichen Leben können« sich so auf die Zivilreligion beziehen, daß sie die »Zivilreligion erst eigentlich zur Religion« *machen*. Denn »erst in der Reflexion durch Bekenntnis, Gesichtspunkte rechten Glaubens und religiöse Kommunikation (das heißt: Kirche) erweist und präzisiert sich das, was als Zivilreligion unterstellbar ist, als Religion«[32] – oder aber als Perversion der Religion.

Das heißt jedoch zugleich, daß ebenfalls durch die Kirche sich das, was als Zivilreligion unterstellbar ist, auch als pervertierte Religion, als Aberglaube erweisen und präzisieren könnte. So oder so, die Zivilreligion kann der Kirche schon deshalb keine quantité négligeable sein, weil die Kirche sich mit der Beziehung auf die Zivilreligion zugleich auf das Ganze der Gesellschaft bezieht, der sie als ganzer und in allen ihren Teilen, deren einer sie selber ist, das *Evangelium* schuldet. Als Sachwalterin des Evangeliums hat die Kirche aber für das ambivalente Phänomen der Zivilreligion eine ausgesprochen *diakritische* Funktion. Sie kann sich deshalb auf die Zivilreligion auch nicht in der von Thomas von Aquin für das Verhältnis der Gnade zur Natur angegebenen Weise beziehen: »gratia non tollat naturam, sed perficiat«[33]. Sie hat die Zivilreligion vielmehr in jedem Fall »aufzuheben«: entweder in dem von Hegel beschriebenen bekannten dreifachen Sinn oder in dem einfachen Sinne, daß sie ihr als einem Exzeß von Aberglauben, so gut sie es kann, ein *schnelles Ende* macht. In beiden Fällen wäre das der Dienst, den die (als Teilsystem der Gesellschaft existierende) Kirche dem Ganzen der Gesellschaft, dem Staat und dem Volk, das in diesem Staate lebt, schuldet. Im ersten Fall *bestätigt* sie, daß Staat und Gesellschaft von Voraussetzungen leben, die von ihnen *nicht selbst garantiert* werden können. Im anderen Fall *widerspricht* sie dem Staat und der von ihm totalitär bestimmten Gesellschaft in deren Anspruch, ein menschlicher Staat und eine menschliche Gesellschaft zu sein, und hält gerade mit diesem *Widerspruch* der Gesellschaft und dem Staat die *Treue*.

Doch ein solcher zweifellos *extraordinärer* Akt des Widerspruches hat sein Recht nur dann, wenn die Kirche, indem sie den ihr aufgegebenen *ordinären* Akt der Verkündigung des Evangeliums vollzieht, den – in welcher Gesellschaft und in welchem Staat auch immer existierenden – Menschen die Treue hält. Das aber tut sie, wenn sie ihrem Auftrag treu bleibt, »an Christi Statt ... die Botschaft von der freien Gnade Gottes auszurichten an alles Volk«[34].

Indem die Kirche diese Botschaft ausrichtet, bringt sie einen evangelischen *Indikativ* zur Geltung, den weder sie noch irgendeine weltliche Instanz erzeugen oder auch nur garantieren kann: den Indikativ der Freiheit eines von seiner Schuld befreiten und vor Gott ins Recht gesetzten Menschen; den Indikativ der am Kreuz Jesu Christi vollbrachten Versöhnung der Welt mit Gott; den Indikativ des in der Person Jesu Christi präsenten Friedens. Die Kirche nimmt, indem sie diesen von ihr nicht erzeugten Indikativ bezeugt, zwar nicht direkt, nicht unmittelbar Einfluß auf die Gesellschaft, in der sie (in soziologischer Hinsicht: als deren Teil) existiert. Sie ist auch als Teilsystem der Gesellschaft keineswegs der dieser zur Verfügung stehende, sie zusammenhaltende Kitt[35]. Aber die Kirche wirkt *indirekt* mannigfaltig auf die Gesellschaft ein. Sie tut es nicht zuletzt dadurch, daß sie den notwendigen *Imperativen*, die Staat und Gesellschaft sich selber geben müssen, um ein menschliches Zusammenleben zu ermöglichen, mit jenem evangelischen Indikativ eine Voraussetzung gibt, die Staat und Gesellschaft nicht zu garantieren vermögen. Der Imperativ, den sich der Staat geben muß, nämlich (nicht nur, aber eben auch) unter Androhung und Ausübung von Gewalt für Freiheit, Recht und Frieden zu sorgen, hat in jenem von der Kirche bezeugten evangelischen Indikativ eine Voraussetzung, die dem Imperativ eine von ihm selbst nicht erzeugbare Kraft gibt. Und die Kirche hat, indem sie jenen Indikativ bezeugt, zugleich deutlich zu machen, daß aus dem von ihr bezeugten Indikativ solche Imperative zwingend hervorgehen. Insofern existiert die in der christlichen Kirche institutionalisierte Religion, obwohl sie nur einen Teil der Gesellschaft religiös bindet, in gesellschaftlicher Hinsicht *pars pro toto*. Und in dieser Hinsicht *wirkt* sie auch pars pro toto – sei es, indem sie die sich solche Imperative gebende Gesellschaft indirekt zusammenhält; sei es, indem sie der sich solchen Imperativen verweigernden Gesellschaft ihr wohlverdientes Ende ansagt.

Doch noch einmal: auch diese gesellschaftliche Pars-pro-toto-Funktion der christlichen Kirche ist nur eine ihre ordinäre Funktion – den evangelischen Indikativ zu bezeugen – begleitende extraordinäre Funktion, die man als gesellschaftliche Aufklärung im Lichte des Evangeliums bezeichnen könnte. Zur ordinären Funktion der Kirche aber gehört die Erzeugung der evangelischen Gewißheit, daß wie alle Zeiten so auch unsere Zukunft in Gottes Händen liegt (Ps 31,16).

Gelingt die Erzeugung solcher evangelischen Gewißheit, und gedeiht die sie begleitende gesellschaftliche Aufklärung im Lichte des Evangeliums, dann ist die christliche Kirche – in seltsamer Paradoxie – auf ihre Weise eine Wahrsagerin, die jedenfalls zu ihrem Teil die Geschichte selber macht, die sie ansagt.

Anmerkungen

1 Immanuel Kant, Der Streit der Fakultäten, Akademieausgabe Bd. 7, 79 f. Kant geht übrigens in diesem Zusammenhang seinerseits auf die uns gestellte Frage ein, wenn auch mit beißender Ironie: »Geistliche weissagen gelegentlich den gänzlichen Verfall der Religion und die

nahe Erscheinung des Antichrists, während dessen sie gerade das thun, was erforderlich ist, ihn einzuführen«. Ob es da ein Trost ist, wenn der Philosoph bemerkt: »Unsere Politiker machen … es eben so und sind auch im Wahrsagen eben so glücklich.« (a.a.O., 80)?

2 Vgl. z. B. Martin Luther, Brief an Spalatin (Dezember 1528), WA BR 4, Nr. 1365, 624,811: »Im übrigen ist der Zustand der Kirchen allerorts gänzlich armselig, denn die Bauern lernen nichts, beten nichts, treiben nichts, außer womit sie die Freiheit mißbrauchen, bekennen nichts, nehmen nicht am Abendmahl teil, als ob sie von der Religion ganz und gar freigemacht wären.« Vgl. auch Luthers Vorrede zum Großen Katechismus (Die Bekenntnisschriften der evangelischlutherischen Kirche = BSLK 546f.), in der der Reformator nicht nur über den »Pöbel« (vulgus) klagt, der »leider … allzu geringe achtet des Evangelii, und wir nicht sonderlichs ausrichten, wenn wir gleich allen Fleiß furwenden«. Selbst die Pfarrer werden dafür getadelt, »daß sie gleichwie die Säu und Hunde nicht mehr vom Evangelio behalten denn … faule, schändliche, fleischliche Freiheit«. Doch »man findet wohl etliche Rülzen und Filze auch unter dem Adel« – will heißen: unter den Politikern. Es klingt wie Resignation, wenn Luther in diesem Zusammenhang notiert: »wir Deutschen haben solch schändlich Volk und müssen's leiden«.

3 Martin Luther, Der große Katechismus, Das erste Gebot, in: Die Bekenntnisschriften der evangelischlutherischen Kirche (= BSLK), hrsg. im Gedenkjahr der Augsburger Konfession, [8]1979, 563,37-40.

4 Davon zu unterscheiden ist die vom jungen Schleiermacher eingeräumte Möglichkeit einer »Religion ohne Gott«. Vgl. Reden über die Religion, 123–130, bes. 126: »so müßt Ihr auch zugeben, daß eine Religion ohne Gott besser sein kann als eine andre mit Gott.«

5 Der Atheismus ist »ein Erzeugnis der Zügellosigkeit, also eine Krankheit der Seele, gewöhnlich von einer Verachtung alles Intellektuellen begleitet« (Friedrich Daniel Ernst Schleiermacher, Der christliche Glaube nach den Grundsätzen der evangelischen Kirche im Zusammenhange dargestellt, [7]1960, 33,2).

6 Friedrich Daniel Ernst Schleiermacher, 2. Sendschreiben an Lücke, in: ders.: Sämmtliche Werke, 1. Abt.: Zur Theologie, 2. Band, 1836, 605-653, 614.

7 Jean-Paul Willaime, Zivilreligion nach französischem Muster, in: Heinz Kleger/Alois Müller (Hg.), Religion des Bürgers. Zivilreligion in Amerika und Europa. Religion. Wissen. Kultur 3. Studien und Texte zur Religionssoziologie, 1986, 147.

8 A. a. O., 148.

9 Ebd.

10 Die Forderung wurde von Dietrich Bonhoeffer erhoben, der in einem Brief aus der Haft vom 30. 4. 1944 schreibt: »Wir gehen einer völlig religionslosen Zeit entgegen; die Menschen können einfach, so wie sie nun einmal sind, nicht mehr religiös sein. Auch diejenigen, die sich ehrlich als ›religiös‹ bezeichnen, praktizieren das in keiner Weise; sie meinen also mit ›religiös‹ etwa ganz anderes.« (Brief vom 30.4.44, in: Dietrich Bonhoeffer, Widerstand und Ergebung, NA München 2. Aufl. 1977, 305) Bonhoeffers Forderung einer religionslosen Interpretation biblischer Begriffe berührt sich mit Rudolf Bultmanns Programm einer Entmythologisierung und existentialen Interpretation der biblischen Texte, obwohl sie mit dieser nicht deckungsgleich ist. Vgl. Dietrich Bonhoeffer, Brief vom 5. 5. 1944, a.a.O., 311f.: »Noch ein paar Worte zu den Gedanken über die ›Religionslosigkeit‹. Du erinnerst Dich wohl des Bultmannschen Aufsatzes über die ›Entmythologisierung‹ des Neuen Testaments? Meine Meinung dazu würde heute die sein, daß er nicht ›zu weit‹, wie die meisten meinten, sondern zu wenig weit gegangen ist. Nicht nur ›mythologische‹ Begriffe wie Wunder, Himmelfahrt etc. (die sich ja doch nicht prinzipiell von den Begriffen Gott, Glauben etc. trennen lassen!), sondern die ›religiösen‹ Begriffe schlechthin sind problematisch. Man kann nicht Gott und Wunder voneinander trennen (wie Bultmann meint), aber man muß beide ›nichtreligiös‹ interpretieren und verkündigen können. Bultmanns Ansatz ist eben im Grunde doch liberal (d. h. das Evangelium verkürzend), während ich theologisch denken will.«

11 Vgl. Wolfhart Pannenberg, Religion und menschliche Natur, in: Sind wir von Natur aus religiös? Hg. von Wolfhart Pannenberg. 1986, 24.

12 Die wechselvolle Geschichte des Wortes »Religion« kann hier völlig außer Betracht bleiben. Im Unterschied zu älteren Bedeutungen (gewissenhafte Erfüllung von Pflichten, Kult, Gottesdienst, Orden, Mönchswesen, auf Gott gerichtete virtus usw). hat sich in der Neuzeit ein wenig konturierter Begriff von Religion durchgesetzt, der »als Sammelbegriff für jede Verehrung transzendenter Mächte, jede Lehre vom Göttlichen und alle Glaubensbekenntnisse der Menschen« gilt: Art. Religion, in: Historisches Wörterbuch der Philosophie, hrsg. von Joachim Ritter/Karlfried Gründer, Bd. 8, 1992, 632. Gänzlich vernachlässigt wird hier auch Karl Barths wohlbegründete Entgegensetzung von Religion und christlichem Glauben.

13 Eine neuere religionssoziologische Studie unterscheidet die verschiedenen als Religion bezeichneten Größen hinsichtlich ihrer Akteure (Habitus), ihrer Interessen und ihrer Handlungsformen (Praktiken) folgendermaßen (vgl. Heinz Kleger/Alois Müller, a.a.O., Einleitung, S. 13).

	Akteur/ Habitus	Interesse	Handlungsformen/ Praktiken
bürgerliche Religion	privatisierte christliche Frömmigkeit	persönliches Heil	praktizierte Konfessionszugehörigkeit
Religion des Bürgers	aufgeklärter staatsloyaler Bürger	– Wahrung der Autonomie von Religion und Politik – Wahrung eines liberalen Verhältnisses zwischen Religion und Politik	Denksystem bestehend aus Geschichtsphilosophie, politischer Theorie und negativer politischer Theologie; äußert sich politisch
politische Religion	Ideologie und Massenbewegung	– Durchsetzung der Werte politischer Eliten – Sakralisierung der Grundlagen der ›gesellschaftlichen Gemeinschaft‹	– Etablierung neuer Riten – patriotische Massenfeier
Zivilreligion	Repräsentanten und Staatsvolk	value commitment, Grundkonsens, Liberalitätsgarant, Offenheit für Ethik	öffentlich-repräsentative Handlungen: politische Reden und mythisierende Vergegenwärtigung von Geschichte

	Akteur/ Habitus	Interesse	Handlungsformen/ Praktiken
Staatsreligion	Mächtige Kirche und autoritärer Staat	– verfassungsjuristisch: Privilegierung einer Religion – kritisch: antipluralistischer Werte-Zwangsverband	konkordatär gesichertes System der engen Verbindung von Staat und Kirche
Kulturreligion	sedimentierte postkonfessionelle Religiosität	– Sicherung liberaler politischer Kultur – Affirmation der westlichen wissenschaftlich-technischen Zivilisation	offensive Philosophie und Potentiale einer Gegen-Ideologie

14 Das Christentum und der Islam sind klassische Beispiele für die Tatsache, daß eine neue Religion bisherige Religionen ablöst, wobei dieser Ablösungsvorgang sowohl den Sieg in einem »Religionskrieg« als auch ein einigermaßen friedliches Sich-Imponieren der neuen Religion darstellen kann. Oft genug können auch verschiedene Religionen schiedlich-friedlich nebeneinander existieren. Die Spätantike war sogar durch einen ausgesprochenen religiösen Pluralismus gekennzeichnet, dem erst die Erhebung des Christentums zur Staatsreligion ein Ende bereitete. Von Bedeutung ist dabei allerdings, daß das Christentum nicht zugleich mit den antiken und spätantiken Religionen auch die jüdische Religion obsolet werden ließ. Wie denn auch der in einst christliche Länder »siegreich« vordringende Islam das Christentum und Judentum zwar verdrängte, aber nicht obsolet werden ließ, sondern wegen des gemeinsamen Ursprungs sogar in bestimmten Grenzen – sozusagen als Privatreligion – ausdrücklich tolerierte.

15 Confessio Augustana, VII. Von der Kirche, BSLK, 61,1 f.
16 Alfred Burgsmüller/Rudolf Weth (Hg.), Die Barmer Theologische Erklärung, These 6, ²1984, 39.
17 Martin Luther, Deutsche Messe (1526), Vorrede, WA 19, 75, 17f.
18 Martin Buber, Gottesfinsternis, Werke I, 1962, 599.
19 Jean-Paul Willaime, a.a.O., 150.
20 A. a. O., 151.
21 A. a. O., 149.
22 A. a. O., 148.
23 Hermann Lübbe, Staat und Zivilreligion. Ein Aspekt politischer Legitimität, in: Heinz Kleger/Alois Müller (Hg.), Religion des Bürgers, a.a.O., 207 (vgl. ders., Religion nach der Aufklärung, 1968, 306-327). Daß der Staat von Voraussetzungen lebt, die er nicht selbst garantieren kann, hatte zuerst Ernst-Wolfgang Böckenförde behauptet in seinem Aufsatz: Die Entstehung des Staates als Vorgang der Säkularisation, in: Säkularisation und Utopie. Ebracher Studien. Ernst Forsthoff zum 65. Geburtstag, 1967, 93.
24 J.-J. Rousseau, Œuvres complètes III, 1964, 460-469.
25 A. a. O., 468.
26 Ebd.
27 H. Lübbe, a.a.O., 197.
28 H. Lübbe, a.a.O., 198.
29 Vgl. N. Luhmann, Grundwerte als Zivilreligion. Zur wissenschaftlichen Karriere eines Themas, in: H. Kleger/A. Müller (Hg.), Religion des Bürgers, a.a.O., 184.
30 N. Luhmann, a.a.O., 186.
31 »Wir verwerfen die falsche Lehre, als solle und könne der Staat über seinen besonderen Auftrag hinaus die einzige und totale Ordnung menschlichen Lebens werden und also auch die Bestimmung der Kirche erfüllen.« (In: A. Burgsmüller/R. Weth (Hg.), a.a.O., 38).
32 N. Luhmann, a.a.O., 190.
33 Th. von Aquin, Summa theologica, I.1.8.
34 These 6 der Barmer Theologischen Erklärung, a.a.O., 39.
35 Dafür, Kitt der Gesellschaft zu sein, ist der christliche Glaube ohnehin zu schade.

Thomas Luckmann
Überlegungen zu den Metamorphosen der Religion in der Moderne

Die Frage nach Untergang oder Wiedergeburt der Religion liegt uns nur dann nahe, wenn wir Religion mit jener geschichtlich gewachsenen Form des Religiösen gleichsetzen, in der sie in der abendländischen Geschichte eine so bedeutende, jetzt aber schwindende Rolle gespielt hat. Wenn man aber die Auffassung vertritt, daß Religion etwas *allgemein* Menschliches ist – und zwar das, was Menschen erst zu Menschen, zu geschichtlich-gesellschaftlichen Wesen macht, stellt sich die Frage anders: in welchen *Metamorphosen* erscheint Religion in der *modernen* Gesellschaft?

Die religiöse Funktion menschlicher Kulturen

Weltansichten sind in langen Ketten gesellschaftlicher Tätigkeiten geschaffene geschichtliche Wirklichkeiten. Sie befähigen den einzelnen, die Welt als eine sinnvoll zusammenhängende Wirklichkeit zu erfahren und nicht als ungeordnete Abfolge von Sinneseindrücken, diffusen Gefühlen und unbeherrschten Verhaltensweisen. In der Entwicklung eines menschlichen Organismus zur Person ist jeweils eine ganz konkrete *geschichtliche* Weltansicht vorgegeben: sie geht in die Individualisierung des Bewußtseins ein und formt das Gewissen. Sie bestimmt seine Orientierungen in der Welt und bedingt sein Verhalten.

Eine Weltansicht eröffnet dem einzelnen *einen* (in den meisten Epochen der Menschheitsgeschichte: den *einzigen*) Zugang zu einer ihn – und seinen Mitmenschen – transzendierenden Wirklichkeit. Sie ist mit einem objektiv verpflichtenden

Charakter ausgestattet. Die Weltansicht als ein historischer Sinnzusammenhang umspannt die Lebensdauer des einzelnen und überbrückt die Dauer von Generationen. Die geschichtliche Vorgegebenheit einer Weltansicht bildet die Grundlage dafür, daß es menschlichen Organismen gelingt, ihre verhältnismäßig instinktschwache Nur-Natürlichkeit zu transzendieren, indem sie sich über die Handlungsvollzüge in *unmittelbaren* Situationszusammenhängen hinaus in den Zusammenhang einer geschichtlichen Sinntradition einfügen.

Jede Weltansicht hat die Funktion, instinktgebundenes Verhalten in einer verhältnismäßig geschlossenen Umwelt in bewußtes, über eine persönliche Identität gesteuertes Handeln in einer verhältnismäßig offenen Welt zu verwandeln.

Weltansichten organisieren neben dem Umgang mit der alltäglichen Wirklichkeit auch den Umgang mit den verschiedenen Arten bzw. Stufen von Erfahrungstranszendenz: den »kleinen« räumlich-zeitlichen, den »mittleren«, die Grenze zu Mitmenschen betreffenden, und den in Ekstase, Traum, Askese, Meditation usw. anvisierten und in symbolischen Konstruktionen über den Tod hinausweisenden »großen«.

Weltansichten stellen so für jeden einzelnen in sie hineingeborenen Menschen so etwas wie ein gesellschaftliches, geschichtliches und somit moralisches Apriori dar.

Religion in der Kultur

Weltansichten üben somit insgesamt eine religiöse Grundfunktion aus. Nun sind Weltansichten keine gestaltlosen Anhäufungen vereinzelter Sinnbestände. Sie bilden vielmehr übergreifende Sinnzusammenhänge. Diese umfassen verschiedene Erfahrungs- und Handlungsbereiche des menschlichen Lebens. Sie wurden zumeist nach ihrer an bestimmten Zeitideen gemessenen Bedeutung für den Bestand der Gesellschaft und für die Lebensführung des einzelnen hierarchisch geordnet. Wenn auch in unterschiedlicher Weise wurde diese Ordnung der jeweiligen Weltansicht – jedenfalls bis gestern – symbolisch verdichtet, dargestellt und sakralisiert.

Die *Formen* der Darstellung reichen von rituellen, mythologisch-narrativen und ikonischen bis zu systematisierenden theologischen und ideologischen. Die *Inhalte* der Darstellung stammen aus dem Bereich der subjektiven, universalmenschlichen Transzendenzerfahrungen, in den großen Weltreligionen vor allem aus dem Bereich der »großen« Transzendenzen, in dem Bereich der politischen Religionen aus dem der »mittleren«.

Der religiöse Kern einer Weltansicht stellt die hierarchische Ordnung der gesamten Weltansicht symbolisch durch Verweis auf eine außeralltägliche Wirklichkeit dar – und zwar in gesellschaftlich objektivierten Gebilden, in der Form von heiligen Worten und Schriften, Mythen, Legenden, Katechismen und in der Form von Ritualen und Handlungsverboten, in Opfern, Tänzen, Liturgien. Die Anteile von jenseitigen »großen«, von »mittleren« und den ganz und gar innerweltlichen »kleinen« Transzendenzen, auf die sich die symbolischen Gebilde beziehen, sind von Gesellschaft zu Gesellschaft und von Epoche zu Epoche recht unterschiedlich. *Pragmatisch* geht es jedoch um Handlungsmoral: um die Durchsetzung eines Modells für die Unterordnung des Sinns alltäglicher Handlungen in die übergeordnete Bedeutung einer den Alltag transzendierenden Wirklichkeit, ob diese als völlig jenseitig (z. B. auf einen personalen Gott bezogen) oder (wie in »Ahnenkulten« oder modernen Ideologien) als die Generationen überspannend oder zumindest (wie in der neueren Selbstverwirklichungsromantik) als *ein* Leben umfassend verstanden wird.

Die »Verdichtung« der Bedeutungshierarchie(n) einer Weltansicht zu einem religiösen Kern heißt nicht, daß sich zugleich auch eine ausgegliedert haben muß. Es gab Gesellschaften, in denen es zur Ausbildung eines religiösen Kerns kam, dieser aber im mehrfunktionalen institutionellen Grundsystem der Verwandtschaft verortet und mit der gesamten Weltansicht verhältnismäßig gleichmäßig unter den Mitgliedern der Gesellschaft verteilt war. Dies war weitgehend bei den Formen des archaischen Typs gesellschaftlicher Organisation der Fall. Neben der deutlichen Grenzziehung zwischen alltäglichen und außerordentlichen Wirklichkeiten kommt es aber da schon zumindest im Ansatz zu einer Rollenspezialisierung für bestimmte Teile des religiösen Wissens und Handelns (wie z. B. im sibirischen Schamanismus).

Erst in den Hochkulturen sind die wirtschaftlichen, politischen und wissensstrukturellen Voraussetzungen für eine weitergehende Ausgliederung der »Religion« gegeben. Spezialistentum kennzeichnet z. B. die Tempelpriesterschaft des alten Ägypten. »Religion« blieb jedoch weiterhin der in der Lebenssinngebung vorherrschende Teil der Weltansicht mit einer allgemeinen sozialen Verteilung. Soweit man von einem besonderen sozialen Ort der »Religion« sprechen kann (von Tempeln und Priestern) ist dieser nicht für sich allein ausgegrenzt, sondern steht in unauflöslicher Beziehung mit Herrschaftsinstitutionen (Pharaonentum) und Wirtschaft (»Tempelwirtschaft«).

Der dritte Typ einer gesellschaftlichen Verortung von Religion ist durch die institutionelle Spezialisierung der Religion gekennzeichnet. Die Verwaltung der religiösen Vorstellungen, der Handlungsgebote und Verbote, von Dogma, Ritual und Moral wird ausdrücklich an religiöse Rollen gebunden. Diese Rollen nehmen mit der allmählichen Entstehung einer Berufsstruktur ebenfalls einen Berufs- und unter bestimmten Bedingungen Amtscharakter an. Auf der »Laien«-Seite kommt es zur deutlicheren Abtrennung einer religiösen Seite des Lebens vom innerweltlichen Alltag. Die ganz allgemein in der menschlichen Erfahrung angelegten Transzendenzerfahrungen werden immer mehr als Spezialerfahrungen des in religiösen Institutionen vorgeprägten und von ihnen monopolhaft verwalteten Jenseitigen und Heiligen erfaßt.

Die modernen Metamorphosen der Religion

Im Unterschied zu anderen Gesellschaftsordnungen tragen die »großen« Institutionen der modernen Gesellschaften trotz der beträchtlichen Verhaltenskontrolle, die von ihnen in den eigenen Jurisdiktionsbereichen ausgeübt wird, viel weniger zur Prägung des individuellen Bewußtseins und der persönlichen Identität bei als es in früheren Gesellschaftsordnungen der Fall war. Persönliche Identität wird im wesentlichen zu einer Privatsache. Moderne totalitäre Versuche verpflichtender sozialer »Modellierung« persönlicher Identität waren unter den strukturellen Bedingungen moderner Gesellschaften zum Scheitern verurteilt. Die Aufspaltung des Handlungssinns und der Handlungskontrolle zwischen den »großen« Institutionen ließ viele zwischen ihnen liegende Bereiche des Lebens frei, so daß eine gar nicht so schmale Privatsphäre entstehen konnte. Der umfassende Lebenszusammenhang hingegen blieb gesellschaftlich unbestimmt. Die »Freisetzung« des Einzel-Bewußtseins von der Gesellschaft und ihre Autonomie in der »Privatsphäre« bilden die strukturellen Voraussetzungen für die Vorstellungen von »Selbstverwirklichung« und ähnliche Themen, die im religiösen Sinnbestand der Moderne eine zentrale Stellung eingenommen haben. Die Konsumorientierung beschränkt sich nicht auf wirtschaftliche Güter, sondern kennzeichnet die Beziehung des einzelnen zur Welt insgesamt.

Moderne Kulturen enthalten kein allgemein verpflichtendes Gesamtmuster mit einer religiös »verdichteten« Bedeutungshierarchie. Moderne Kulturen bieten vielmehr ein reichhaltiges Sortiment an Weltansichts-Möglichkeiten, die allgemein zugänglich sind. Die Konsumpräferenzen sind natürlich immer noch von der sozialen Verortung des Konsumenten abhängig, insbesondere diejenigen, die religiöse Vorstellungen betreffen. Die traditionell-christliche thematische Einheit religiöser Vorstellung wird sogar im »offiziellen« Modell der Kirchen nur mit Mühe aufrechterhalten. Ist die Religion einmal zur »Privatsache« erklärt, dann kann der einzelne, nach Belieben, aus dem Gesamtsortiment auswählen. Eine Folge dieser Entwicklung ist, daß der einzelne nicht mehr nur seine persönliche Identität, sondern auch sein individuelles Sinn-System sozusagen »letzter« Bedeutungen konstruiert und zudem an seinen eigenen Konstruktionen nicht langfristig gebunden bleiben muß. Verschiedene Modelle für diese Konstruktion sind verfügbar – aber sie sind weder selbstverständlich noch »offiziell«. Kirchlich verwaltete, ausdrücklich religiöse Vorstellungen sind nur mehr ein Teil des vielfältigen Angebots an religiös »verdichteten« Bedeutungshierarchien.

Kann man von der gegenwärtigen Situation ausgehend Vermutungen über die wahrscheinliche Entwicklung wagen?

Die privatisierte, in den modernen Industriegesellschaften entwickelte soziale Form der Religion zeichnet sich durch *unmittelbare* Zugänglichkeit eines breiten Angebots religiöser Vorstellungen aus. Ein allgemein verpflichtender Sinnbestand an alten oder »neuen« religiösen Vorstellungen wird weder von einem spezialisierten Bereich religiöser *Institutionen* noch durch andere »große« Institutionsbereiche verwaltet. Damit ist nicht gemeint, daß religiöse Vorstellungen *überhaupt* nicht mehr sozial vermittelt werden. Die modernen religiösen Themen entspringen zwar hauptsächlich den *subjektiven* Erfahrungen in der Privatsphäre und beruhen vorwiegend auf Gefühlen und Empfindungen. Ihre Festlegung in Symbolen, Mythen, »Theorien« usw. stößt jedoch auf Schwierigkeiten. Bei Desinteresse der »großen« Institutionen und traditioneller Festgelegtheit der Kirche wird die Bewältigung dieser Schwierigkeiten von eigens dafür entstandenen Institutionen übernommen. Sie beliefern die privaten Bedürfnisse autonomer Sinn-Verbraucher. Diese – sozusagen sekundären – Institutionen machen sich an die Versprachlichung und Verbildlichung der in der Privatsphäre aufkommenden Themen und Probleme, um sie potentiellen Konsumenten in handlichen Stücken zuzuliefern: Beratungskolumnen in Zeitschriften; innerweltliche Gegenstücke erbaulicher Literatur, die von Abhandlungen über positives Denken und ebensolchen Energien bis zu popularisierten Gruppenpsychologien reichen; Fernsehserien, »reality shows« usw.; Schlagertexte; östliche Weisheitsliteratur; Meditationsveranstaltungen; Neo-Schamanistische Seminare. All das und ähnliches sind Elemente, die in subjektive Bedeutungsgebäude eingefügt werden können. Herstellung und Vertrieb der Sinn-Modelle richten sich auf dem freien Markt der Sinnangebote vor allem an den Vorlieben der Verbraucher aus.

Die »großen« Primärinstitutionen sind heute nicht mehr Träger der »Religion«, und die Kirchen gehören nicht mehr zu den »großen« Primärinstitutionen. Die »großen Institutionen« regulieren nur noch den rechtlichen und wirtschaftlichen Rahmen, innerhalb dessen religiöse Vorstellungen und Modelle miteinander wetteifern.

Dies wird sich bei gleichbleibenden Bedingungen nicht ändern. Eine verhältnismäßig gleichartige Verteilung des religiösen Kerns einer Weltansicht in der Gesellschaft hat nur solche Gesellschaftsordnungen gekennzeichnet, in denen eine Privatsphäre im engeren Sinn des Wortes gar nicht vorhanden war. Ohne Re-Primitivisierung der Gesellschaftsstruktur werden ältere Sozialformen der Religion nicht zurückkehren.

Die Abhängigkeit der sekundären Institutionen moderner Gesellschaften von den in der Privatsphäre beheimateten Verbrauchervorlieben ist ein wesentlicher Bestandteil der mit parlamentarischer Demokratie und Spätkapitalismus verbundenen persönlichen Freiheit. Solange diese bestehen bleibt, wird die soziale Objektivierung von religiösen Themen, die der Privatsphäre entspringen und in sie zurückgeliefert werden, nicht zur Bildung eines geschlossenen und ausschließenden religiösen Kerns der Weltansichten moderner Gesellschaften führen. Das Entstehen »neuer« monopolistischer religiöser Institutionen, ist – ceteris paribus – auszuschließen. Die privatisierte soziale Form der Religion, die sich über die alte geschoben hat und die ohne Monopol eines einzigen religiösen Kerns der Weltansicht sowie ohne einheitliche und spezialisierte gesellschaftliche Verortung der Religion auskommt, wird sehr wahrscheinlich von längerer Dauer sein. Das hat deutliche Implikationen für die Frage, was die moderne Gesellschaft zusammenhalten soll.

VI.

Sozialstaatliche Traditionen, Institutionen und neue soziale Bewegungen

Adalbert Evers
Das politische Defizit der Wohlfahrtsgesellschaft

In überraschendem Ausmaß hat sich quer zu politischen Lagern eine Debatte entfaltet, in der es um Haltungen und Verhaltensweisen wie Verantwortlichkeit, Verpflichtung, Kooperationswille, Engagement und Gemeinsinn geht. Was lange Zeit unlösbarer Bestandteil eines Diskurses zu sein schien, dem es um das Konservieren von Strukturen zu tun ist, bekommt heute auch im Zusammenhang reformerischer Absichten einen anderen neuen Sinn und Stellenwert. Um einige Punkte herum, die zum Teil maßgeblich von der philosophischen und politischen Strömung des amerikanischen Kommunitarismus beeinflußt sind, deutet sich eine Art neuer Reformkonsens an. Das gilt vor allem für die neue Wertschätzung von »Ligaturen« (Dahrendorf). Man erkennt, daß Individualismus, wenn man ihn positiv als eine ausgebildete Individualität verstehen will, in hohem Maße sozial geprägt und voraussetzungvoll ist. Es bedarf dazu der Abstützung und Verständigung in Gemeinschaften, aber auch Institutionen, die selbst durch Werte geprägt und für deren Reproduktion förderlich sind. Damit einher geht auch eine grundsätzliche Neubewertung und Aufwertung von gemeinschaftlichen Institutionen und ihrer Rolle bei der Weitergabe von Werten und Orientierungen. Schließlich wird unser Blick dafür geschärft, daß derartige Institutionen selbst auf aktive Teilhabe und die Übernahme persönlicher Verantwortung verwiesen sind.

In der Debatte zur Sozialpolitik hat das zu zunächst noch vagen Formeln wie der von einer »Wohlfahrtsgesellschaft« geführt. Der Begriff soll auf eine wichtige Differenz zur herkömmlichen Sozial-Staatlichkeit verweisen – die Leitidee, das alltägliche Engagement der Bürger als Koproduzenten sozialer Hilfen und Einrichtungen als genuinen Bestandteil sozialer Wohlfahrt zu begreifen, anzuerkennen und zu fördern. Was das in der Sozialpolitik bedeuten könnte, läßt sich unschwer mit einigen Beispielen illustrieren.

Zunächst einmal kommt in die gegenwärtige Auseinandersetzung um staatliche Absicherung versus individuelle Eigenvorsorge und Verantwortung in dem Maße ein ganz anderer Klang, wie der Blick für die Rolle der Institutionen geschärft wird, die ja gerade erst zu mehr individueller Eigenverantwortung befähigen. Die Stärkung familiarer Netze, in denen man Vertrauen erfährt und Kooperation lernt, hat dabei sicherlich einen zentralen Stellenwert. Familienpolitik in diesem Sinne meint dann vor allem, zentrale Bereiche, z. B. die Organisation und Zeitrhythmen von Erwerbsarbeit, familienfreundlicher zu gestalten.

Darüber hinaus rücken im Prinzip alle wichtigen gesellschaftlichen Institutionen in den Blick, insoweit sie oft zu mechanischen und gesellschaftlich entfremdeten Einrichtungen geworden sind und mehr von einer existierenden Kultur sozialer Konventionen und Verpflichtungen zehren, als selbst zur Kultivierung von zivilen Umgangsformen und darüber hinaus auch von Teilnahmefähigkeiten beizutragen. Die Revitalisierung der Schule als sozialer Institution ist dabei sicherlich einer der wichtigsten Punkte. Die viel geforderte Erziehung statt bloßer Wissensvermittlung bedeutet in diesem Kontext etwas anderes als die bloße Umprogrammierung pädagogischer Fachkräfte – z. B. die Anerkennung der bei der Konstruktion vieler Gesamtschulen und Kurssysteme übersehenen Tatsache, daß auch hier Gemeinschaften, z. B. als Klassengemeinschaften, wichtig sind. Darüber hinaus geht es um die soziale Einbindung der Schule, das Verhältnis zu den Eltern und zu anderen Institutionen sozialen Lebens im Stadtteil.

Wieder ein weiteres Beispiel bietet die Diskussion um Ehrenamt und freiwilliges soziales Engagement. Löst man sie einmal aus der engen Bindung an Einsparinteressen, ohne dabei aus dem Blick zu verlieren, daß von professioneller und staatlicher Seite vieles, aber nicht alles, geleistet werden kann, dann wird deutlich, daß erst durch Engagement und Beteiligung der Bürger aus vielen Diensten und Einrichtungen, die eine Art magere Grundversorgung bieten, wirklich zugängliche Hilfen und attraktive Angebote werden können: für eine Ganztagsbetreuung an Schulen, einen Bibliotheksdienst, der mehr bietet als raschen technischen Zugriff auf Literaturbestände, eine Sozialstation, die nicht nur pflegetechnische Hilfe leistet, werden freiwillig Engagierte mit ihren zusätzlichen und speziellen Leistungen wesentlich.

Schließlich ergeben sich aber auch Anstöße für die Debatte um das, was man heute soziale und ökologische Modernisierung nennt. Das Soziale als ein Ensemble von Werten, sozialen Kompetenzen, gemeinschaftlichen und gesellschaftlichen Institutionen kann durchaus als eine Art soziales und kulturelles Kapital verstanden werden. Soziale Leistungen und Einrichtungen können dann als Investitionen, aus denen langfristige Erträge erwachsen könnten, verstanden werden. Anstatt wie in bisherigen Modernisierungskonzeptionen dieses oft unersetzliche soziale Kapital einfach zu instrumentalisieren, aufzuzehren oder es aus dem Blick zu verlieren, könnte eine umfassende Entwicklungspolitik für den gesellschaftlichen und gemeinschaftlichen Bereich Teil anders verstandener Modernisierungspolitiken sein. Eine entsprechende Studie unter dem Titel »Perspektiven für Bremen« hat zum Beispiel versucht zu verdeutlichen, inwieweit Errungenschaften speziell dieser Stadt – Zugehörigkeits- und Selbstbewußtsein ihrer Bürger, Chancen auf dichte und vielfältige Einbindungen – auch potentielle Felder für öffentliche und private Investitionen sind, die herkömmlichen wirtschaftlichen Investitionen in Sachen Zukunftsbedeutsamkeit den Rang ablaufen könnten. Robert Putnam, ein Chronist von Entwicklung und Entwertung sozialen Kapitals, nennt das »making democracy work«.

Die Schlüsselrolle von Eigeninitiative und Beteiligung der Bürger

Bei den gerade skizzierten sozialpolitischen Entwürfen geht es also um eine Art pluralistischer Wohlfahrtsgesellschaft, bei der neben Markt und Staat freie Träger, Familien und Bürger im Rahmen von »gemischten« sozialpolitischen Arrangements eine tragende Rolle angeboten bekommen, aber auch aktiv und engagiert mitspielen müßten.

Vor allem eines wird immer wieder dagegen eingewandt: daß ein derartiges auf aktive Beteiligung und Eigenverantwortung abstellendes Konzept Ungleichheiten der sozialen Versorgung verstärkt und soziale Rechte unsicherer werden läßt. So bedenkenswert dieser Einwand ist, so fragwürdig ist jedoch auch die Prämisse, die ihm in der Regel zugrunde liegt: daß nämlich soziale Wohlfahrt durch staatliche Politik und einen Sozial-Staat hergestellt und als Ganzes rechtlich gesichert zu werden vermag. Tatsächlich kann aber das Niveau unserer Wohlfahrtskultur ebenso wie das unserer politischen Kultur nur zu einem Teil durch Geld, Recht und kluge Verfahren garantiert werden. Dieses Niveau hängt von Sachverhalten ab, zu denen staatliche Arrangements und Politiken hinführen, aber die sie weder erzwingen noch garantieren können. So arm eine Demokratie wird, die nur aus dem besteht, was an Rechten und Routinen festgeschrieben ist, so mager muß auch eine soziale Wohlfahrt ausfallen, die auf das schrumpft, was rechtlich und professionell garantiert werden kann.

Das unterstreicht die Schlüsselrolle, die Eigentätigkeit und Teilhabe der Bürger im Konzept einer Wohlfahrtsgesellschaft spielen, die gewissermaßen eine sozialpolitisch akzentuierte Version des Konzepts der »civil society« darstellt. Es geht damit folglich auch um ein Wechselverhältnis von Demokratiepolitik und Sozialpolitik, das enger und vielschichtiger ist als die alte maßgeblich sozialdemokratisch beeinflußte Vorstellung des Zusammenhangs von Demokratie und sozialer Wohlfahrt. Sie postulierte ein notwendiges Minimum von sozialstaatlichen Ausgleichs- und Sicherungsmechanismen als Stabilitätsgarant für demokratische Verhältnisse. Wie wir heute vielleicht besser sehen können, ist das Problem aber nicht nur, bei welchem Grad mangelnder sozialpolitischer Korrektur von Ungleichheiten und Ausgrenzungen sich die Bürger von der Demokratie abwenden. Es besteht darüber hinausgehend darin, inwieweit auch sozialpolitisch vermittelte Institutionen einen positiven Beitrag dazu leisten können, daß die Bürger bestimmte zivile Tugenden und soziale Kompetenzen erwerben und weitergeben können. Neben Ausgleich und Sicherung tritt damit die Aufgabe der Ermutigung zur Teilhabe, die Hilfe zur Selbsthilfe.

Das politische Defizit der Diskussion zur Wohlfahrtsgesellschaft

Die gerade vorgestellten Illustrationen und die Skizze eines erweiterten Leitbildes von Sozialstaatlichkeit sind, wenn schon nicht in der politischen Praxis, so doch zumindestens auf der Ebene der intellektuellen Debatte, auf dem besten Wege, eine Art neuen common sense zu prägen. Das gilt zunächst einmal für die diesem veränderten Leitbild von Sozialstaatlichkeit zugrundeliegende Debatte um individuelle Freiheit und Gemeinschaftsbindung. Das Stichwort Michael Walzers von einer notwendigen »kommunitären Korrektur« liberaler Grundüberzeugungen hat z. B. für die Bundesrepublik Axel Honneth übernommen, wenn er behauptet, daß von einem »aufgeklärten politischen Liberalismus« mittlerweile konzediert wird, daß »Staatsbürgerrechte sich überhaupt nur aufrechterhalten und von den Bürgern verteidigen lassen, wenn die moralischen Voraussetzungen dafür ständig mit generiert werden«. Im engeren Zusammenhang mit der Sozialstaatsdebatte gibt es inzwischen eine ganze Reihe von Beiträgen, wo es ähnlich wie bei Warnfried Dettling heißt: »Je mehr Menschen an der Produktion sozialer Güter beteiligt sind, um so mehr steigt die soziale Produktivität der Gesellschaft insgesamt. ... Die Betroffenen zu Beteiligten machen: Dieses demokratische Prinzip ist auch ökonomisch und sozial vernünftig«.

Diese Friedensformeln zu einer einfachen Versöhnung liberaldemokratischer Überzeugungen und einer individualistischen Kultur mit neuen Anforderungen an Gesellschaft und Einzelne zu Partizipation und gemeinschaftlichem Handeln sind jedoch allzu einfach gestrickt. Es wird hier durchweg etwas ausgespart, was ohnehin auch im Selbstbewußtsein der meisten Initiativen nur schwach entwickelt ist: *die politische, bürgerschaftliche Dimension von Teilhabeansprüchen und sozialem Engagement.* Von deren Bekräftigung und Anerkennung hängt es aber ganz entscheidend ab, inwieweit sie nicht nur unberücksichtigte soziale Interessen oder klügere Möglichkeiten sozialer Versorgung, sondern auch Zivilcourage, Bürgerinitiative und damit auch Gemeinsinn zum Ausdruck bringen können – also gerade das, was sie überhaupt erst qualifizieren könnte, jene wichtige Rolle auch tatsächlich zu spielen, die ihnen das Leitbild von der Wohlfahrtsgesellschaft zuweisen möchte.

Gerade in diesem Zusammenhang ist der kommunitaristische Diskurs bemerkenswert. Hier fällt nämlich auf, wie sehr er auch bei der Thematisierung »sozialer« Sachverhalte von den »citizens« spricht. Jenseits der Betonung der Bindung an kulturelle Gemeinschaften, Familie, Interessenorganisationen und die Milieus, die sich um sie herum ausbilden, werden damit Fragen nach den Loyalitäten, Rechten und Pflichten der einzelnen als *Bürger* – lokal, föderal, aber auch im Rahmen der gesamten Republik – ins Zentrum gerückt.

Damit wird in bestimmter Weise genau jene Identitätsdimension betont, die in der Aufbruchsphase der neuen sozialen Bewegungen in der Bundesrepublik unübersehbar war: das Bewußtsein, nicht nur als soziale Person, sondern auch als politischer Akteur zu sprechen. Die damalige Artikulation dieser politischen Identitätsdimension bestimmte sich in hohem Maße ideologisch, als die von Radikaldemokraten oder Sozialisten. Und sie verlor an Präsenz und mobilisierender Kraft, wie sich für diese Selbstdefinitionen die Räume verschlossen. Allerdings, auf den zweiten Blick läßt sich erkennen, daß damals die politische Identitätsdimension auch anders ausgedrückt werden konnte – in dem oft so beiläufig verwendeten Begriff der Bürgerinitiative. Dieser Begriff war wichtig, denn er markierte, daß auch dort, wo sehr spezielle soziale Anliegen und Konflikte verhandelt wurden, dies aus der Perspektive von Mitbürgern geschehen sollte – also dem Anspruch nach aus einer auf gemeinsame Anliegen gerichteten Perspektive. Gemessen an diesem Anspruch galt es dann im übrigen auch als besonders anstößig, wenn unter dem anspruchsvollen Etikett der Bürgerinitiative lediglich spezielle Sonderinteressen vorgebracht wurden. Das politische »Wir« war nicht die einzige Identitätsdimension, aber doch eine die anderen prägende, wenn nicht gar für sie konstitutive Komponente.

Von einer starken politischen Identität im damaligen Sinne einer »basisdemokratischen« Bewegung oder von gemeinschaftlichen Bürger-Initiativen kann heute kaum noch die

Rede sein. Im gegenwärtigen liberalen und zivilgesellschaftlichen Diskurs haben nicht nur Forderungen nach Demokratisierung gesellschaftlicher Bereiche und mehr Partizipationsmöglichkeiten wenig Raum. Auch Gemeinschaftsbezüge und kollektives Handeln jenseits pluralistischer Interessenpolitik haben dort wenig Gewicht, wo in erster Linie vom einzelnen Bürger und dessen Zivilcourage und Engagement die Rede ist. All das hat die Möglichkeiten und Fähigkeiten von Initiativen, sich nicht nur sach- und gruppenspezifisch, sondern auch als Teil einer Bewegung und als Bürger zu verstehen und verstanden zu werden, deutlich reduziert. Durch das Verblassen der politischen, bürgerschaftlichen Identitätsdimension, die das stärkt, was verschiedene vorgeblich nur soziale Interessen teilen, wachsen bei den sozialen Initiativen Partikularismus und Differenzen und in der Haltung der Öffentlichkeit ihnen gegenüber die Indifferenz.

Das Fehlen von Gemeinsinn steht damit im Zusammenhang. Als eine politische Kategorie bezeichnet Gemeinsinn die Fähigkeit, als Bürger die jeweiligen besonderen sozialen Anliegen im Rahmen einer Vorstellung vom guten Zusammenleben aller artikulieren zu können. Mit der Nestwärme vorpolitischer Gemeinschaften hat dieser Begriff wenig zu tun. So dachte aber wohl Michael Brumlik, als er kürzlich empfahl, dem Gemeinsinn ein Plätzchen in der Sozialpolitik zu sichern, aber dieses »Irrlicht« doch bitte aus der Politik herauszuhalten. Gerade dort hat dieser Begriff aber seinen eigentlichen Platz. Mit Blick auf das Soziale stellt er – ähnlich wie der Begriff des bürgerschaftlichen Engagements – in unserer gegenwärtigen politischen Kultur jedoch eine Art »missing link« dar.

Auf der Suche nach Belegen für diese These im engeren Bereich der Sozialpolitik ist zunächst auffällig, wie gerade hier sich einerseits die spezifischen Themen und Anlässe für die Bildung möglicher Selbsthilfegruppen und Initiativen immer weiter multipliziert haben, andererseits aber nur selten Gemeinsamkeiten artikuliert werden. Bürgerinitiative, die mehr meint als ein sehr situationsspezifisches Interesse, ist immer seltener geworden, der Begriff selbst scheint vom Aussterben bedroht. Womöglich haben AIDS-Gruppen, Selbsthilfezentren und Integrationsprojekte für ausländische Mitbürger miteinander zu tun und gemeinsame Anliegen; aber es ist bemerkenswert, daß es kaum eine Sprache gibt für das, was die Gruppen und Initiativen verbindet und daß sie gemeinsame Betroffenheit auch kaum mehr zum Ausdruck bringen können. Nicht zufällig erzeugen die gegenwärtigen oft existenzbedrohenden Kürzungen öffentlicher Zuschüsse nur wenig gemeinsam artikulierbare Betroffenheit. Sie führen hauptsächlich zu Verteilungskämpfen und Rivalitäten nach dem Muster jener etablierten Träger und Verbände, gegen die man einmal angetreten war.

Kehrseite einer fast ausschließlich sozialen Selbstdefinition und des damit verstärkten Partikularismus ist nun aber auch eine entsprechende Klassifizierung und Behandlung durch die Politik. Das bedeutet zunächst einmal die Abwesenheit der Politik als Gesellschaftspolitik. Wo soziale Projekte und Initiativen nicht auch als Bürgerinitiativen, sondern allein als Ausdruck der Probleme von bestimmten sozialen Teilgruppen verstanden werden, sind dann natürlich auch zuerst und zumeist allein die Fachpolitiken gefragt; die Altenpolitik fördert Seniorenbüros für die Selbsthilfe alter Menschen, die Frauenpolitik Frauenprojekte, und in wieder einer anderen Abteilung werden für den Selbsthilfebereich Selbsthilfekontakt- und Informationsstellen finanziert. Unter diesen Bedingungen ist die Thematisierung von Fragen der Bürgerbeteiligung und Demokratie zwar nicht ausgeschlossen, aber sie bekommt doch einen systematisch untergeordneten Stellenwert, insoweit bei den Beteiligten eine klientenspezifische Klassifizierung dominiert. Es gibt offensichtlich keine Zuständigkeit für die Frage: Welche Chancen und Zumutungen stecken für bürgerschaftliches Engagement im Projekt eines Umbaus des Sozialstaates?

Das trägt aber noch dazu bei, daß die ohnehin in Zeiten knapper Kassen naheliegende und sicherlich wichtige Frage, inwieweit hier mit weniger Mitteln für bestimmte soziale Zwecke bessere Ergebnisse erzielt werden, zur nahezu einzig relevanten Frage – für beide Seiten übrigens, Projekte und Förderer – zu werden droht. Eine solche fast ausschließliche Bindung der eigenen Daseinsberechtigung an die Fähigkeit, billiger und besser zu sein, vergibt jedoch die Chancen, die darin liegen könnten, aufgrund der eigenen Mitgestaltungs- und Selbstbestimmungsansprüche Gehör und Unterstützung zu finden.

Es gibt also jenseits eines vagen Verweises auf »die Umstände« angebbare Gründe dafür, daß aus all den Szenen, Milieus und Politikfeldern, die von sozialen Bewegungen geprägt wurden, heute im Unterschied zu damals in der Regel kein Überschuß mehr entsteht, der in einem umfassenderen Sinne öffentlichkeitswirksam und damit auch politisch relevant wird. »Oben« und »unten« haben sich Sichtweisen verfestigt, die es schwer machen, jenen für beide Seiten förderlichen Bezug zwischen »sozialer Leistungsbeteiligung« und »nachhaltiger« politischer Beteiligung überhaupt erst wiederherzustellen, den die wohlfahrtsgesellschaftlichen Utopien als irgendwie gegeben und funktionierend voraussetzen.

Bürgerschaftliches Engagement stärken. Zur Wiedergewinnung der politischen Dimension von Sozialstaat, Wohlfahrtsgesellschaft und sozialem Engagement

Denken wir zurück an das zuvor erwähnte Beispiel, in dem mit Blick auf die Stadt Bremen von neuen Modernisierungskonzepten und der notwendigen Neubewertung sozialen und kulturellen Kapitals die Rede war. Bei den erwähnten Perspektiven für eine soziale und ökologische Modernisierung ist es ganz entscheidend, einmal darüber nachzudenken, in welchem Maße das freundliche Selbstbewußtsein der Bürger dieser Stadt, ihre vielfachen sozialen Einbindungen, die es ermöglichen, »als Einzelner etwas auszurichten«, mit der dortigen langen Geschichte bürgerschaftlicher Selbstregierung zu tun haben und was an Öffnung des politischen Raumes notwendig ist, damit sich das auch in Zukunft erhalten und weiterentwickeln kann.

Noch deutlicher werden die Herausforderungen aber, wenn man im Bereich des ehrenamtlichen sozialen Engagements jene zwei Extreme vermeiden will, die sich als Kehrseite einer Medaille oft gegenüberstehen: Die eine Seite bildet hier das Insistieren auf einem rein *freiwilligen* Engagement. Im Vordergrund steht dabei ganz bewußt der Appell an die jeweiligen Eigeninteressen derer, die man für eine Mitarbeit gewinnen will – ein Ansatz, der aber zugleich auch ihren Beitrag beschränkt und abwertet, soweit bereits damit gerechnet wird, daß er jederzeit widerrufbar und unverbindlich bleibt. Die Kehrseite dieses liberalistischen Konzepts bildet das Bemühen mancher Politiker, dann eben verläßliche Mitarbeit durch einen sozialen Pflichtdienst zu institutionalisieren. Das politische Element, die Berufung auf Verantwortlichkeit und Gemeinsinn, wird dabei aber nun durch den Sozialstaat repräsentiert, während den Betroffenen jenseits der Sparzwangargumentation vor allem mit Verweis auf *soziale* Motive (»die soziale Alphabetisierung«) eine Mitarbeit schmackhaft gemacht werden soll.

Das kommunitaristische Argument vom Zusammenhang zwischen Bürgerrechten und Bürgerpflichten (auf das man sich beim Projekt eines »sozialen Pflichtjahrs« gerne beruft), liegt jedoch quer zu diesen beiden Perspektiven. Im Zentrum der Aufmerksamkeit stehen hier zwei miteinander verbundene Fragen. Zum ersten geht es darum, wie die jeweilige community Formen einer ausdrücklichen öffentlichen Anerkennung von bürgerschaftlichem Engagement stärker institutionalisieren kann. Diese Aufgabe der jeweiligen Gemeinde wird aber nun auch deshalb so unterstrichen, weil man davon ausgeht, daß soziales Engagement bürgerschaftlich vermittelt ist und seine Befriedigung eben nicht zuerst im ausdrücklichen Dankeschön desjenigen findet, dem man hilft. Jedes Engagement ist, wie Robert Wuthnow in einer klugen Studie über das volunteering in den USA herausgearbeitet hat, immer auch eine Botschaft an die community und Gesellschaft, der man sich zugehörig fühlt – eine Botschaft aber, die auf Antwort wartet und angewiesen ist. Vor diesem Hintergrund wäre es übrigens auch lehrreich, noch einmal zurückzublikken auf die Umstände, innerhalb derer der Begriff des Ehrenamtes eine ganz präzise Bedeutung hatte. Was heute jenseits von staatlichem Zwang und individuellem Belieben Engagement als bürgerschaftlich qualifizieren könnte, wäre die Bestärkung der gerade angesprochenen »Wir«-Dimensionen. Dies würde es den Engagierten dann auch erlauben, Ansprüche nicht allein im Sinne der Garantie von individuellen Freiräumen und Rückzugsmöglichkeiten, sondern auch im Sinne von Mitbestimmung zu stellen, eben weil man Mitverantwortung zu übernehmen bereit ist.

Politik und Gesellschaft sind also nicht »reine« und abgrenzbare Wesensbereiche und ebensowenig lassen sich bei den Akteuren ihre Identitäten als soziale Interessensträger und als Bürger trennen. Es geht um mehr als das, was der aufgeklärte liberale Diskurs ohnehin konzediert: eine verstärkte Pflege gemeinschaftlicher und kooperativer Einrichtungen durch die jeweils Betroffenen als Eltern, Arbeitnehmer oder Nachbarn, die neben ihren expliziten sozialen Zwecken gewissermaßen Erziehung zur Demokratie als Nebeneffekt produziert. Das Ineinandergreifen von sozialen und politischen Identitätsdimensionen gilt es zu verstehen. Gerade letztere, die bürgerschaftliche Dimension, spielt eine Schlüsselrolle. Dort, wo sie im öffentlichen Diskurs und im Bewußtsein der Beteiligten abwesend bleibt, wird mehr Geld für Selbsthilfegruppen und Sozialprojekte nichts am Klientelismus ändern. Und der Nachweis, ein besseres soziales Ergebnis für weniger Geld zu bieten, wird für sich genommen das Gewicht sozialer Initiativen in der Politik kaum erhöhen. Eher umgekehrt: das Ausmaß, in dem Betroffene sich bei ihrem Handeln auch als Bürger verstehen und entsprechend agieren können, ist wichtig für das Gelingen der jeweiligen sozialen Projekte und für die Wiederherstellung eines politischen Resonanzbodens.

Für entsprechende Änderungen von Sicht- und Handlungsweisen verfügt niemand über ein Rezept, und auch der kommunitaristische Diskurs ist hier eher geeignet, für dieses Problem zu sensibilisieren, als die blueprints zu seiner Lösung zu liefern. Aber die Bereitschaft, dieses Defizit überhaupt einmal anzuerkennen, könnte eine Reihe fruchtbarer Fragen freisetzen.

– Warum ist es gerade hierzulande so schwierig, eine bürgerschaftliche Dimension stark zu machen? Spielt nicht hier eine große Rolle, daß wir mehr als andere Länder Staat und Gesellschaft auseinanderdividiert haben, so daß uns ein beide Seiten verbindender Republikanismus sowohl in der französischen wie amerikanischen Version ebenso fremd ist, wie das skandinavische Verständnis vom Staat als »volkshuset«?

– Welche Art von Initiativen im Sozialbereich, so könnte man fragen, hat in den letzten Jahren am ehesten öffentlichen

Widerhall – eine unverzichtbare Voraussetzung für wirkliches politisches Gewicht – gefunden? Sind es nicht vor allem solche Formen des Engagements, die über die allgemein übliche Interessenvertretung hinausweisen, insoweit bei ihnen auch ein Stück Zivilcourage und Gemeinsinn sichtbar wird und sie an eben diese Tugenden auch bei anderen – als ihren Mit-Bürgern – appellieren?

– Was könnten die tragenden Elemente eines zeitgemäßen Verständnisses von Bürgerschaftlichkeit sein, und auf welche Traditionen, ältere oder neuere, könnte man sich speziell in Deutschland dabei berufen?

Die Dimension der Bürgerschaftlichkeit ist nicht alles, aber auch nicht eine unter vielen. Sie kann, wie Benjamin Barber es in seiner Argumentation für eine »starke Demokratie« ausdrückt, ihre »Souveränität« dadurch entfalten, daß sie den Zusammenhang anderer Rollen und Identitäten mit der politischen Gemeinschaft herstellen hilft. Soweit diese Dimension unterbelichtet bleibt, gibt es ein politisches Defizit in der Rede von der Wohlfahrtsgesellschaft.

Literatur

Barber, B. 1994: Starke Demokratie. Rotbuch Verlag, Hamburg

Evers, A./Olk, Th. (Hg.) 1996: Wohlfahrtspluralismus. Westdeutscher Verlag, Opladen.

Putnam, R. D. 1995: Bowling alone: America's declining social capital, in: Journal of Democracy, Vol. 6, No. 1, S. 65-78.

Wuthnow, R. 1991: Acts of compassion. Caring for Others and Helping Ourselves. Princeton University Press, Princeton.

Jürgen Gohde
Diakonie im modernen Sozialstaat

Sozialstaatliche Traditionen

Sozialstaatliche Traditionen erfahren zur Zeit eine sehr unterschiedliche Bewertung. Einerseits wird die Meinung vertreten, daß es in der Bundesrepublik Deutschland ein sehr hohes sozialstaatliches Niveau gibt, weil sie verglichen mit anderen Ländern, auf eine lange sozialstaatliche Tradition zurückblikken kann.

Andererseits wird ein Umbau, gar Abbau des Sozialstaates gefordert, Kritiker sehen gerade im Sozialstaat den Beginn einer Entwicklung, die zu einem ganzen Bündel von Problemen geführt hat, etwa zu sehr hohen Lebennebenkosten, zu hohen Beitragssätzen in der Sozialversicherung, zu einem hohen Anspruchsdenken in der Bevölkerung, zum Mißbrauch von Sozialleistungen und zur Unfreiheit von Menschen in einem Zwangsversicherungssystem.

Kritik am übermächtigen und alles regulierenden Staat wird auch grundsätzlich laut. So hat etwa Konrad Adam in seinem Buch »Die Ohnmacht der Macht« herausgearbeitet, inwieweit sich in der Vergangenheit die Wünsche von Bürgern nach Fürsorge mit dem »Machthunger des Staates« trafen und verbanden. Adam spricht in diesem Zusammenhang von einer »fürsorglichen Entmündigung der Bürger«.

Ich schätze die sozialstaatlichen Traditionen grundsätzlich positiv ein, weil die Kirche seit vielen Jahrhunderten in ihrem Rahmen mit ihren Diensten und Einrichtungen – in einem Wettbewerbsmodell würde man sagen – »konkurrenzlos« gewirkt haben, um den vielfältigen Bedürfnissen und Nöten der Menschen zu entsprechen.

Es war die Evangelische Kirche, die den Selbsthilfegedanken mitgeprägt hat, als nämlich Johann Hinrich Wichern 1848 von den »Assoziationen der Hilfebedürftigen selbst« sprach. Als Folge des christlichen Auftrags »die Last des anderen zu tragen« bzw. den Geringsten unter den Schwestern und Brüdern zu helfen, hat sie lange vor dem System der sozialen Sicherung Solidarität mit den hilfebedürftigen Menschen gepflegt.

Gemeinschaft und Individualismus

Das Spannungsfeld von Individualismus und Gemeinschaft, heute würde man sozialpolitisch sagen, von Eigenverantwortung und Solidarität, wurde dabei immer wahrgenommen. Nicht zuletzt kommt das Subsidiaritätsprinzip ursprünglich aus dem katholischen Bereich. Papst Pius XI. hat es in seiner Sozialenzyklika Quadragesimo Anno erstmals formuliert. Demnach soll die entsprechend größere Einheit in unserer Gesellschaft erst dann aktiv werden, wenn die kleinere Einheit – der einzelne Mensch – nicht mehr zur Selbsthilfe in der Lage ist.

Diesem Subsidiaritätsgedanken entsprechend müssen Kirche und Diakonie zukünftig stärker als bisher unterscheiden lernen, wo Eigenverantwortung möglich und wann Solidarität gefordert ist. Leicht ist diese Entscheidung, wenn zum Beispiel im Gesundheitsbereich aufwendige Operationen mit längeren Krankenhausaufenthalten nicht von einzelnen, sondern über die Gemeinschaft der Krankenversicherten finanziert werden sollen. Demgegenüber gibt es Bereiche, bei denen überlegt werden kann, ob nicht mehr Eigenverantwortung möglich ist, solange jeder einzelne Mensch, wenn er sich hilfesuchend an die Gemeinschaft wendet, in seiner Not ernstgenommen wird und Raum für Rücksicht auf Einzelfälle bleibt.

Materielle und immaterielle Solidarität

So wichtig wie Solidarität dort ist, wo der einzelne Mensch vor finanzieller Überlastung bewahrt werden soll, so wenig darf sie ökonomisch verengt werden. Es gibt eine – ebenso wichtige – immaterielle Solidarität einer Gesellschaft, den Prozeß einer Verständigung über ethische Grundeinstellungen. Es kann nicht sein, daß wir einerseits in unserem sozialen Sicherungssystem einen Generationenvertrag und sozialen Solidarausgleich haben, während es andererseits einen gesellschaftlichen Kampf zwischen Jung und Alt, Frauen und Männern, Singles und Familien gibt.

Demgegenüber ist festzustellen, daß in der Politik häufig aus ökonomischen Interessen heraus argumentiert wird. Entsprechend werden einmal Individualität und Eigenverantwortung propagiert und auf der anderen Seite die Gemeinwohlorientierung. In der gegenwärtigen Diskussion um die Veränderung des Sozialhilfesystems und der Einführung eines Bürgergelds entscheiden sich viele Sachverständige und Politiker nur aufgrund der ökonomischen Vorzüge für die Orientierung an der Bedarfsgemeinschaft, wie zum Beispiel der Familie. Individuelle Ansprüche jedes einzelnen in der Bundesrepublik könnten zu Ansprüchen bis zu einer Höhe von 800 Milliarden DM führen, wenn man auf die Verpflichtungen naher Angehöriger verzichten würde. Die Diakonie tritt dagegen nicht aus ökonomischen Gründen für die Bedarfsgemeinschaft ein, sondern weil sie die Gemeinschaft von Jungen und Alten, Kranken und Gesunden, Familien und Alleinstehenden, Männern und Frauen fördern will.

Selbsthilfe und Eigenverantwortung: Diakonie als soziale Bewegung

Die Diakonie ist weit mehr als nur eine soziale Institution; sie war in der Vergangenheit – ich erinnere an den Wittenberger Kirchentag 1848 – vor allem eine soziale Bewegung. Diese Orientierung muß auch künftig deutlich werden. Die letzte INFAS-Untersuchung zu Bedeutung und Stellenwert der einzelnen Spitzenverbände der freien Wohlfahrtspflege machte deutlich, daß die Menschen, wenn sie an das Stichwort »Diakonie« denken, Altenheime, Behinderteneinrichtungen und Krankenhäuser assoziieren. Viele wissen nicht, daß es daneben in der Diakonie zum Beispiel über 6000 Selbsthilfe- und Helfergruppen gibt, angefangen von Gruppen Suchtabhängiger bis hin zu Gesundheitsgruppen wie zum Beispiel die Alzheimer-Selbsthilfe. Es ist deshalb falsch zu sagen, daß die Diakonie nur aus professioneller, institutionsorientierter Arbeit besteht und daß dem Subsidiaritätsgedanken nicht ausreichend Rechnung getragen wird.

Kritisch zu sehen ist auch das in letzter Zeit erneut vorgebrachte Argument, das Entstehen von Selbsthilfegruppen sei ein Ausdruck der Krise der Professionalität und insbesondere auch der Krise der Wohlfahrtsverbände und des Sozialstaates.

Es hat in der Diakonie immer wieder Anstrengungen gegeben, trotz starker Institutionalisierung innovative soziale Bewegung zu sein und neue soziale Initiativen hervorzubringen.

Diakonie als »Präsenz der Gemeinde im sozialen Umfeld«

Diakonie war und ist dabei – wie gesagt – immer weit mehr als institutionelles Hilfehandeln. Diakonisches Handeln vollzieht als Lebensäußerung der Kirche, teilt durch die Verkündung diakonisches Tun und Handeln die im Evangelium von Jesus Christus bezeugte Liebe Gottes allen Menschen mit. Diakonisches Helfen versteht sich als Frucht des Glaubens an die Annahme durch Jesus Christus: »Nehmt einander an, wie Jesus Euch auch angenommen hat zur Ehre Gottes« (Röm 15,7), und verantwortet ihr Tun vor der konkreten Not der Menschen.

Diakonisches Helfen ist dabei um Ganzheitlichkeit bemüht. Diakonie will bei den Menschen in allen Notlagen sein, will raumgebende, heilende Gemeinschaft stiften und ist auf eine weltweite menschenwürdige und menschengerechte Perspektive ausgerichtet.

Ich möchte dies an zwei aktuellen Beispielen verdeutlichen.

Weltweite Verantwortung: der Weltsozialgipfel

Wir sind nicht nur für unseren unmittelbaren Nächsten verantwortlich. Verantwortung für den fernen Nächsten ist dabei nicht nur in der diakonischen Entwicklungshilfe und der internationalen Katastrophenhilfe zu sehen, sondern auch in sozialpolitischer weltweiter Verantwortung: Ich erinnere daran, daß sich das Diakonische Werk der EKD vom 6.-12. März d. J. in Kopenhagen am Weltsozialgipfel beteiligt hat. Wir freuen uns, daß die Vereinten Nationen in Kopenhagen zum ersten Mal in ihrer 50jährigen Geschichte die soziale Gerechtigkeit als internationale soziale Frage auf die Tagesordnung gesetzt haben. Armut, Arbeitslosigkeit und soziale Ausgrenzung sind auch für die Diakonie die größten globalen Herausforderungen unserer Zeit. Sie bedrohen die Zukunft ganzer Staaten und Gesellschaften, nicht nur im Süden und Osten, sondern zunehmend auch im Norden. Das Diakonische Werk der EKD hat sich in Kopenhagen u. a. für die Einführung eines Zusatzprotokolls zur existierenden Sozialcharta ausgesprochen, das Beschwerden gegen die Verletzung wirtschaftlicher, sozialer und kultureller Menschenrechte bei dem zuständigen UN-Ausschuß zulassen soll.

Neue soziale Initiative: Die Hospizbewegung

Trotz des hohen Niveaus des Sozial- und Gesundheitswesens gibt es weitergehende Bedürfnisse von Menschen, denen die großen Institutionen bisher nicht in ausreichendem Maße nachgekommen sind. Dies wird besonders beim Thema Hospiz deutlich: Todkranke und Sterbende brauchen Hilfe, die bisher von den Diensten und Einrichtungen unseres Gesundheitswesens mit ihren auch oft einengenden Finanzierungsgrundlagen nicht befriedigt werden konnten. So sind ganz allmählich in den evangelischen Kirchengemeinden nichtprofessionelle, ehrenamtliche Dienste entstanden. Sie sind kennzeichnend sind für eine bedürfnis- und basisorientierte, menschengerechte, kreative soziale Arbeit. Menschen auf der letzten Strecke ihres Lebens zu begleiten, ist eine ursprüngliche Aufgabe der diakonischen Gemeinde. Sie ist zugleich Ausdruck des vollzogenen Abschieds von entmündigenden Betreuungskonzepten. Kirchengemeinden oder auch Diakonische Werke vor Ort haben es übernommen, ehrenamtliche Helferinnen und Helfer zu gewinnen, sie zu qualifizieren und bei ihrem Dienst zu begleiten. Diese Hospizaktivitäten bleiben nicht auf den ehrenamtlichen Bereich beschränkt. Durch eigene Modellvorhaben oder auch über vom Bund und einigen Ländern finanzierte Modelle versucht die Diakonie darüber hinaus, zusätzliche Hospizaktivitäten mit der Arbeit unserer Sozialstationen, Altenheime, Krankenhäuser zu verknüpfen.

Sozialpolitische Mitgestaltung der Diakonie

Die Diakonie hat weiter eine wichtige sozialpolitische Gestaltungsfunktion. Die institutionalisierte Arbeit der evangelischen Kirche hat in den letzten Jahrhunderten erfolgreich dazu beigetragen, daß zum Beispiel die deutschen Krankenhäuser und Einrichtungen für alte Menschen eine gesicherte finanzielle Grundlage erhielten.

Auch das derzeit diskutierte Wort der Evangelischen und Katholischen Kirchen »Zur wirtschaftlichen und sozialen Lage in Deutschland« ist ein sozialpolitischer Beitrag der Kirchen, der noch einmal deutlich die Grundprobleme der sozialen Situation vieler Menschen in Deutschland deutlich machen und Veränderungen bewirken soll.

Sozialstaat im Wandel – die Krise als Chance begreifen

Aus dem Gesagten ergibt sich der sozialpolitische Auftrag der Diakonie für die Zukunft: Es gilt in der gegenwärtigen Situation die sozialstaatlichen Traditionen fortzuentwickeln. Es gilt festzuhalten an den Grundprinzipien der Menschengerechtheit, festzuhalten auch am Bedarfsdeckungsprinzip am Individualisierungsprinzip und nicht zuletzt am Solidar- und Subsidiaritätsgedanken.

Zugleich muß sich die Diakonie öffnen. Verständnis für die Forderung, zu effizienten Strukturen im Sozial- und Gesundheitswesen zu kommen und dort, wo es möglich ist, auch Wirtschaftlichkeitsreserven auszuschöpfen, ist notwendig.

Allerdings ist die sogenannte »Kostenexplosion« für uns kein hinreichender Grund, sich von den Fundamenten unseres Sozialstaates zu entfernen, denn die Kosten für unser Gesundheitswesen sind, vergleichen mit dem Bruttoinlandsprodukt, nicht überproportional gestiegen.

Wir werden Kürzungen kaum verhindern können. Aber

wir sehen zugleich, daß immer mehr Menschen in Not geraten und von Armut und Ausgrenzung betroffen sind. Sollte sich dieser Trend verfestigen, so wird die Diakonie noch weit stärker als bisher in der sozialen Arbeit gefordert sein, um wachsende Verarmung zu bekämpfen.

Diakonie in der Sozialen Marktwirtschaft

In ihrer Wirtschaftsdenkschrift räumt die Evangelische Kirche in Deutschland selbstkritisch ein, sich erst spät Fragen des wirtschaftlichen Handelns und der Marktwirtschaft zugewandt zu haben. Die Offenheit gegenüber wirtschaftlichem Handeln durch die EKD ist eng verbunden mit den Herausforderungen, die die Wirtschaft bewältigen muß, nämlich

- die Wirtschaft mit den natürlichen/ökologischen Grundlagen des Lebens zu verbinden,
- die wirtschaftliche Entwicklung und soziale Gerechtigkeit aufeinander zu beziehen (national und international),
- die wirtschaftliche Ordnung als eine Ordnung »verantworteter Freiheit« zu verstehen.

Die Wirtschaft ist kein verantwortungsfreier Raum, in dem nur die Gesetze von Markt und Wettbewerb gelten, sondern sie ist vielmehr ein Ort gestalteter Verantwortung. Ein florierender Markt löst deshalb keine sozialen Probleme. Auch in Phasen der Hochkonjunktur gibt es Massenarbeitslosigkeit. Da soziale Gerechtigkeit kein Strukturprinzip der Marktwirtschaft ist, muß sie immer wieder neu erkämpft werden. Es ist daher eine staatliche und gesellschaftliche Aufgabe eines Staates, die Marktwirtschaft sozial zu gestalten. Die Bundesrepublik Deutschland hat sich mit dem Begriff »Soziale Marktwirtschaft« dieser Zielbestimmung verpflichtet. Ebenso die »Europäische Kommission«, die in der letzten Zeit verstärkt auf eine sozial gestaltete Wirtschaftsordnung hinwirkt. Die Diakonie muß sich den Aufgaben und Herausforderungen einer marktorientierten sozialen Arbeit stellen. Eine radikale Marktorientierung und reine Wettbewerbsordnung im Sozialbereich hat sie nie gutgeheißen. Sie kann sie allerdings an bestimmten Stellen nicht verhindern. So sind zum Beispiel im Pflegeversicherungsgesetz Marktelemente wirksam. Unsere Leistung muß auf dem Markt als ethisch qualifizierte Dienstleistung erbracht werden. Aufgabe der Diakonie ist es aber, Gemeinwohlorientierung und Kundenorientierung miteinander zu verbinden und zu fragen, wie sich soziale Gerechtigkeit entwickeln kann. Dabei ist die Souveränität des Kunden zu sichern. Die Diakonie wird allerdings darauf hinweisen, daß der einzelne Mensch in dieser Funktionsbestimmung nicht zureichend beschrieben ist. Er ist Geschöpf Gottes und sein Ebenbild.

Die kirchlichen Wohlfahrtsverbände sind nicht nur Institutionen, sondern »neue soziale Bewegung« mit sozialpolitischem Anspruch. Sie sind in der Lage, neue soziale Herausforderungen anzunehmen und diese als Chance zu sehen, auch neue institutionelle Angebote für Menschen in Not zu gestalten. Aufgrund unseres Auftrags kommt es der Diakonie darauf an, auf der Basis einer über materielle Aspekte hinausgehenden solidarischen Gesellschaft das Verhältnis von Eigenverantwortlichkeit und Solidarität immer wieder neu zu reflektieren.

Hildegard Schooß
Mütterzentren als Antwort auf Überprofessionalierung im sozialen Bereich

Als Antwort auf die Klientelisierung der Beratungs- und Bildungsarbeit der 70er Jahre sind Anfang 1980 die ersten Mütterzentren entstanden. Insbesondere waren sie eine Antwort auf die sich in dieser Zeit ausbreitende Professionalisierung der Sozialarbeit, die den zertifizierten Ausbildungsformen und Tätigkeiten einen absoluten Vorrang vor den im Umgang mit Menschen und in der Familie erworbenen Kompetenzen einräumten. Hausfrauen, Mütter – aber auch Väter – gerieten zunehmend ins Abseits. Dadurch wurde eine gravierende Selbstwertkrise bei Frauen ausgelöst, die sich entschieden hatten, den Schwerpunkt einer Lebensphase auf Kinder, Familie, Haushalt zu legen.

Es ist damals wie heute das Ziel der Mütterzentren, von der Ebene der Analyse und Theorie zu mehr handlungsorientierten Formen zu kommen und Hilfe zur Selbsthilfe als neues Modell für gesellschaftliche Lebensformen anzubieten.

Mütterzentrums-Frauen wollen einen selbstbestimmten Raum schaffen, wo sie sich einen Alltag organisieren, in dem sie ihren eigenen Rhythmus entwickeln und Arbeit mit Leben so verbinden können, daß sie weder unter der Isolation in der Kleinfamilie leiden noch sich mit der Vielfachbelastung von Berufs- und Familienarbeit überfordern müssen. Darüber hinaus wollen sie das Lebens- und Lernfeld Familie und Haushalt, Gemeinwesen und Alltagspolitik sichtbar werden lassen und eine öffentliche Anerkennung dafür erreichen.

Das Prinzip der Mütterzentrums-Arbeit hat daher sowohl einen privaten als auch einen gesellschaftlichen Aspekt. Mit dem Motto: »*Nicht jede kann alles – aber gemeinsam können wir das, was wir brauchen*« soll dargestellt werden, daß es neben der vorherrschenden Kultur in der Öffentlichkeit – dazu zählt auch die Arbeitswelt – auch andere Formen von Leben und Arbeiten gibt, wo es möglich ist, Erfahrungswissen und soziale Kompetenzen aus dem Familienalltag den institutionalisierten Lebenswelten gleichwertig gegenüberzustellen.

Daraus wurden offene Treffpunkte von Frauen für Frauen. Sie sind in gedeihlicher Kooperation entstanden zwischen der Wissenschaft (Deutsches Jugendinstitut, München) und betroffenen Müttern, die sich nicht länger als Klienten einer Profi-Welt sehen, sondern ihre je individuellen Eigenkräfte entwickeln und umsetzen wollen.

Inzwischen gelten die Mütterzentren als ein beispielhaftes Modell der Mütter- und Familienselbsthilfe, die interessante übertragbare Aspekte für viele Bereiche des sozialen Lebens in der Gesellschaft erarbeitet haben.

Für diese Ziele stehen vier Konzeptpunkte, die hier in aller Kürze zusammengefaßt und in beliebiger Reihenfolge vorgestellt werden:

1. Offene Angebote – Eigene Räume
Das äußere Erscheinungsbild

Die erste Voraussetzung für das Gelingen sind eigene, selbstbestimmte Räume, wo von den Besucherinnen festgelegt wird, was angeboten werden soll und in welchem Rahmen. Herzstück ist daher die offene Café-Stube mit einem »Non-Stop-Treffpunkt« für Jung und Alt. Das Mütterzentrum ist jederzeit eine Anlaufstelle für Menschen (nicht nur für Mütter) aus dem Stadtteil. Kurse, Gesprächskreise, Beratungen werden parallel zum offenen Angebot durchgeführt. In dem breiten Aktionsradius eines Mütterzentrums können vielfältige Aktivitäten und Kompetenzen entfaltet und ausprobiert werden. Hier werden Kontakte geknüpft und Freundschaften gepflegt. Die viel beschriebenen Schlüsselqualifikationen können hier in einem schützenden Umfeld ausprobiert und eingeübt werden.

2. Das Laien-mit-Laien-Prinzip Hilfe zur Selbsthilfe

Neben der Funktion als Treffpunkt und Anlaufstelle haben Mütterzentren auch das Ziel, Beratungsaufgaben zu übernehmen. Allerdings wird keine Beratungstätigkeit im klassischen Sinne angestrebt, sondern im Sinne der Hilfe zur Selbsthilfe. Im Gegenteil zum Ansatz des Defizitausgleichs in der professionellen Sozialarbeit haben Mütterzentren das Ziel, Kompetenzen und Fähigkeiten zu stärken und weiter zu entwickeln. Ausgehend davon, daß Probleme zum Lebensalltag jedes Menschen gehören, wird die Möglichkeit für den Austausch von Alltagsfragen und -konflikten geschaffen. Interessierte Menschen haben hier die Möglichkeit, ihre alltäglichen Fragen, Sorgen und Probleme anderen mitzuteilen, ohne sich der Stigmatisierung durch den Besuch einer klassischen Beratungsstelle auszusetzen. Dieser Kompetenzansatz mobilisiert die Selbstheilungskräfte in hohem Maße, was eine positive Entwicklung des Selbstwertgefühls zur Folge hat. Auf diese Weise werden aktive Frauen zu Praxisexpertinnen, die auch schwierige Beratungssituationen meistern können. Die Umgangsformen in der Beratung sind von der Nähe zueinander und einem warmherzigen Kümmern umeinander bestimmt. Eine solche Atmosphäre kann auf hierarchische Strukturen (fast völlig) verzichten, denn das persönliche Ansehen ist nicht abhängig vom Amt oder der Stellung in der Einrichtung, es kommt vielmehr auf die persönlichen Kompetenzen an.

3. Kinder gehören dazu
Eine kinderfreundliche Kultur

Kinder werden nicht einfach wegorganisiert, wie das sonst im öffentlichen Leben so üblich ist. Den meisten Menschen fehlt die Vorstellungskraft für ein öffentliches Leben mit Kindern und deshalb auch die Übung im Umgang mit Kindern. Mütterzentren haben auch hier Neuland betreten und inzwischen bewiesen, daß Leben und Arbeiten auch öffentlich mit Kindern möglich ist.

Der Anspruch auf eigene Räume gilt auch für Kinder in Mütterzentren, doch müssen sie nicht zwangsläufig zu einem Ghetto führen. Mütterzentren wollen die gesellschaftlich weit fortgeschrittene Separierung der Menschen durchbrechen. Die kinderfreundliche Kultur in Mütterzentren macht es möglich, daß Kinder und Erwachsene gemeinsam einen Platz in der Öffenlichkeit erobern. Das flexible Kinderbetreuungsangebot im Zentrum sorgt dafür, daß Mütter Zeit für eigene Interessen, für »sich selbst« finden, während die Kinder in erreichbarer Nähe beaufsichtigt werden. Mütter bewegen sich dadurch in einer ausgeglichenen Balance von eigener Aktivität und Familienverantwortung und die Kinder erleben ihre Mütter in einer verantwortlichen Rolle auch außerhalb der Familie.

4. Gleiches Honorar für alle
Die finanzielle Anerkennung von Arbeiten

Es gilt das Prinzip, alle verbindlichen Tätigkeiten in einem Mütterzentrum zu bezahlen. Je nach der finanziellen Ausstattung werden Honorare gezahlt, derzeit überwiegend mit 12,– DM je Stunde. Dabei ist es wichtig, alle Arbeiten gleich zu honorieren. Es wird kein Unterschied zwischen Arbeiten mit niedriger sozialer Anerkennung wie Putzen oder Kinderbetreuung und hoher sozialer Anerkennung wie Beratungs- oder Verwaltungstätigkeiten gemacht. Dieses Honorar – und sei es noch so klein – hat für die aktiven Frauen verschiedene wichtige Auswirkungen:

– Hausfrauen und Mütter nehmen teil am monetären Wertesystem der Gesellschaft.

– Bezahlte Arbeit schafft soziales Ansehen im Privaten sowie in der Gesellschaft.

– Eigenes, selbstverdientes Geld unterstützt die Entwicklung von Selbstbewußtsein und Selbstwertgefühl.

– Eigene finanzielle Ressourcen ermöglichen Unabhängigkeit.

Jedoch hat die Kernkonzeption der Mütterzentren nicht zum Ziel, einzelne existenzsichernde Arbeitsplätze zu schaffen, sondern sieht vor, die vorhandenen Mittel auf viele Frauen zu verteilen. Damit wird nach dem Prinzip der Gleichwertigkeit vielen Frauen ermöglicht, aus der häuslichen Isolation heraus zu kommen und eine Anbindung an eine Gemeinschaft mit öffentlichen Aufgaben zu finden.

Was geschieht mit den Profis?

Weder die professionelle Bildungsarbeit noch die Beratungsarbeit soll durch die Mütterzentren ersetzt werden. Vielmehr kann die Mütter- und Familienselbsthilfe als Anregung und Aufforderung verstanden werden, nachzudenken über neue sinnvollere Formen der Zusammenarbeit zwischen traditionellen Beratungsstellen und Selbsthilfe- bzw. Gemeinwesen-Projekten. Auch wechselseitige Unterstützungen sind vorstellbar. Wichtig ist bei jeder Form der Zusammenarbeit auf Partnerschaftlichkeit und Gleichwertigkeit im Umgang miteinander zu achten. Es geht darum, unterschiedliche Qualifikationen und Kompetenzen gemeinsam zu nutzen und eine Hierarchisierung und Klientelisierung der Ratsuchenden zu vermeiden. Im Mütterzentrum haben die Profis ihre Betätigungsfelder im Außenkreis. Sie sind wichtig als UnterstützerInnen und BegleiterInnen bei fachspezifischen Fragen, auch als FortbilderInnen können sie wertvolle Hilfe und Ergänzungen leisten.

Wichtig ist: Die Mütterzentren bestimmen Zeitpunkt und Thema für den Einsatz von Profis, sie sind der aktive Teil. Den Profis kommt der Auftrag als Dienstleistung zu.

Mütterzentren als Erweiterung der familialen Lebenswelt

Das Mütterzentrum Salzgitter war das erste in Deutschland, es ist auch das mit dem breitesten Spektrum. Es besteht jetzt im 15. Jahr und ist seit 1984 in der Trägerschaft des SOS-Kinderdorf e. V. Diese Einrichtung findet einen starken Zulauf aus allen Schichten der Bevölkerung, von Jung bis Alt. Sie wird täglich von ca. 170 Menschen besucht und hat ca. 70 Mitarbeiterinnen. Es gibt drei angeschlossene Schwerpunkte:

- Café-Stube – der Treffpunkt
- Stadtteil-Service – mit Alten-Tagesbetreuung, alltagspraktischen Dienstleistungen und familienfreundlichen Arbeitsplätzen zur Orientierung und Wiedereingliederung von Frauen in das Erwerbsleben
- Kindertageszentrum (KITZ) – mit altersgemischten Familien-Gruppen

Die Großfamilie oder der Marktplatz

Die äußeren Bedingungen im Mütterzentrum Salzgitter entsprechen eher einem öffentlichen Wohnzimmer als einer professionellen Einrichtung. Menschen aller Altersstufen treffen sich hier. Hier verbringen alte und verwirrte Menschen den

Tag. Hier laufen Kinder durch die Gegend mit Puppenwagen, mit Spielzeug, schreiend, zankend, lachend, weinend, singend. Hier sind Mütter, die aus der Nachbarschaft kommen, um eine Zigarette zu rauchen und miteinander irgend etwas zu tun, hier finden Kurse statt, hier kommen Männer, die nachfragen, meist nach ganz Alltäglichem, hier kommen Angehörige der alten Menschen, die sich informieren oder ein Beratungsgespräch wollen. Das alles geschieht ohne Voranmeldung, weil sich herumgesprochen hat, daß man im Mütterzentrum sowohl Kontakte als auch vielfältige Gespräche als auch Beratung professioneller Art in einem Umfeld bekommen kann, wie es den Menschen offensichtlich fehlt. Nämlich: Sie können es dann bekommen, wenn sie es brauchen. Sie brauchen keine Wartezeiten einzuhalten, sie können kommen, wann in ihnen der Wunsch gereift ist, ihre Frage loszuwerden. Oder sie halten sich nur für eine Weile in den offenen Räumen des Mütterzentrums auf, bringen ihr Kind mit – das derweil im Kinderzimmer betreut wird – halten einen »Schnack« mit anderen BesucherInnen und gehen wieder nach Hause.

Dieser Praxis stehen von professioneller Seite oft große Widerstände gegenüber, weil sie in dem scheinbaren Chaos nicht sofort die beabsichtigte Struktur erkennen können. Zu sehr unterscheidet sich die Praxis der Mütterzentren von den eher abstrakten bis abgehobenen Formen professioneller Bildungs- und Beratungseinrichtungen.

Sozialkompetente Laien

Für die Mitarbeit im Mütterzentrum kommt es auf soziale Kompetenzen an, weniger auf Zertifikate. So bekleidet eine Mitarbeiterin nicht unbedingt ihren Arbeitsplatz, weil sie das Know-how dafür in einem traditionellen Ausbildungsgang erworben hat, sondern nach ihrer Kompetenz und Neigung.

Z. B. ist für die Küche eine Hausfrau und Mutter von zwei erwachsenen Kindern verantwortlich, die niemals eine hauswirtschaftliche Berufsausbildung gemacht hat. Aber sie hat viel Spaß am Kochen und weiß, was zu einem schmackhaften Mittagessen gehört. So, wie das Sprichwort sagt: »Die Liebe geht durch den Magen«, hat sie ein sensibles Gespür dafür, daß eine gelungene Mahlzeit sich nicht allein an ausgewogen berechneten Materialien oder nach REFA-organisierten Arbeitsabläufen messen läßt. Beim Essenkochen spielt sich viel mehr ab. Die Küche ist ein wichtiger Kommunikationsplatz für ALLE. Alte Menschen helfen mit beim Kochen und Abwaschen, erleben sich dadurch als nützliche Mitglieder des Hauses. Kinder begreifen, während sie bei der Küchenarbeit zuschauen – oder auch mal selbst kochen – welchen Stellenwert die Arbeit der Köchinnen für die Gemeinschaft hat. Sie haben dadurch eine Chance, Hausarbeit anders einzuordnen als das üblicherweise möglich ist. Die Kochfrauen selber sind einbezogen in das allgemeine Geschehen, haben Kontakt zu ihren Tischgästen und sind dadurch nicht isoliert in ihrem Arbeitsbereich.

Die vielfältigen Fähigkeiten, die für eine solche Arbeitskultur gebraucht werden, bringen Familienfrauen von Haus aus mit. Was die Kochfrau z. B. noch dazulernen mußte war lediglich, für mehr als vier Personen zu kochen. (Inzwischen werden täglich 100 Portionen ausgegeben). Sie muß auch keine Ausbildereignungsprüfung ablegen, um Anfängerinnen anzuleiten. In der Praxis, am Arbeitsplatz, hat sie gelernt, ihr Wissen und ihre Erfahrungen aus ihrem privaten Haushalt auf die Großküche zu übertragen. Bei diesen Lernprozessen hat sie Unterstützung, Beratung und Supervision erhalten, so ähnlich, wie man das auch vom »training on the job« kennt. Hier wird deutlich, was im Mütterzentrum Familienkompetenzen bedeuten und wie sie hier zum Wohl der BesucherInnen und Mitarbeiterinnen in das Gesamtkonzept eingebaut werden. Der Vorteil dieser Methode hat drei Aspekte:

1. Die Laienmitarbeiterin oder Besucherin kann an ihrem eigenen Wissensstand anknüpfen und erfährt so Anerkennung für ihre Alltagsqualifikation und Lebenserfahrung.

2. Die notwendige Zusatzqualifikation kann in einem selbstbestimmten Rahmen und im eigenen Rhythmus den jeweiligen Bedürfnissen und Anforderungen entsprechend aufgebaut werden.

3. Sie bietet lebensnahe Orientierung an für Frauen, die noch am Anfang ihrer Entwicklung stehen oder die in traditionellen Zusammenhängen durch Entfremdung von ihrer Lebenswelt und/oder durch die Hierarchie der Profiwelt vielfach entmutigt werden.

Vernetzung von Fähigkeiten und Tätigkeiten

Familienkompetenzen sollen gleichwertig neben professionellen Kompetenzen anerkannt werden. Im Mütterzentrum soll nicht der »Schein« als Befähigungsnachweis anerkannt werden, sondern das, was der Mensch leistet, nicht die Ausbildung, sondern das Können ist wichtig. Um die je individuellen Fähigkeiten und Kompetenzen kennenzulernen und auszuprobieren, sind fast alle Arbeitsplätze im Haus auf Rotation angelegt, so daß es den Mitarbeiterinnen, ob fest angestellt oder nicht, möglich ist, an verschiedenen Stellen mitzuarbeiten. Erfahrene Anleiterinnen aus der Praxis des Mütterzentrums begleiten sie in der Orientierungsphase – die unterschiedlich lange dauern kann – von einigen Monaten bis zu mehreren Jahren. Frauen durchlaufen durchaus drei bis fünf Arbeitsbereiche, bis sie ihren Platz finden, und es ist schon vorgekommen, daß eine Hotelfachfrau nach Stationen in der Küche über Kinder- und Altenarbeit schließlich in der Verwaltung gelandet ist und hier nie vermutete Talente entdeckte.

Mit dieser selbstgewählten Arbeit werden außerdem die gefürchteten »burn-out«-Effekte nachweislich vermieden.

Die Freude an der Arbeit, oft durch traditionelle Berufsausbildung in die Sackgasse geraten, kann neu entstehen. Positive Arbeitsergebnisse sind meist die Folge.

Praxis-Expertinnen

Im Mütterzentrum arbeiten Praxis-Expertinnen mit ausgeprägter sozialer Kompetenz auf der Basis von reflektiertem Erfahrungswissen. Hier unterscheiden sich Profis und Laien erheblich. Profis sind in ihrer traditionellen Ausbildung nicht auf die Arbeit in Selbsthilfezusammenhängen vorbereitet worden. Profis, die als Quereinsteigerinnen zu uns kommen, erleben sich als Lernende, ein unerwarteter Prozeß, der viel Zeit in Anspruch nehmen kann. Sie müssen lernen, Nähe zwischen den Menschen zuzulassen, Arbeiten ohne die sonst gewohnte Amtshierarchie, Entwickeln und Aushalten von Flexibilität und Spontaneität und, was den meisten besonders schwerfällt, die Gleichberechtigung zwischen Laien und Profis zu akzeptieren und zu fördern.

Fortbildungen

So wie die »Profis« für ihren Einsatz im Mütterzentrum neu lernen müssen, müssen die nicht traditionell ausgebildeten Mütterzentrums-Frauen sich auf bewußte Reflexionen in der Gruppe einlassen und sich neben der Praxis auch mit Theorien befassen. Für jede Mitarbeiterin wird eine Lernzeit eingeplant. Dabei werden Profis wie Laien mit intensiven Fortbildungen, Supervisionen, Praxisanleitungen und alltagsberatenden Gesprächen unterstützt.

Generationsübergreifend Leben und Arbeiten Projekt zur Orientierung und Wiedereingliederung von Frauen

Für die *Frauen* wurde das Projekt mit dem unschönen Titel »Maßnahmen zur Orientierung und Wiedereingliederung von Familienfrauen in das Erwerbsleben« entwickelt. Hier stehen etwa 20 Teilzeit- oder Vollzeit-Arbeitsplätze zur Verfügung. Das Projekt wird finanziert mit Mitteln nach dem Arbeitsförderungs-, dem Bundessozialhilfegesetz und aus Eigenmitteln des Trägers. Die Teilnehmerinnen dieses Projekts bleiben zwischen ein und drei Jahren im Mütterzentrum. Hier arbeiten sie in allen Bereichen des Mütterzentrums mit. Im Anschluß an diese Orientierungszeit in Verbindung mit dem umfassenden Fortbildungs- und Service-Angebot des Hauses sind die Frauen meist so motiviert und gestärkt, daß sie eine Ausbildung oder eine Erwerbstätigkeit ihrer Neigung und Fähigkeit entsprechend anschließen.

Leider stoßen die meisten dann auf die bekannten Probleme unseres Ausbildungs-, Weiterbildungs- und Erwerbssystems, das nicht die Kompetenzen dieser hochqualifizierten Frauen anerkennt, sondern immer noch nach dem passenden Zertifikat fragt. Die größten Hürden bei Aus- oder Weiterbildungen sind u. a. die hohen Einstiegsvoraussetzungen, zu lange Laufzeiten, keine Arbeitszeiten, die Familienbedingungen berücksichtigen, keine Anrechnung der Alltagskompetenzen und Lebenserfahrungen von Hausfrauen und Müttern.

Für die *Kinder* steht neben dem offenen Kinderzimmer eine KiTa für fest angemeldete Kinder zur Verfügung. Das Mütterzentrum-KiTa-Konzept hebt sich durch offene und altersübergreifende Gruppen, flexible Öffnungszeiten, Teilzeitplätze, Mittagstisch für Kinder und Eltern sowie die Integration von behinderten Kindern von den üblichen Angeboten ab. Ziel und Zweck der KiTa ist, den Bedürfnissen und

Möglichkeiten von Kindern, Eltern und Mitarbeiterinnen zu entsprechen. Auch hier ist der Erfolg von der Bereitschaft der Zusammenarbeit und der Konsensfindung der verschiedenen Interessen abhängig.

Für die *alten Menschen* gibt es eine

- *Altentagesbetreuung* mit 10 Plätzen als teilstationäre Einrichtung.

Die alten Menschen verbringen den Tag in der Gemeinschaft des Mütterzentrums. Sie werden morgens gebracht und kommen abends wieder in ihre private Wohnung zurück.

Die alten Menschen genießen hier das Zusammensein mit jungen Menschen und Kindern, wobei wir von der Erwartung, daß alte Menschen sich gerne um kleine Kinder kümmern oder daß junge Menschen froh sind, von alten Menschen zu lernen, längst abgerückt sind. In der Realität haben beide Gruppen durchaus schwer überwindbare Vorbehalte gegeneinander. Berührungsängste und Vorbehalte sollen zwar ausgeräumt werden und es soll das Ziel bleiben, mit mehr Verständnis füreinander miteinander möglichst gut auszukommen. Dazu braucht es aber vieler kleiner, sehr einfühlsamer Schritte von allen Seiten und weniger spektakuläre Einzelaktionen mit Konsumcharakter. Meist ist die Begegnung allein das größte Kapital, um gegenseitiges Verständnis, Rücksicht und Anteilnahme zu erzeugen. Oftmals bewirkt das gemeinsame alltägliche Leben viel mehr, es erzeugt soziale Kompetenz und Verantwortungsfähigkeit für sich selbst und für andere.

- Der *ambulante Service* wendet sich sowohl an alte Menschen als auch an andere, die der Hilfe bedürfen. Hier werden sowohl alltagspraktische Dienstleistungen als auch psychosoziale Betreuung angeboten. Darüber hinaus gibt es einen Pflegedienst mit Behandlungspflege-Angeboten.

Hier hören jedoch die Möglichkeiten des Mütterzentrums-Konzeptes noch lange nicht auf. Gerade werden verschiedene »Abteilungen« aus dem Gesamtprojekt herausgelöst und wirtschaftlich selbständig von einigen Frauen betrieben (Second-Hand-Laden, Bioladen, Produktion von Geschenkartikeln etc.). Das besondere daran ist jedoch nicht die »Privatisierung« einzelner Bereiche, sondern vielmehr die gemeinsame Verantwortung von Menschen mit ganz verschiedenen Möglichkeiten für ein gemeinsames Projekt auf kommerzieller Basis.

Ein Beispiel:

- Eine Frau macht sich im Mütterzentrum selbständig, sie betreibt einen kleinen Laden (wie es der Traum vieler Frauen ist). Das gegenseitige Geschäft sieht in etwa so aus: Das Mütterzentrum übernimmt die Kinderbetreuung, stellt zu Anfang kostenlos die Infrastruktur, bis der Laden läuft (Werbung, Geräte, Telefon etc.) und bietet Unterstützung in Form von Beratung, Frustbewältigung, Infos, Wäscheservice, Kindertaxi etc.
- Die Geschäftsfrau bringt »Kundschaft« ins Mütterzentrum, hilft die sogenannte Schwellenangst zu überwinden und beteiligt sich an den Mütterzentrum-internen Aufgaben, z. B. Putzaktionen, Festen, Aktivitäten, je nach ihren Möglichkeiten. Für die Dienstleistungen wie Kinderbetreuung und Wäscheservice, Mittagessen für sich und ihr Kind zahlt sie darüber hinaus einen festgelegten Beitrag.

Um es einfach zu erklären: Mütterzentren gehen von zwei Währungen aus. Die eine ist monetär = Geld, die andere ist sozial = Zuwendung. Dadurch wird das Geben und Nehmen gerechter verteilt. Die nicht mit Geld bezahlbare Dienstleistung wird sichtbar und bekommt einen greifbaren Stellenwert, der sich durchaus zum Tauschen eignet.

Fazit

Als Fazit der Erfahrung mit Mütterzentren möchte ich zum Abschluß eine These aufstellen:

Die Leistungsgesellschaft hat sich nicht damit begnügt, ihre Menschen in Leistungsfähige und Leistungsunfähige aufzuspalten, sondern sie hat in ziemlich perfekter Ausprägung auch die Generationen voneinander getrennt und das private und öffentliche Leben in zwei Lebenswelten geformt, die kaum noch etwas miteinander zu tun haben. In den inzwischen erreichten Formen der Ghettoisierung stehen deshalb kaum noch Übungsfelder für Werte wie soziale Kompetenz, Verantwortung für sich selbst und andere, Engagement für das Gemeinsame, Beziehungsfähigkeiten etc. zur Verfügung. Das soziale Leben muß daher in künstlicher Form stattfinden:

KiTas für Kinder (möglichst noch nach Altersstufen streng voneinander getrennt), Schüler in der Schule mit akademisch gebildeten Lehrerinnen und Lehrern (pädagogische Fähigkeiten sind zweitrangig), Alte in Altersheime, Sportler in Sportvereine, Eltern und Kinder in Kleinfamilie etc.

Für die Behandlung der sich daraus ergebenden Probleme werden Methoden entwickelt, mit ähnlich spalterischen Tendenzen: Beratungsstellen ohne Bezug zum Alltagsleben, Begegnungs- und Bildungsstätten mit Gruppen- und Kurssystemen, Gemeinwesenprogramme ohne ausreichende finanzielle Möglichkeiten, Institutionen mit Funktionären als Vertretungsinstrument.

Statt dessen wäre es so einfach, Lösungswege zu finden. Wenn wir zusammenfügten, was zusammengehört, damit sich Engagement und Kreativität freisetzen mit dem Ziel:

- Lebenswelten zu schaffen, die Begegnungen zwischen unterschiedlichen Menschen ermöglichen, und darauf zu vertrauen, daß die Menschen selbst ein zufriedenes und sinnerfülltes Leben gestalten können,

- sozialen Kompetenzen wieder denselben Stellenwert zu geben wie technischen und geistigen Fähigkeiten,
- Beziehungs- und Hausarbeit wieder mit Erwerbsarbeit gleichzustellen,
- Mütter- und Familienselbsthilfe mit ganzheitlichen, gemeinwesenorientierten Konzepten in jedem Stadtteil zu fördern und zu finanzieren.

VII.

Weimar, Bonn, Berlin – Rückzug oder Engagement der Intellektuellen?

Hans Christoph Buch
Engagement oder Elfenbeinturm – Sind die Intellektuellen auf dem Rückzug?

Die Antwort auf die im Titel aufgeworfene Frage liegt scheinbar auf der Hand. Es ist wie bei einer Reklame für Haarwuchsmittel, nur umgekehrt: vorher volles Haar, nachher Glatze; gestern noch politisches Engagement, heute Rückzug aus der sozialen Verantwortung. Ende der sechziger Jahre begann der Exodus deutscher Schriftsteller von ihren Schreibtischen; anstatt, wie bisher, experimentelle Hörspiele oder serielle Gedichte zu verfassen, stürmten sie die Podien und belagerten die Mikrophone, um sich einzumischen in Dinge, von denen ein Dichter in der Regel nicht mehr, sondern weniger versteht als ein vom Volk gewählter Parlamentarier oder ein sachkundiger Journalist: von Chile und Kuba bis nach Südafrika und Vietnam, von der Verabschiedung der Notstandsgesetze bis zur Reform des Strafvollzugs, von der Abtreibung bis zur Sterbehilfe reichten die Themen, zu denen sich Literaten unaufgefordert zu Wort meldeten, um, an Stelle von Argumenten, Transparente zu entfalten und Fahnen zu schwingen, deren bevorzugte Farbe rot war. »Einmischung erwünscht« lautete der programmatische Titel einer Aufsatzsammlung von Heinrich Böll aus jener Zeit.

Risse in wehrhafter Rüstung

Seitdem ist viel Wasser den Rhein heruntergeflossen, Tschernobyl explodierte, das Sowjetimperium fiel auseinander und die Berliner Mauer brach zusammen, irakische Scud-Raketen schlugen in Tel Aviv und amerikanische Cruise Missiles in Bagdad ein, Kuweits Ölfelder brannten und in Ruanda wurden die Tutsi von den Hutu massakriert oder umgekehrt, während die vorher so siegessicheren Intellektuellen, denen der Wind der Geschichte ins Gesicht blies, ihre Fahnen einrollten und sich in ihre Elfenbeintürme zurückzogen.

Seitdem herrscht Funkstille, die nur ab und zu, wie der Ruf des Muezzins zum Gebet, ein anschwellender Bocksgesang unterbricht. Die Viererbande Marx-Engels-Lenin-Mao, oder, zeitgemäßer: Habermas, Adorno, Marcuse und Walter Benjamin wurde durch die Heilige Dreifaltigkeit von Heidegger, Carl Schmitt und Ernst Jünger verdrängt, dem nicht nur Botho Strauß, sondern auch Heiner Müller (und neuerdings Stephan Hermlin) huldigt. Kant und Hegel sind *out*, Schopenhauer und Nietzsche *in*, und der Kollaps der totalitären Ideologie droht die Aufklärung mitsamt der kritischen Theorie in seinem Strudel zu verschlingen. Es sieht so aus, als habe die Gegenaufklärung auf der ganzen Linie gesiegt. Aber der äußere Anschein trügt, ganz abgesehen von der Fragwürdigkeit einer mechanischen Gegenüberstellung von Rationalismus und Irrationalität: bewußtes Denken und intuitives Gefühl, logisches Kalkül und emotionaler Affekt waren nie durch eine Berliner Mauer voneinander getrennt.

Wer das politische Engagement tonangebender Intellektueller einer genaueren Prüfung unterzieht, entdeckt Risse in ihrer wehrhaften Rüstung und vernimmt Zwischentöne des Zweifels und der Melancholie, die ihr lautes Feldgeschrei gemeinhin übertönt. Günter Grass zum Beispiel, der vom ADAC bis zur Akademie der Künste und von den Rikschafahrern Kalkuttas bis zu den Ortsvereinen der SPD an zahlreichen Fronten gekämpft und dadurch einen Teil des moralischen Kredits verspielt hat, den er seiner literarischen Arbeit verdankt: Günter Grass hat wiederholt versichert, er sei keineswegs das Gewissen der Nation, zu dem er sich gelegentlich stilisiert, sondern ein unehelicher Sohn des Sisyphus und der Dürerschen Melancholie, der er wichtige Passagen seines Werks gewidmet hat. Martin Walser, der früher der DKP nahestand und heute eher der CSU zuzuneigen scheint, verband seine prophetische Vorwegnahme der deutschen Wiedervereinigung mit einer Absage an das Ritual des publizistischen Meinungsstreits, da dieser die Schriftsteller vom Schreiben abhalte. Und Hans Magnus Enzensberger, einst ein Herold des Internationalismus, der dem dekadenten Europa die Revolutionen der 3. Welt als Allheilmittel empfahl, zieht am Ende seiner hochgelobten »Aussichten auf den Bürgerkrieg« den durch seine Plattheit verblüffenden Schluß, jeder müsse vor seiner eigenen Haustür kehren, Bosnien und Somalia gingen uns Deutsche nichts an. Ein Jahr zuvor hatte er Saddam Hussein zum neuen Hitler erklärt, der nur durch militärische Gewalt zu stoppen sei – das gilt dann wohl nicht mehr. Selbst Günter Wallraff, einst *der* Prototyp engagierter Literatur, ließ, bevor er in Ungnade fiel, verlauten, an Stelle von Sozialreportagen hätte er lieber Gedichte oder Romane verfaßt. Umgekehrt hat Peter Handke, der sich selbst als Bewohner des Elfenbeinturms charakterisiert, wiederholt und dezidiert zu politischen Fragen Stellung bezogen, etwa zur Wahl Kurt Waldheims zum österreichischen Bundespräsidenten oder zum Bürgerkrieg im ehemaligen Jugoslawien. Die Liste der angeführten Beispiele ließe sich beliebig verlängern, aber soviel ist schon jetzt klar: das Bild vom kleinlauten Rückzug der vorher großmäuligen Intellektuellen läßt sich *so* nicht aufrechterhalten: wie andere Menschen auch, bestehen Schriftsteller aus einer öffentlichen und einer privaten Person, und die Beziehungen zwischen beiden sind widersprüchlicher und vielschichtiger, als es auf den ersten Blick erscheint. Zwischen den Zeilen oder besser gesagt hinter den Wörtern eines scheinbar eindeutig politischen Texts verbirgt sich ein persönlicher Subtext, der wie ein Geheimcode dechiffriert und vom Leser mitbedacht werden muß.

Die zugrundeliegende Ambivalenz, die sich aus dem Doppelcharakter des Buches als Tausch- und Gebrauchswert, als Ware und als Kulturgut ergibt, veranschaulicht das folgende

Zitat in Regel und Beispiel zugleich. Es stammt nicht aus Hegels »Phänomenologie des Geistes«, wie Kenner vermuten könnten, sondern aus der »Phänomenologie der Entgeisterung« des Wiener Romanciers Robert Menasse, der Hegel zugleich parodiert und in die Gegenwart hinein fortschreibt – eine Doppelbödigkeit, die der skizzierten Problematik des Engagements durchaus entspricht:

»Die Produktion des Scheins wird zur Produktion nun eines doppelten Scheins: nicht nur eines Scheins des Seins, sondern auch eines Scheins des Seins im Anschein, es zu sein. Die einfache Vermitteltheit von Schein und Sein bricht dadurch auseinander. (...) Indem das ästhetische Bewußtsein dies erkennt, geht es von der Scheinproduktion von Identität gesellschaftlicher Zerrissenheit über in die Produktion von Scheinformen dieser Zerrissenheit: indem es entweder Partei ergreift oder sich hermetisch entzieht und sich verweigert. Im ersten Fall reproduziert das Kunstwerk die gesellschaftliche Zerrissenheit *in sich*, durch die Kluft, die es, dem Ganzen sich verweigernd, zwischen sich und der Welt aufreißt...«

Engagement und Elfenbeinturm sind, so besehen, zwei Seiten derselben Sache; je nach wechselnder Konjunktur blasen die Schriftsteller zum Rückzug oder zum Angriff, gehen politisch in die Offensive oder predigen soziale Enthaltsamkeit. Daraus ergibt sich das seltsame Schauspiel, daß ein kritischer Vordenker des Zeitgeists wie Hans Magnus Enzensberger kürzlich in einem Interview seinen Radikalismus von 1968, Theodor Heuss paraphrasierend, als »dummes Gerede, leerer Quatsch, extremistischer Blödsinn« abgetan hat. Niemand ist vor Irrtümern gefeit, und es spricht für Enzensberger, wenn er seine Fehleinschätzungen nachträglich korrigiert. Aber sein intellektuelles Prestige ist, wie das seiner Zunftgenossen, einem schleichenden Erosionsprozeß ausgesetzt. Die Wende vom Herbst 1989 hat nicht nur die Berliner Mauer, sondern auch die Podeste und Podien geschleift, auf denen Zeitgeist-Auguren sich in Rednerposen spreizten. Der

Autor als politischer Guru hat ausgedient, er muß sich etwas anderes einfallen lassen, neue Gedichte und Geschichten zum Beispiel, und das wäre kein Verlust, sondern ein Gewinn für die Literatur.

Blutige Irrtümer

Wie blutig Schriftsteller sich irren können, die ihr fehlgeleitetes Engagement höher stellen als die jedem Kunstwerk inhärente Moral, möchte ich abschließend an zwei Beispielen darlegen. Letzten Winter kaufte ich bei einem Antiquar in Toulouse ein Buch, das ich trotz oder wegen seines anrüchigen Inhalts schon immer hatte lesen wollen: »Bagatelles pour un massacre« von Louis-Ferdinand Céline, ins Deutsche übersetzt unter dem reißerischen Titel »Die Judenverschwörung in Frankreich«. Céline hatte dieses antisemitische Pamphlet nicht Anfang der vierziger Jahre publiziert, um sich bei den Nazis anzubiedern, wie ich irrtümlich angenommen hatte, sondern im Frankreich der Volksfront, 1937, als die deutsche Besetzung des Landes noch in weiter Ferne lag. Es ging nicht um die intellektuelle Kollaboration, die ihn nach dem Krieg ins Gefängnis bringen sollte, sondern um weniger und mehr zugleich. Noch dazu handelte es sich nicht um eine schmale Propagandabroschüre, sondern um ein umfangreiches Werk von über 300 Seiten, Célines dritten Roman, nach »Reise ans Ende der Nacht« und »Tod auf Kredit«, wenn ich richtig gezählt habe. Am meisten überrascht aber hat mich der Inhalt dieses zwar gut geschriebenen, aber zu Recht verpönten Buches, das auf weite Strecken ein Reisebericht ist. Ich hatte mich oft gefragt, wo und in welcher Form Céline das literarische und politische Fazit seiner Rußlandreise gezogen hat, die er 1936, im gleichen Jahr wie André Gide, unternahm und die ihn vom Sympathisanten zum haßerfüllten Gegner des Sowjetstaates werden ließ. Was war geschehen? Céline, der sich damit brüstete, mit »Reise ans Ende der Nacht« den ersten »kommunistischen« Roman geschrieben zu haben, kam nicht als offizieller Staatsgast und gefeierter Star in die Sowjetunion wie André Gide, sondern aus einem viel prosaischeren Grund: um die Tantiemen aufzubrauchen, die ihm die russische Übersetzung seiner Bücher eingebracht hatte. Trotz seines gut gepolsterten Rubelkontos durchschaute Céline die Propagandalügen und Potjemkinschen Dörfer des Stalinismus und wandte sich enttäuscht von der Sowjetunion ab; aber anders als Gide, der sich danach wieder zu Menschenwürde und Demokratie bekannte, zog Céline aus seiner Rußlandreise die genau entgegengesetzte Konsequenz. Die korrupte Bürokratie, Brutalität und Ineffizienz des Sowjetsystems war für ihn das Ergebnis einer jüdischen Weltverschwörung, die Céline in anderer Form auch in Frankreich, England und den USA, ja sogar in Nazideutschland am Werk sah; daß die Opfer des Stalinschen Terrors, ähnlich wie die Hitlers, vorzugsweise jüdische Intellektuelle waren, übersah er dabei geflissentlich: im Gespräch mit Lion Feuchtwanger 1937 hat Stalin Judas als den Prototyp des Verräters bezeichnet. Liest man Célines Buch heute, hat man den Eindruck, daß der Autor mit dem Antisemitismus zunächst nur kokettiert hat – was die Sache nicht besser, sondern schlimmer macht. Daß sein rassistisches Pamphlet bei Lesern und Kritikern auf Unverständnis oder Ablehnung stieß, bestätigte Céline in seinen Vorurteilen; aus dem frivolen Spiel wurde Ernst, und sein Ressentiment eskalierte zum Judenhaß, aus dem es kein Zurück mehr gab. Das Engagement der RAF und anderer fanatischer Sektierer beruht auf einem ähnlichen Mechanismus, sofern man hier noch von Engagement sprechen will. Zugleich ist dies ein schlagendes Beispiel für die Ambivalenz von Sein und Schein, von der bei Robert Menasse die Rede war. »Dasein heißt eine Rolle spielen« – selbst wenn es die des Bösewichtes ist: von Herostrat, der die Bibliothek von Alexandria anzündete, um in die Geschichte einzugehen, bis zum raunenden Beschwörer des Zeitgeists, der das Sittengesetz durch Blutopfer sanktionieren will. Solche Denkfiguren kommen in der Regel von rechts; daß die fatale Tradition auch auf der Linken beheimatet ist, zeigt Stephan Hermlins Novelle »Die Kommandeuse«, zu der Günter Grass kritisch angemerkt hat, »das schlimmste an dieser schlimmen Erzählung« sei, daß sie »gut geschrieben« sei; eine schlimme Geschichte deshalb, weil ihr Autor die Lügenpropaganda der SED, der Arbeiteraufstand vom 17. Juni 1953 sei ein faschistischer Putschversuch gewesen, mit einer belletristischen Fassade versah.

»Am 17. Juni 1953, kurz vor Mitternacht, betraten zwei Männer die Zelle einer gewissen Hedwig Weber in der Saalstedter Haftanstalt und machten, als die Weber auf die Frage nach dem Grunde ihrer Haft erwidert hatte, sie habe fünfzehn Jahre abzusitzen wegen Verbrechens gegen die Menschlichkeit, ihr mit den Worten »Solche wie Sie suchen wir gerade!« die Mitteilung, sie sei frei.«

Mit diesem Eingangssatz ist die Novelle hinreichend charakterisiert, die Stephan Hermlin nicht im Parteiauftrag, sondern freiwillig geschrieben hat; die SED stellte ihm das Aktenmaterial zur Verfügung, auf der die Geschichte basiert, nicht aber das Ergebnis einer parteiinternen Statistik, derzufolge nur sieben Prozent der nach dem 17. Juni Inhaftierten ehemalige Nazis waren, gleichzeitig aber 25 Prozent der SED-Mitglieder das Parteibuch der NSDAP besessen hatten. So kam das groteske Resultat zustande, daß zu Kommunisten umgepolte Nazis für höhere Löhne streikende Arbeiter als »Faschisten« entlarvten und in Schnellverfahren aburteilten – viele von ihnen zum Tode. Ein Opfer dieser Terrorjustiz war eine gewisse Erna Dorn, die 1953 in Halle wegen Bagatelldelikten in Untersuchungshaft saß und sich abwechselnd als ehemalige KZ-Insassin oder als Kommandeuse des Konzentrationslagers Ravensbrück bezeichnete, von Überlebenden des Lagers, denen man sie mehrfach gegenüberstellte, jedoch nicht identifiziert werden konnte. Die Gerichte der sowjetischen Besatzungszone und später der DDR, die ihren Fall überprüften, kamen übereinstimmend zu dem Schluß, Erna Dorn sei eine geistig verwirrte Person, die durch KZ-Phantasien auf sich aufmerksam zu machen versuche. Nachdem sie zusammen mit anderen Häftlingen am 17. Juni befreit, schon am 18. aber wieder ins Gefängnis zurückgekehrt war, interessierte sich die Staatssicherheit für Erna Dorn: aufgrund ihrer Selbstbezichtigungen, mit der Kommandeuse des Konzentrationslagers Ravensbrück identisch zu sein, wurde sie als Rädelsführerin des faschistischen Putschs vom 17. Juni zum Tode verurteilt und am 1. Oktober in Dresden mit dem Fallbeil enthauptet. Die echte Kommandeuse von Ravensbrück, die Hundeführerin Rabestein, wegen ihrer sadistischen Quälereien von den KZ-Häftlingen »das Rabenaas« genannt, saß zur gleichen Zeit anderswo im Knast und starb 1974 im DDR-Frauengefängnis Hoheneck. »Das *Neue Deutschland* hatte Erna Dorn die Biographie einer längst verurteilen KZ-Aufseherin untergeschoben.« schreibt Falco Werkentin in seinem soeben erschienenen Buch über »Politische Strafjustiz der Ulbricht-Ära«, das den Fall ausführlich dokumentiert.

Aus solchem Stoff ist Stephan Hermlins Novelle gemacht, die einen Justizmord zum Blutopfer stilisiert und eine Propagandalüge in den Rang des Kantschen Sittengesetzes erhebt – ein Text, der als Paradebeispiel des verordneten Antifaschismus in Lesebücher und Anthologien der ehemaligen DDR *und* der Bundesrepublik Eingang gefunden hat. Den passendsten Kommentar zu dieser Art von Literatur, die Engagement durch Denunziation ersetzt, hat Peter Handke formuliert: »Ein Schriftsteller müßte vielleicht durch eine Uniform gekennzeichnet sein wie ein Polizist, damit sich die Leute vor ihm ein bißchen in acht nähmen!«

Herta Müller
Wahrheit danach – Warum wir aus Diktaturen nichts lernen

Nach 1945 garantierten die westlichen Alliierten die demokratische Verfassung der Bundesrepublik. Die Vorstellung von individueller Freiheit orientierte sich bei den Deutschen jedoch nicht am Beispiel des Widerstands und des Exils. Von den Intellektuellen, Schriftstellern, Musikern, Ärzten, Juristen der Emigration wollte niemand etwas wissen. Es war der Gesellschaft wichtiger, ihre Täter und Mitläufer zu schonen und wieder zu gebrauchen. Genauso ist es seit 1989. Der Satz: »Ich weiß nicht, wie ich mich in der Diktatur verhalten hätte«, beweist das. Intellektuelle sagen ihn besonders gern. Sie stellen damit die Hypothese auf, daß sie Mitläufer gewesen wären. Und sie bitten um Verständnis für den Opportunismus, den sie nur nicht praktiziert haben, weil ihr Staat ihn nicht gefordert hat. Gleichzeitig behaupten diese Intellektuellen aber, individuelle Freiheit begriffen zu haben und sich für sie einzusetzen.

Als bekannt wurde, daß Sascha Anderson lange Jahre für die Staatssicherheit der DDR gespitzelt hat, bekam ich einen Brief von einer Freundin, die auch mit Anderson befreundet ist. In diesem Brief stand, für die Freundin habe sich an der Beziehung zu Anderson nichts geändert. Daß er, als Oppositioneller getarnt, sich das Vertrauen anderer erschleichen konnte, erschreckte die Freundin nicht. Auch nicht, daß er, obwohl er 1986 die DDR verlassen hatte, bis 1989 regelmäßig mit unveränderter Beflissenheit seinen Stasi-Führungsoffizier in West-Berlin traf und mit Berichten über ehemalige Dissidenten versorgte. Anderson sei eben ein »vielschichtiger Mensch«, schrieb die Freundin. In anderen Sätzen des Briefes wurde Freundschaft als unabhängig von sonstigen Ereignissen bezeichnet – als Gegebenheit, die sich unter keinen Umständen verändert. Die Freundin argumentierte in der Hoffnung, daß ich ihre Haltung teile, und in dem Wissen, daß ich sie nicht teilen kann. Sie schrieb: »Wenn Du von mir etwas erfahren würdest, was Du nicht erwartest, würdest Du mir dann die Freundschaft aufkündigen?«

Ich antwortete der Freundin, daß es selbstverständlich darauf ankäme, was ich von ihr an Unerwartetem erfahren würde. Wenn ich erführe, sie hätte jahrelang für den Geheimdienst berichtet, schrieb ich, würde sich aus meiner Sicht die Freundschaft zwischen uns von selber kündigen: Ich stünde, wenn wir uns sehen, vor einer Person, die ich gar nicht kenne. Die ich zu kennen glaubte, hätte es nur durch Täuschung gegeben. Die Täuschung aber, einmal zusammengebrochen, würde die Freundschaft mitreißen. Die Nähe wäre von Grund auf zerstört. Ich hoffe, ich rechne damit, schrieb ich der Freundin, daß sie sich mir gegenüber genauso verhalten würde, wenn ich die Nähe zu Menschen als Spitzel mißbraucht hätte.

Der Brief der Freundin ist die Verlängerung des Satzes: »Ich weiß nicht, wie ich mich in der Diktatur verhalten hätte.« Die Haltung dieses Briefes ist die praktische Anwendung des Satzes. Ich antworte auf diese Haltung immer gleich, weil ich nicht anders kann. Und weil ich noch nicht bereit war, diese Antwort zu ändern und in Spitzeln »vielschichtige Menschen« zu sehen, werde ich als »Moralapostel« oder »Fundamentalistin« bezeichnet.

Intellektuelle werden beim Thema Diktatur und Stasi schnell müde. Der Überdruß packt sie schon nach der ersten Silbe. Sie wollen nicht wahrhaben, daß wir heute die persönliche Freiheit als Grundwert nicht unverbindlich erhalten können. Daß wir wissen müssen, woraus diese besteht, um sie durchsetzen zu können, wo sie nicht gegeben ist. Das Menschenbild des freien Individuums kann aber ohne die Züge der Oppositionellen der letzten Diktatur nicht gezeichnet werden. Wenn wir statt dessen sagen: »Ich weiß nicht, wie ich mich in der Diktatur verhalten hätte«, wird der Sinn der persönlichen Freiheit abstrakt. Solange sie gegeben ist, sagt der Satz, haben wir Glück. Geschenkte persönliche Freiheit nehmen wir wahr. Wenn es aber darauf ankäme, diese Freiheit einzuklagen, garantieren wir für nichts.

Geschenkte Freiheit

Es geht demnach bei den aufzuarbeitenden Tatsachen aus der Diktatur nicht um Vergangenheit. Es geht um Gegenwart und Zukunft. Die Entmündigungsmechanismen begreifen und nicht ertragen wird nur, wer ein konkretes Bild von freien Menschen hat. Viele Intellektuelle verfügen jedoch nur über den eingeübten Reflex, die geschenkte Freiheit zu gebrauchen. Viele von ihnen haben vor Jahren nach der persönlichen Schuld im Nationalsozialismus gefragt. Sie glauben, das Ihre getan zu haben.

Heute sind die Fragenden von damals nicht mehr ganz jung. Sie reagieren mit dem Impetus von damals auf die Umtriebe der Nazis und der Neonazis. Vor den Diktaturen im Osten und der Frage nach persönlicher Schuld schrumpft der Impetus. Sie packen ihr Instrumentarium ein und sagen statt dessen: »Ich weiß nicht, wie ich mich in der Diktatur verhalten hätte.« Dabei war persönliche Freiheit einzufordern im Sozialismus nicht riskanter als im Nationalsozialismus, im Gegenteil.

Wenn aber die Haltung zum Nationalsozialismus außerhalb von sich selbst heute noch etwas garantieren soll, muß sie die anders daherkommenden Mechanismen der Entmündigung erkennen. Wer nur auf Identisches reagiert (von Nazis zu Neonazis), hat einen einzigen, in der heutigen Gesellschaft wichtigen Impuls. Aber auch dieser hätte es dringend nötig, seine Gründe im Zusammenhang mit der DDR-Diktatur zu betrachten.

Denn ein Impuls ist noch keine Haltung. Der Impuls, der auf das Thema Nazis/Neonazis reagiert, bleibt wichtig, aber ausreichend ist er nicht. Wer ihn bewiesen hat, denkt in anderen Bereichen nicht automatisch antitotalitär. So kam es nach 1945, daß Antifaschisten eine andere Diktatur aufbauten und keine Demokraten wurden, und so kommt es, daß in Osteuropa die Oppositionellen von damals, wenn sie heute in Machtpositionen gelangen, keine Demokraten sind. Im Schube wechselnder Zeit wollen sie sich für die Unterdrükkung von damals entschädigen. Das Verhaltensmuster ihrer Vorgänger diktiert ihnen einen schnellen Größenwahn. Sie haben über den Umgang des einzelnen mit der Macht nie nachgedacht. Sie geben sich keine andere Chance, als Parvenüs zu werden, geistige und materielle.

Um das Verhalten nach der Diktatur geht es auch in Deutschland. Es ist genauso wichtig wie das Verhalten in der Diktatur. Wenn jemand sagt: »Ich weiß nicht, wie ich mich in der Diktatur verhalten hätte«, ist darin schon enthalten: »Ich weiß nicht, wie ich mich nach der Diktatur verhalten soll.«

Imre Kertes schreibt, jedes Wissen sei sinnlos, wenn es nichts mit uns selber zu tun habe. Jorge Semprún schreibt: »Jede Erfahrung soll dem Menschen nützen. Versuchen wir es.« Die Autoren sind Überlebende der deutschen Konzentrationslager. Kertes kam nach Buchenwald ins stalinistische Ungarn zurück. Er untersucht Takt für Takt den Stalinismus mit dem durchs Überleben geretteten Sensorium. Semprún hatte schon Zeugnis abgelegt durch das Buch »Die große Reise«, als er in Solschenizyns Büchern über die Menschenvernichtung im sowjetischen Gulag las. Und er mußte dem Zeugnis, das für ihn selber jetzt einseitig geworden war, ein weiteres hinzufügen: »Was für ein schöner Sonntag!« Beide Autoren haben durch ihre Bücher ein erschütterndes Bild der Nötigung und ein unerschütterliches der persönlichen Freiheit geschrieben. Jede Gesellschaft muß aus der Extremsituation lernen für die Normalität, aus der Diktatur für die Demokratie.

Gebrauchter Mensch

Im sechsten Jahr nach der Vereinigung soll die deutsche Gesellschaft von denen zusammengehalten werden, die einen Schlußstrich unter das Thema Diktatur ziehen wollen. Auf den Extremfall, den »Gebrauch des Menschen« unter deutscher Belagerung und anschließend unter Titoscher Nötigung, wie Alexander Tisma ihn beschreibt, sind viele Intellektuelle nicht neugierig. Nicht neugierig auf das Verhalten einzelner Menschen, deren gleiche Angst Grundverschiedenes möglich machte. Wenn diese Angst zum Selbstmitleid führt statt zum Nachdenken über den Zusammenhang, der sie verursacht, dann ist sie genau das, was die Diktatur braucht und beabsichtigt. Aber diese gleiche Angst, wenn sie die eigene Person in den Zusammenhang stellt, der sie verursacht, denkt schon politisch. Sie ist eine Haltung und zur Partizipation nicht mehr zu bewegen.

Frank Castorf könnte sich, weil ihm die heutige Zeit zu verschlafen und langweilig scheint, nicht ein Stahlgewitter wünschen, wenn er seine Einzigartigkeit in den Zusammenhang jenseits seines Schädels stellen würde. Er würde begreifen, daß dieses Stahlgewitter Menschen, denen es nicht fehlt, mit hineinziehen würde. Castorf verwechselt die Bühne mit der Welt. Heiner Müller tut dies auf ähnliche Weise. Moral schränke das Werk des Künstlers ein, sagt er. Geschichte sei Material, der Schlendrian im sozialistischen Kombinat habe die fehlende Freiheit in der DDR kompensiert.

Die evangelische Kirche hat für den Spagat Manfred Stolpes zwischen Kirche und Stasi ein subtiles Wort gefunden: Eine »Pflichtkollision« habe es da gegeben, und diese sei in Diktaturen eine »kennzeichnende Lebenssituation, in der ein Mensch durch bestimmte Handlungen ebenso wie durch deren Unterlassung schuldig werden kann«. »Handlungen« und »Unterlassung« werden nebeneinander gestellt. Obwohl der Satz von einem ganz bestimmten Sachverhalt spricht, ergreift er die Flucht ins Allgemeine.

Daß die Vorstellung von persönlicher Freiheit ihre Konturen verliert, daran arbeiten auch die Politiker. Auch Helmut Kohl hat gesagt: »Ich weiß nicht, wie ich mich in der Diktatur verhalten hätte.« Rudolf Scharping hat zu bedenken gegeben, daß man von Menschen in der Diktatur nicht verlangen könne, sich dem System, in dem sie leben, zu widersetzen. In allen anderen Hinsichten handeln die beiden Politiker als Demokraten. Sie würdigen die Leute des Widerstands gegen Hitler. Sie unterstützen gelegentlich Persönlichkeiten, die von religiösen Dogmatikern verfolgt werden. So lassen sich wichtige, symbolische Gesten tun. Aber diese Gesten können nicht verhindern, daß die Politiker im eigenen Land hilflos vor den Folgen der DDR-Diktatur stehen.

Diese Austauschbarkeit von »Pflicht und Gesetz« auf der einen Seite und »Gewissen« auf der anderen Seite, wie sie von Politikern betrieben wird, ist eine Bankrotterklärung des demokratischen Denkens.

Deutschland liegt nicht in Rumänien, schrieb eine Rezensentin zu einem Buch von mir. Nein, aber das ändert nichts an der Tatsache, daß hier einzelne Menschen leben, die in politischen, sozialen, psychologischen Gefügen handeln. Die Ängste, die den Zusammenhang vermeiden, sind hier genauso häufig wie anderwo. Und wie überall hängt, was aus diesen Ängsten wird, davon ab, wie in der Normalität aus dem Extremfall gelernt wird.

Dem Satz: »Ich weiß nicht, wie ich mich in der Diktatur verhalten hätte«, habe ich lange nicht geglaubt. Inzwischen mußte ich anfangen, ihn zu glauben. Die Vielen, die ihn sagen, haben mich dazu gezwungen. Nur: Wohin geht diese Gesellschaft, in der ich diesen Satz glauben muß?

Was hätte Alexander Solschenizyn seinerzeit gesagt, wenn Heinrich Böll ihn mit diesem Satz in Köln empfangen hätte?

Kurt Sontheimer
Die Intellektuellen im politischen Leben der Bundesrepublik

Die deutschen Intellektuellen sind ebensowenig wie in anderen westlichen Ländern eine klar identifizierbare Gruppe von Menschen mit gleichen Anschauungen und gleichen Zielsetzungen, doch es war für die Bundesrepublik von Anfang an charakteristisch, daß die Bezeichnung Intellektueller im allgemeinen nur auf jene Schriftsteller und Publizisten bezogen wurde, die sich politisch eher links einstuften oder so eingeschätzt wurden, während es zur Bildung einer für das öffentliche Leben bedeutsamen Gruppe von rechten Intellektuellen bemerkenswerterweise nie gekommen ist. Selbstverständlich gab und gibt es in der Bundesrepublik auch zahlreiche konservative, rechtsorientierte Professoren, Kritiker und Publizisten, aber sie waren in der Regel nicht gemeint, wenn man von den Intellektuellen sprach.

Von Weimar nach Bonn

Das Fehlen einer als kritisches Potential ins Gewicht fallenden rechten Intelligenz ist einer der auffallendsten und historisch bedeutsamsten Unterschiede zwischen der geistig-politischen Szene der Bonner und der Weimarer Republik. In Weimar stand die kritische Intelligenz entweder links oder rechts, kaum in der Mitte; in Bonn steht die kritische Intelligenz zwar eher links, doch die linken Positionen, die sie bis Ende der sechziger Jahre, dem Beginn der Studentenrevolte, bezog, waren im Vergleich zu den linken Positionen von Intellektuellen in der Weimarer Republik eher gemäßigt und liberal. Dagegen trat die Rechte in der nationalistischen, konservativ-revolutionären Tradition der Weimarer Republik in Bonn, von ein paar Außenseitern abgesehen, so gut wie nicht mehr in Erscheinung, sondern befleißigte sich ebenfalls eines relativ gemäßigten, eher die Mitte betonenden liberalen Konservatismus. Verglichen mit der extremen Polarisierung zwischen Kommunismus und Faschismus, Rationalismus und Irrationalismus, die für das geistige Leben der Weimarer Republik so charakteristisch war und dessen enorme Spannung und Zerrissenheit ausmachte, zeigte sich das geistig-politische Spektrum des intellektuellen Lebens der Bundesrepublik zunächst auffällig eingeengt; es war im wesentlichen durch Positionen markiert, die in der Weimarer Zeit als Positionen der Mitte gegolten hätten, für die damals jedoch die Mehrzahl der deutschen Intellektuellen zum Nachteil der Republik leider wenig übrig hatte.

Charakteristisch für die Grundeinstellung der jungen Generation linker Intellektueller in der entstehenden Bundesrepublik Deutschland war ihr tiefes Mißtrauen gegenüber allen Ideologien und gegenüber den alten politischen Parolen. Als sie sahen, daß sich in den deutschen Westzonen wieder politische Parteien bildeten, die, wie sie meinten, mehr oder weniger direkt an die ideologischen Positionen anknüpften, die sie vor der Ära des Dritten Reiches vertreten hatten, sahen sie darin bereits ein Zeichen für die Restauration des Alten. So wurde der von dem linkskatholischen Publizisten Walter Dirks eindrucksvoll thematisierte Begriff *Restauration* zum beherrschenden kritischen Schlagwort der linken Intelligenz seit Beginn der fünfziger Jahre. Restauration, das war die gedankenlose Wiederherstellung alter Verhältnisse anstatt eines Neuaufbaus auf neuen geistigen Grundlagen; Restauration, das war nicht zuletzt die Wiederherstellung der alten gesellschaftlichen und ökonomischen Verhältnisse.

Im Bann der Restaurationskritik begannen die Intellektuellen bald wieder, wie schon in Weimar, unter dem Mißverhältnis von Macht und Geist zu leiden, weil die Mächtigen nicht das taten und vertraten, was die Geistigen von ihnen erwarteten. Die Intellektuellen als Vertreter des fortschrittlichen und demokratischen Geistes fühlten sich wieder einmal von der Macht im Stich gelassen; sie gewannen mehr und mehr den Eindruck, daß man nicht auf sie hörte, ihre Kritik nicht beherzigte, ihre dauernde Einmischung in die öffentlichen Angelegenheiten als störend empfand. Sie hielten die Bundesrepublik für einen Staat, in dem der freie unabhängige Geist nicht besonders viel galt, während die Wirtschaft, die großen gesellschaftlichen Interessen, die etablierten Parteien, völlig das Feld beherrschten und dem Geist allenfalls eine dienende oder sekundäre Rolle zuwiesen.

Diese weitverbreitete Gefühlslage der deutschen Intellektuellen hat es ihnen schwer gemacht, sich stärker mit dem Staat der Bundesrepublik zu identifizieren. Dennoch war ihre Kritik an dieser Ordnung eher gemäßigt, es gab keine Feindschaft, nur ein diffuses Unbehagen und zum Teil Resignation.

Dies hat sich im Laufe der sechziger Jahre spürbar gewandelt, doch die Radikalisierung eines Teils der deutschen Intellektuellen war weniger ihr eigenes, sozusagen endogenes Werk als eine Folge der studentischen Protestbewegung, von der einige sich in Bann schlagen ließen, um dann die Bewegung selber mit voranzutreiben. In wenigen Jahren formte sich neben der linksliberalen eine radikale kritische Intelligenz, die entscheidend zu der Verunsicherung und Radikalisierung des politischen Bewußtseins beigetragen hat.

Vorübergehende Versöhnung von Geist und Macht

Die Jahre vor und nach 68 waren unstreitig der Höhepunkt des Einflusses der Intellektuellen auf die deutsche Politik. Schon in den sechziger Jahren hatten sich führende Schriftsteller und Publizisten öffentlich dafür ausgesprochen, die SPD mit Willy Brandt an der Spitze zu wählen. Günter Grass hatte für die Wahl von 1969, die zum Machtwechsel in der Bundesrepublik führte, eine sozialdemokratische Wählerinitiative gegründet, der sich einige der bekanntesten deutschen Schriftsteller anschlossen, um Wahlwerbung für die SPD zu treiben, was offensichtlich Früchte trug. Der von den liberalen und linken Intellektuellen dringend für notwendig erachtete Machtwechsel fand statt und führte vorübergehend zur Versöhnung von Geist und Macht. Brandt war der erste Bundeskanzler, der dem Verband der deutschen Schriftsteller seine offizielle Aufwartung machte und an die deutschen Intellektuellen appellierte, sich aktiv an der Reform der deutschen Demokratie zu beteiligen. In keiner Phase der Geschichte der Bundesrepublik war das Verhältnis zwischen Regierung und Intellektuellen so ungetrübt wie in den fünf Jahren der Regierung Brandt, doch dieser honeymoon war fragil und konnte nicht von Dauer sein. Zum einen, weil die Intellektuellen alles andere als eine homogene Gruppe waren, zum anderen, weil die Euphorie des Machtwechsels sich rasch verflüchtigte und mit dem Übergang von Bundeskanzler Brandt zu Helmut Schmidt, der als Pragmatiker einen völlig anderen Politikertypus verkörperte als der nachdenkliche, sensible, visionäre Intellektuelle Willy Brandt, ihren persönlichen Bezugspunkt verlor.

Geistige Tendenzwende

Intellektuelle sind ihrer Natur nach nicht unter einen Hut zu bringen, aber die Ereignisse des Jahres 1968 und 69, die Studentenrevolte, der Machtwechsel und ihre Auswirkungen haben die deutschen Intellektuellen, die in den sechziger Jahren in ihrer Kritik am »CDU-Staat« noch relativ geschlossen wirkten, in verschiedene Richtungen getrieben und so zu einem neuen Arrangement der intellektuellen Szene geführt. Da waren die an den Universitäten dominierenden radikalen

Intellektuellen der Neuen Linken und ihr zahlreiches Gefolge, die im Banne der Kritischen Theorie und des in Deutschland plötzlich wiederentdeckten Marxismus ihre Kritik zu einer grundsätzlichen Infragestellung der kapitalistischen Gesellschaft und der westlichen Demokratie vorantrieben; da waren die Liberalen, die Reformen, insbesondere des Bildungssystems, befürworteten, aber nun die Prinzipien der westlichen Demokratie, die ihnen teuer waren, gegen die linken Revolutionäre und Theoretiker verteidigen mußten; da waren die Konservativen, die bis dahin als intellektuelle Macht kaum in Erscheinung getreten waren, doch nun begannen, gegen die sogenannte Kulturrevolution, die sich in Deutschland abspielte, mobil zu machen.

1982 kam der CDU-Vorsitzende Helmut Kohl durch ein von der FDP ermöglichtes konstruktives Mißtrauensvotum gegen den sozialdemokratischen Bundeskanzler Schmidt an die Macht, die er bis heute innehat. Diesem politischen Wechsel, der die bürgerliche Koalition der Adenauer-Ära wieder restaurierte, war eine geistige *Tendenzwende* vorausgegangen. Sie war eine verständliche und nicht unberechtigte Reaktion auf die geistige Vorherrschaft der Linken, die sich nach 1968 durchzusetzen begonnen hatte. Diese Reaktion gab dem konservativen Denken, parallel zu ähnlichen Entwicklungen in Großbritannien und den USA, wieder mehr Raum, und sie wurde unterstützt durch zahlreiche der ehemals liberalen Intellektuellen, gegen die sich die Kritik der 68er besonders gerichtet hatte (»Scheißliberale!«). Zwar verschwanden die linken Intellektuellen nicht von der geistigen Szene, doch ihr Einfluß ging merklich zurück, parallel zur politischen Entwicklung, in der die konservativ-liberale Politik Helmut Kohls und seiner Regierungskoalition von nun an den Ton angab.

In den fünfzehn Jahren zwischen der Großen Koalition und dem Machtverlust der Sozialliberalen Koalition (1966-1982) war das geistig-politische Leben in der Bundesrepublik heftig und bewegt und hatte stark antagonistische und aggressive Züge. Am Ende siegte die Tendenzwende, die das radikal kritische Denken der Linken zwar nicht zum Verschwinden brachte, aber doch wirksam zähmte. Es schien, als würden die meisten Intellektuellen, die sich lange Jahre mit der Bundesrepublik und ihrem System kaum identifizieren mochten, ihren Frieden mit den deutschen Verhältnissen gemacht haben, auch unter Helmut Kohl.

Beobachter des Vereinigungsprozesses

Die achtziger Jahre stellten keine besondere Herausforderung für die Intellektuellen mehr dar. Sie waren im wesentlichen mit sich selbst beschäftigt. Wie würden sie sich verhalten, als plötzlich, so unerwartet wie unverhofft, die vierzig Jahre währende deutsche Teilung durch den Machtzerfall des Sowjet-Imperialismus, unterstützt durch die »friedliche Revolution« in der DDR, überwunden werden konnte?

Die deutschen Intellektuellen in Ost und West lieferten lediglich eine Begleitmusik zum Prozeß der Wiedervereinigung, aber sie gaben nicht den Ton an. Maßgeblich waren die Interessen der auf Vereinigung drängenden großen Mehrheit der DDR-Bürger und der vom Westen gesteuerten politischen Parteien. Ihnen kam die erfolgreiche Politik der Bundesregierung Kohl zu Hilfe, die den weltgeschichtlichen *kairos* erkannte und ihn dafür nutzte, das Hauptziel der deutschen Politik, die Überwindung der Teilung, zu verwirklichen, das seit langem unerreichbar geworden zu sein schien. Die deutschen Intellektuellen hat dieser historische Umbruch natürlich stark beschäftigt, erregt und zu mehr oder weniger kritischen Kommentierungen veranlaßt, aber sie haben die Gestaltung und Durchführung des Vereinigungsprozesses kaum beeinflußt. Sie waren Beobachter, von denen die Politik wenig Notiz nahm.

Die intellektuellen Kontroversen nach der Wende von 1989 waren vornehmlich nach innen gerichtet, auf die Intellektuellen selbst. Sie beschäftigten sich mit der zweideutigen politischen Rolle der bedeutendsten DDR-Autorin Christa Wolf im DDR-Regime, mit der Zusammenarbeit anderer DDR-Autoren mit der Stasi (dies war die Stunde des Liedermachers Wolf Biermann, der dabei kein Blatt vor den Mund nahm), mit dem einseitigen, stark sympathisierenden Urteil vieler westdeutscher Publizisten und Wissenschaftler über die Verhältnisse in der DDR vor der Wende; mit den merkwürdigen Vorgängen im westdeutschen Schriftstellerverband, auf den sogar die Stasi einzuwirken vermochte, und so fort. Es waren interne Auseinandersetzungen ohne Auswirkungen auf das geistig-politische Klima der Bundesrepublik. Die deutschen Intellektuellen im Osten haben – ganz anders als etwa in Polen – zum Umsturz des Regimes kaum etwas beigetragen, die im Westen kaum etwas zur geistigen Orientierung des Prozesses der Wiedervereinigung.

Wende zu einem neuen Nationalismus?

Mit der Wiedervereinigung tauchte jedoch das neue Problem auf, ob die Wiederherstellung des souveränen deutschen Nationalstaates zur Entstehung einer nationalistischen Rechten führen könnte. Zwar hatte es schon immer vereinzelte Rechtsintellektuelle gegeben, die sich gegen die Verwestlichung der deutschen Gesellschaft und Politik wandten und den liberalen, offenen Charakter der deutschen Verfassungsordnung kritisierten; aber sie waren weit davon entfernt, das geistige und politische Gewicht der rechten Intelligenz der Weimarer Republik zu erlangen. Das ist auch nach der Wiedervereinigung nicht geschehen, doch scheinen sich heute mehr Intellektuelle auf dem Weg vom Liberalismus zum Konservativismus zu befinden als vor 1989. Der Rechten fehlen jedoch die bedeutenden Köpfe, weshalb sie sich an den Schriften von Carl Schmitt und anderen antiliberalen Denkern der Weimarer Republik orientieren. Der Historikerstreit, der noch vor 1989 ausgetragen wurde, war ein wichtiges Beispiel für diesen geistigen Trend nach rechts, aber diejenige Seite im Streit, die sich entschieden gegen die konservativen Bemühungen um eine Relativierung der Nazi-Verbrechen und eine nationale Sinngebung der deutschen Geschichte wandte, behielt vorerst noch die Oberhand.

Bis heute ist es noch nicht zu einer wirksamen Formierung einer konservativen Intelligenz in der Bundesrepublik gekommen, aber die rechte Seite des geistig-politischen Spektrums ist stärker als in früheren Perioden der Nachkriegsgeschichte Deutschlands. Dennoch ist dies noch keine Wende zu einem neuen Nationalismus und Antiliberalismus; denn die liberale Mitte im geistigen Spektrum ist – im Gegensatz zu Weimar – außerordentlich stark.

Charakteristisch für die Intelligenz der heutigen Bundesrepublik ist nämlich eine breite, in sich stark differenzierte Mittelschicht von Intellektuellen, die alles Extreme von sich abweist und sich einig ist in der Verteidigung der Grundprinzipien der demokratischen Republik, sollten diese ernsthaft gefährdet werden. Die deutschen Intellektuellen haben in ihrer Mehrheit die Lektion gelernt, die man aus der Weimarer Erfahrung ziehen kann: Sie sind sich bewußt, daß sie eine öffentliche Verantwortung haben, daß die Erhaltung und Sicherung der freiheitlichen Demokratie auch ihnen anvertraut ist; sie huldigen weniger als zu Weimars Zeiten der Vorstellung, daß Geist und Macht unversöhnliche Gegensätze sind und der freie Geist der Macht prinzipiell überlegen ist und ihr den Weg weisen muß. Sie wissen vielmehr, daß beide Sphären des Politischen, die geistige und die praktische, aufeinander bezogen und angewiesen sind und in einen produktiven kritischen Dialog miteinander treten müssen.

Demokratisches Wächteramt

Das Engagement von Intellektuellen für die Verteidigung der freiheitlichen Verfassung ist natürlich abhängig vom jeweiligen Zustand des Gemeinwesens. Wenn wir heute konstatieren, daß die Intellektuellen in der Bundesrepublik relativ ruhig und zurückhaltend sind oder sich vorwiegend der eigenen Selbstbespiegelung widmen, so ist dies auch ein Zeichen dafür, daß das Gemeinwesen in einer guten oder zumindest erträglichen Verfassung ist. Das macht die Intellektuellen nicht entbehrlich, denn die politischen Dinge sind immer im Fluß, und es bedarf der wachsamen kritischen Beobachtung, damit sie nicht aus dem Ruder geraten. Doch zum demokratischen Wächteramt, das Intellektuelle wahrnehmen sollen, gehört die Verpflichtung zur intellektuellen Redlichkeit, das Interesse an der Wahrheit und das Bewußtsein der Verantwortung gegenüber der Allgemeinheit. Werden sie mißachtet – und dies geschieht immer wieder – dann ist es berechtigt, vom »Verrat der Intellektuellen« an ihrer Mission zu sprechen. Dies ist zur Zeit kein Thema in der Bundesrepublik. Die Rolle der Intellektuellen in der Geschichte der Bundesrepublik ist, nimmt man alles in allem, eine hilfreiche und konstruktive gewesen. Vieles spricht dafür, daß dies auch in der nahen Zukunft so sein wird.

VIII.

Von der Diktatur zur Demokratie

Adam Michnik
Polens schwieriger Weg nach Europa

Es gibt eine Reihe von Problemen, die in Polen im Moment Gegenstand der erbittertsten Wortgefechte sind. Wir fragen auch nach der Zukunft. Wir fragen, ob unser Weg der Weg nach Europa ist, oder ob es noch einen anderen, einen dritten Weg gibt. Wir fragen, ob dieser Weg nach Europa für uns, die wir aus einem sozialistischen System kommen, wirklich der richtige Weg ist. Wenn wir uns Europa anschauen, dann sehen wir, daß das europäische Modell, die europäische Demokratie in einer Krise steckt, daß sie von innen her in Frage gestellt wird, daß sie eigenen Paradoxien zum Opfer fällt. Die Renaissance von Intoleranz und Fundamentalismus ist Anzeichen für diese Krise. Das zweite Gesicht dieser Krise ist die Machtlosigkeit angesichts dessen, was sich auf dem Balkan tut.

Streit um die Rolle der Kirche

Für uns Polen ist die Frage nach Europa eng verbunden mit der Frage nach unserem historischen Selbstverständnis. Der Kommunismus war eine Attacke auf unsere Identifikation, auf unser Massengedächtnis, auf unser Gruppengedächtnis, auf unsere Religion, auf unser kulturelles Bewußtsein. Ein Streit, der heute in Polen geführt wird, ist der Kampf um eine bestimmte Form eines weltlichen Staates und die Frage der Rolle der Kirche in diesem weltlichen Staat und auch in der Demokratie. Sicherlich gibt es eine Krise der bisherigen polnischen Religion, und der Streit gründet sich also auf die Frage: Wie soll das polnische Religionsverständnis heute aussehen?

Soll oder will die Kirche ein dominierender Bestandteil der

Gesellschaft sein, oder will sie Bestandteil der pluralistischen Demokratie sein? Mit dieser Frage verbunden ist der Streit um das Aussehen einer künftigen Verfassung, der Streit um das neue Strafgesetzbuch, der Streit über das Gesetz über die Massenmedien. Aber die eigentliche Fragestellung geht viel tiefer: Es geht darum, wie ein polnischer Staat seine Identität finden und wie diese Identität aussehen soll. Soll Polen ein Vaterland sein für alle Bürger, unabhängig davon, welcher ethnischen oder religiösen Herkunft sie sind, oder soll Polen ein Land sein, das vor allem für die katholischen Bürger offen ist?

Das Bedürfnis nach Sicherheit

Der zweite Streit in Polen geht um die Wirtschaftswelt, darum, wie das wirtschaftliche und auch soziale Gefüge in einem neuen polnischen Staat aussehen soll. Wir aus der antikommunistischen Opposition hatten immer drei große Ziele auf unsere Fahnen geschrieben, die wir für einen neuen polnischen Staat vorgesehen hatten. Das erste Ziel war die Souveränität des Staates – mit anderen Worten: Endlich raus mit den sowjetischen Soldaten aus unserem Land. Das zweite Ziel war ein demokratischer Staat, waren freie Wahlen, Anerkennung der Menschenrechte und offene Grenzen. Das dritte Ziel war die Freiheit der wirtschaftlichen Tätigkeit, das Recht auf privates Eigentum, die Logik von Mechanismen einer freien Marktwirtschaft. 1989 haben wir gedacht, daß dieses Angebot, das wir unterbreitet haben, so attraktiv sei, daß es vom Volk gerne aufgenommen würde und wir somit die Legitimität erhielten, dieses Programm als Prozeß durchzusetzen. Aber wir haben uns wohl geirrt. Wir haben das Bedürfnis der Menschen nach Sicherheit vergessen, die Angst vor den Risiken, die eine Marktwirtschaft mit sich bringt.

Ein ähnlicher Mechanismus spielt sich im Moment in

Deutschland in den neuen Bundesländern ab. Als der Kommunismus auseinandergefallen war, haben die Polen im Grunde ein Wunder erwartet. Doch statt dieses Wunders kam die Arbeitslosigkeit. Die Angst vor den Risiken, die der freie Markt mit sich bringt, führt dazu, daß eine Nostalgie wieder erwacht, eine Nostalgie hin zu den alten kommunistischen Zeiten. Natürlich sehnt sich niemand zurück nach der Polizei, nach der Zensur und nach der amtlich verordneten Lüge. Aber die Leute möchten gern eine Art Gleichheit in der Armut haben, eine Sicherheit, die der in einem Gefängnis gleicht. Was heißt das? Das Gefangenendilemma besteht darin, daß ein Gefangener einerseits die Gitterstäbe vor den Fenstern und die schwere verschlossene Eisentür verflucht, andererseits aber auch weiß, daß und wann er jeden Tag essen wird, trinken wird, schlafen wird, wann und wie er sich waschen wird. Er weiß, daß ihn niemand auf der Straße überfallen und ausrauben wird. Dann kommt der große Tag der Befreiung. Unser Gefangener ist in den ersten zwei Stunden seiner wiedergewonnenen Freiheit sehr glücklich. Es scheint die Sonne, man sitzt im Café, alles ist grün. Aber nach drei Stunden wird ihm plötzlich bewußt, daß er eigentlich gar nicht weiß, was und wann er heute essen wird, wann er heute schlafen wird und ob ihn niemand überfällt und ausraubt, wenn er unter einer Brücke schläft. Dann fängt er an, darüber nachzudenken, wie sicher er doch noch gestern war. Darin liegt der Schlüssel, um zu verstehen, wieso die postkommunistischen Parteien bei den Parlamentswahlen einen solchen Wahlerfolg hatten.

Abrechnung mit der Vergangenheit?

Das Problem jeder Revolution ist, wie man mit der eigenen Geschichte klarkommt. Das Problem der »Entkommunisierung« und der Abrechnung mit der Vergangenheit ist sehr kompliziert. Ich habe mich auch in bezug auf die deutsche Realität dazu mehrfach geäußert und scharf mit Joachim Gauck polemisiert. Eigentlich kann ich alle Ansichten in dieser Frage verstehen kann; aber welche Ergebnisse bringt das Abrechnungsverhalten mit sich?

Zu den Zeiten, als die Stasi noch an der Macht war, hat sie niemals so zielgerichtet gegen ihre Antagonisten vorgehen können, wie sie es jetzt tut, nachdem sie nicht mehr an der Macht ist, indem sie Berichte präpariert und gefälscht hat. Im Grunde rechnet jetzt diese Stasi mit ihren Antagonisten ab. Solange die Stasi gesagt hat: »Unser Mitarbeiter ist ein ganz bekannter Dissident«, hat das niemand geglaubt. Doch jetzt hat dieser Dissident eine ungeheure Popularität erlangt. Wenn dann heute ein demokratisches Amt dasselbe sagt, dann wird dieser Dissident sofort wieder niedergemacht. Für den gewöhnlichen Wähler wird so ein Dissident plötzlich zum Stasi-Spitzel. Wenn nun der gewöhnliche Wähler vor der Wahl steht, ob er seinen ehemaligen Parteisekretär oder den Spitzel dieses Parteisekretärs wählen soll, dann wird er sicherlich den Parteisekretär wählen.

Destabilisierung im Zentrum Europas?

Das Wirtschaftsproblem, das im Moment in Polen auf der Tagesordnung steht, ist das Dilemma zwischen Monetarismus und Populismus. Das Paradoxe unserer Politik besteht darin, daß alle Parteien ihre Stimmen aufgrund populistischer Losungen gewinnen, anschließend aber eine Politik betreiben, die von der Oppostion konsequent als monetaristisch bezeichnet wird.

Die Probleme Polens sind untrennbar verbunden mit dem, was in Rußland passiert. Doch was sich in Rußland tut, ist nicht vorhersehbar. Es gibt in Rußland Kräfte, die versuchen, in Polen wieder eine gewisse Machtposition zu erlangen.

Deshalb ist unsere Forderung, möglichst schnell Mitglied der Europäischen Union zu werden und der Nato beizutreten, keineswegs nur eine ideologische Phantasie. Für uns verbindet sich damit die Frage nach der Stabilität im Zentrum Europas. Wenn Polen Mitglied der Europäischen Union und der Nato ist, dann wird Polen ein stabilisierender Faktor in diesem Teil Europas sein. Wenn Polen außen vor bleibt, nicht in der Europäischen Union und auch nicht in der Nato ist, dann kann dies dazu führen, daß Polen ein Faktor der Destabilisierung wird, ein Faktor der Konfrontation, so wie auf dem Balkan. Unsere Nachbarn im Osten sind heute Weißrußland, die Ukraine und die Slowakei. Die geopolitische Situation Polens hat sich verändert. Dagegen hat sich die Fähigkeit, Konflikte ethnischer Natur herbeizubeschwören, nicht verändert bei den Kräften, die immer noch einen russischen Nationalismus schüren. Es ist klar, daß dies auch eine Bedrohung für die demokratische Ordnung für uns alle in Europa darstellt.

Aber ich bin dennoch Optimist, zumal es keine Kunst ist, in meinem Land Pessimist zu sein. Ich bin aus zwei Gründen Optimist: Erstens mag ich es, originell zu sein. Außerdem habe ich einfach keine andere Wahl.

IX.

Was können wir hoffen, was müssen wir tun? Die Verantwortung gesellschaftlicher Gruppen für unsere Zukunft

Hans Jochen Vogel
Die Vision einer besseren Gesellschaft

1.

Wir leben in einer Zeit sich beschleunigender Veränderungen, denen unser Bewußtsein kaum noch folgen kann. Technisierung, Computerisierung und Automatisierung nehmen weiter zu, die Erwerbsarbeit verliert an Bedeutung, die Kommerzialisierung dringt in Lebensbereiche vor, die ihr bisher verschlossen waren, gleichzeitig stößt das materielle Wachstum an ökologische Grenzen, deren Überschreitung zunehmend als Bedrohung empfunden wird. Neben die reale Wirklichkeit tritt eine von den elektronischen Medien erzeugte mediale Scheinwirklichkeit. Mehr und mehr Probleme sind nur noch global lösbar. Die Bindekraft der Institutionen und Organisationen lockert sich, überkommene Milieus lösen sich auf, die Individualisierung nimmt zu. Alte Konfliktmechanismen – etwa Nationalitätenkonflikte – treten nach der Überwindung des Ost-West-Gegensatzes und dem Zusammenbruch des kommunistischen Systems wieder hervor und erhöhen die Unübersichtlichkeit.

Chancen und Gefahren halten sich die Waage.

2.

Hoffnung ist die Erwartung des Guten. Sie ist ins Gelingen verliebt, nicht ins Scheitern. Sie lebt von der Erwartung, die Gefahr könne gebannt, das Unheil könne abgewendet werden.

Ich halte Hoffnung für begründbar,

– weil – und das ist meine persönliche Aussage – den Menschen nicht die Verdammnis, sondern das Heil verheißen ist,

– weil bisher auch nach großen Katastrophen stets ein neuer Anfang gelungen ist und die Menschheit sich jedenfalls über längere Zeiträume als lernfähig erwiesen hat, und

– weil es auch jetzt Wege wenn schon nicht aus, so doch in der Gefahr gibt, die uns das Unheil vermeiden lassen.

3.

Was müssen wir tun?

– Wir brauchen die stimulierende Kraft der Vision einer besseren und gerechteren Gesellschaftsordnung. Ohne eine solche Vision, die der Vergangenheit Bedeutung zuschreibt, die Gegenwart erklärt und für die Zukunft Orientierung liefert, wären die Reformen, die unsere gesellschaftliche Ordnung im Laufe dieses Jahrhunderts menschenwürdiger gemacht haben, nicht durchzusetzen gewesen. Und ohne diese Vision wird die dringend erforderliche Bewußtseinsänderung schon deswegen nicht gelingen, weil wir ohne sie in einer Flut von widersprüchlichen Informationen ertrinken und die Orientierung verlieren. Die politischen und gesellschaftlichen Gruppen müssen einen Wettbewerb solcher realer Utopien in Gang setzen.

Wir benötigen eine neue Definition des Fortschritts und eine Neubestimmung der Kriterien für die Beurteilung der Erfolge und Mißerfolge unserer Gesellschaft. Die Automatik der wissenschaftlichen, technischen und ökonomischen Entwicklung garantiert nicht länger die Durchsetzung humaner Werte. Fortschritt muß künftig auf eine höhere Qualität menschlichen Lebens zielen. Er verlangt Umdenken, Umsteuern, Auswählen und Gestalten vor allem in Technik und Wirtschaft. Eine bessere Zukunft hängt nicht nur von dem ab, was wir tun, sondern auch von dem, war wir unterlassen, obwohl wir es tun könnten.

– Wir müssen erkennen, daß die soziale Frage heute zu

einer globalen Frage geworden ist. Die weltweite Verteilung von Wohlstand und Macht sowie die Inanspruchnahme der ökologischen Ressourcen ist heute exklusiver und ungerechter, als sie es im 19. Jahrhundert im nationalen Bereich war. Wir gehören dabei zu denen, die Macht und Wohlstand abzugeben haben.

Die gesellschaftlichen Gruppen müssen sich stärker um den einzelnen bemühen und ihn durch Beispiel und Argumentation zur Mitarbeit gewinnen, weil der »stumme Zwang« des Milieus, in dem jemand geboren wird und aufwächst, kaum mehr wirkt. Dabei müssen sie die Grenzen der Selbstverwirklichung aufzeigen und den dienenden, auf Solidarität zielenden Charakter ihres Engagements glaubhaft machen. Auf ein Mindestmaß an sogenannten Sekundärtugenden können sie ebenso wenig verzichten wie das Gemeinwesen.

Die Orientierung der Politik und des gesellschaftlichen Handelns an Grundwerten muß deutlicher hervortreten. Die jeweiligen Führungspersonen sollten auch zu erkennen geben, von welchen Überzeugungen und mit welchen Begründungen sie für sich die Grundwerte ableiten. Ihre eigene Lebensführung muß im Einklang mit dem bleiben, was sie öffentlich vertreten und von anderen fordern.

Hans Küng
Die Verantwortung der Religionen und der Kirchen

Was hält die moderne Gesellschaft zusammen?

Über mehrere Punkte schien mir auch zwischen Rednern recht verschiedener Tendenz Übereinstimmung zu bestehen:

1. Der moderne Staat lebt von Voraussetzungen, die er nicht garantieren kann: Die moderne Gesellschaft braucht soziale und politische Leitideen, und diese gehen hervor aus Überzeugungen, Haltungen und Traditionen, die der Freiheit vorausliegen und sich ihrer indes als Medium bedienen. Diese Ressourcen sind nicht von Natur aus da, sondern bedürfen der Pflege, der Weckung und Weitergabe durch Erziehung, so Bundesverfassungsrichter Ernst-Wolfgang Böckenförde.

Aber meine Frage: Was ist nun, wenn diese gemeinsamen Überzeugungen, Haltungen und Traditionen, die der Freiheit vorausliegen, offensichtlich weithin abhanden gekommen sind?

2. Die moderne Gesellschaftsordnung hat sich lange Zeit auf ein dickes »Polster« vormoderner Sinn- und Verpflichtungssysteme verlassen können: Auf diesen traditionalen »Polstern« hat sich der nun einmal notwendige Respekt vor der Autorität des Staates, der Gehorsam gegenüber den Gesetzen und eine Ethik der Gesellschaft lange Zeit stützen können. Aber diese Polster seien nun verschlissen; es sei unterdessen zu einer Erschöpfung traditionaler Sinnressourcen gekommen, so der Soziologe Helmut Dubiel.

Aber meine Frage: Soll der Bürger solch erschöpfte Sinnressourcen neu »erzeugen« können? Damit ist er weit überfordert. Der Mensch kann nicht alles heute wieder neu erfinden (so zu Recht Heiner Geißler). Woher soll dann aber die heutige Menschheit die moralischen und juristischen Bedingungen des Zusammenhaltens nehmen und den neuen Gesellschaftskonsens begründen können?

3. Sechs Möglichkeiten zur Stärkung des Wertebewußtseins hat Ernst Elitz zu eruieren vermocht, zu jeder Möglichkeit aber auch Gegenkräfte feststellen müssen:

– mehr Dezentralisierung und Bürgernähe (doch faktisch immer noch mehr Forderungen an Staat und Regierung).

– Stärkung der Gemeinschaft (dagegen immer brutalere Egoismen schon in den Schulen).

– Feminisierung der Gesellschaft (aber von der Überwindung des Machismus sind wir noch weit entfernt).

– Organisierung der Gesellschaft von der Familie her (tatsächlich aber immer mehr Orientierung der Familien von der Gesellschaft her).

– Menschenrechtspolitik vor Exportpolitik (aber faktisch immer wieder Überwiegen der ökonomischen Interessen).

– Kleinere Schulen (aber nicht mehr zu bezahlende Lehrer...)

Und die Religion? Die am 5. April 1995 in der Frankfurter Allgemeinen Zeitung veröffentlichten Allensbach-Zahlen belegen, daß bei allen Lockerungen kirchlicher Bindungen noch immer 54% der westdeutschen und 21% der ostdeutschen Bevölkerung sich als religiös beschreiben und 41% der Katholiken und 42% der Protestanten glauben, daß die Kirche in Zukunft für die Menschen in Deutschland gleich wichtig sein würde...

Auffälliger ist noch, daß der Philosoph Otfried Höffe meint feststellen zu können, die Gesellschaft finde ihren Zusammenhalt »durch die Sprache, durch das Schul- und Hochschulwesen, durch Kunst, Wissenschaft und Philosophie.« Nun werden vermutlich nur wenige Menschen der Auffassung sein, die heutige Gesellschaft finde ihren Zusammenhalt gerade durch Philosophie. Daß der Philosoph hier die Religion völlig ausklammert, überrascht nun doch und weckt jedenfalls das Bedürfnis nach Rückfragen. Rückfragen, die auch in anderen Bereichen gestellt wurden. So hat das Institut für strategische und internationale Studien in Washington vor kurzem ein Buch herausgegeben unter dem Titel »Religion, the Missing Dimension of Statecraft« (1994) und nachgewiesen, daß viele weltpolitische Krisen entweder durch die Ignorierung der religiösen Dimension von seiten der Diplomatie und Politik verschärft oder aber durch Religion konstruktiv einer Lösung zugeführt wurden. Und in der Tat lohnt es sich, darüber nachzudenken: Was hätte man zum Beispiel im früheren Jugoslawien vermeiden können, wenn man erkannt hätte, daß Religion und Ethnisches ganz wesentliche Dimensionen in der Beurteilung des dortigen Konfliktes sind. Da man diese Dimensionen aber von vornherein ausgeschaltet und in rein politischen Kategorien Analysen erstellt hat, sind Fehler gemacht worden, die das Dilemma noch vertieften.

Religiöse Spaltpilze

Es läßt sich aber nicht bestreiten: Schaut man sich die gegenwärtige Weltlage der Religionen an, so kann man beim besten Willen nicht behaupten, Religion halte überall die Gesellschaft zusammen. Im Gegenteil: Zwei Spaltpilze haben sich breitgemacht, die die Gesellschaft auseinandertreiben und den Zerfall beschleunigen:

1. Der religiöse Fundamentalismus: Er wird gegenwärtig insbesondere in muslimischen Ländern auf eine erschreckende Weise virulent. Von der Türkei über Palästina bis Algerien zieht sich eine blutige Spur immer neuer Terroranschläge, denen bereits Zehntausende von Menschen zum Opfer gefallen sind. Menschenverachtend wie er ist, bekämpft er nicht nur Andersgläubige wie Juden und Christen (in Israel oder wie neulich in Pakistan, aber auch im Sudan), sondern auch die eigenen angeblich »liberalen« Muslime. Genauer besehen aber ist die Einstellung der verschiedenen arabischen Regime zum islamischen Fundamentalismus höchst verschieden:

– erzwungener Ausschluß jeglichen Fundamentalismus in Syrien, Irak und Libyen;

– Versuch der Marginalisierung des Fundamentalismus in Ägypten und Tunesien;

– Versuch, dem Fundamentalismus durch die islamische Legitimierung des eigenen Regimes zuvorzukommen in Saudi-Arabien, Marokko und im Sudan;

– beschränkte Anpassung in Jordanien, Jemen, Libanon und Kuweit;

– echte Integration findet sich leider nirgendwo.

Dabei ist Fundamentalismus nicht nur eine Erscheinung innerhalb des Islam. Hochgekommen und heute weit verbreitet ist er im Raum des protestantischen Christentums. Mittlerweile gibt es Varianten nicht nur im Christentum, sondern auch in anderen Religionen wie Judentum, Buddhismus und Hinduismus. Der Fundamentalismus ist ein Weltproblem.

2. Der moralische Rigorismus des katholischen Lehramtes: In konkreten, höchst umstrittenen Fragen wie Empfängnisverhütung, künstlicher Befruchtung, Schwangerschaftsabbruch, pränataler Diagnose oder Sterbehilfe konfrontiert dieses Lehramt die Gesellschaft mit einem fast fanatischen Extremismus. Dieser eifernde Extremismus spaltet die Gesellschaft in eine »Kultur des Lebens« und eine »Kultur des Todes«, teilt die Menschheit auf in Befürworter des Lebens und Verschwörer gegen das Leben und sieht die Menschheit am Scheideweg zwischen Segen und Fluch. Jede Frau, welche die Pille benützt, gehört nach der neuen Papstenzyklika (1995) zu den »Verschwörern gegen das Leben« und zur »Kultur des Todes«. Sie ist mit ihrer Verhütungsmentalität schon auf dem Weg zur »Abtreibungskultur«, obwohl es sich in Wirklichkeit gerade umgekehrt verhält: Die Frauen, die Empfängnisverhütung üben, wollen gerade Abtreibung verhindern, während der Papst, der die Empfängnisverhütung verbietet, faktisch wie kaum ein zweiter die Abtreibung fördert.

Es ist offenkundig: Bewußt zielt solche Kirchenpolitik

nicht auf Konsens in einer Gesellschaft, sondern auf Spaltung sowie die Ausgrenzung Andersdenkender. Aber nicht nur die katholische Kirche wird gespalten, sondern die Menschheit überhaupt versucht man zu spalten, wie 1994 die Weltbevölkerungskonferenz von Kairo gezeigt hat. Die Quelle, der Wurzelgrund dieses Spaltungspilzes aber ist der Anspruch auf Unfehlbarkeit: Das Wort »unfehlbar« wird jetzt aus Angst vor übergroßen öffentlichen Reaktionen vermieden, der Anspruch selber aber in höchsten Tönen erhoben, mit Berufung auf die Autorität Petri, die heilige Schrift, die Tradition und den Konsens des Episkopats. Viele fragen sich: Wie lange wird es mit einem solchen autoritären mittelalterlichen System, dessen Erosion von Tag zu Tag greifbarer wird, noch weitergehen?

Angesichts dieser Spaltpilze ist es nun freilich auch keine Lösung, die fade Suppe der Gleichgültigkeit und des Beliebigkeitspluralismus den Menschen als neuen Gesellschaftskonsens einschenken zu wollen. Ungezählte Menschen gerade im Westen, vor allem diejenigen, die es sich leisten können, pflegen einen Lebensstil des Indifferentismus, Konsumismus und Hedonismus. Auch sie halten die Gesellschaft nicht zusammen, weil sie letztlich auf die Erlebnisbefriedigung des einzelnen aus sind; Lobredner des Hedonismus wie Daniel Cohn-Bendit geben faktisch dem Papst recht. Soziologen sprechen von einer »Erlebnisgesellschaft« (Gerhard Schulze). Der einzelne pflegt seine Interessen und ist nur insofern zum Engagement bereit, als es seinen Bedürfnissen oder Lustgefühlen dient.

Angesichts dieses Dilemmas ist es nicht leicht, für einen Mittelweg zu plädieren: Die Gesellschaft wird zusammengehalten durch ein verbindliches und verbindendes Ethos, das für die Glaubenden im Glauben an Gott verwurzelt ist, von den Nichtglaubenden aber auch aus humanen Gründen mitgetragen werden kann. Ich möchte dies an zwei Modellen verdeutlichen:

Modell I: Religionen/Kirchen beanspruchen die Herrschaft über die Gewissen. Eine solche Herrschaft wird durch den kirchlichen Apparat ausgeübt, der meint, in allen umstrittenen Fragen die Wahrheit gepachtet zu haben, obwohl dieselbe Institution im Verlauf ihrer Geschichte ungezählte Fehler und Irrtümer produziert hat: im Kampf gegen die Reformatoren, gegen Kopernikus und Galilei, gegen Darwin und die neue Bibelexegese bis hin zur Ablehnung von Menschenrechten und Religionsfreiheit. Hier herrscht eine Institution über die Gewissen der Menschen, die selber nichts lernen will und in umstrittenen Fragen wie Schwangerschaftsabbruch, pränatale Diagnostik, Sterilisation, künstliche Befruchtung, Sterbehilfe nichts als Verbote bereit hat. Doch angesichts der religionssoziologischen Ergebnisse, nach denen die Religion der Zukunft noch mehr vom Individualismus und vom freien Zugang zum Markt der religiösen Möglichkeiten bestimmt sein wird (»Bastelreligion«), hat dieses Modell keine Zukunft – außer für eine Gettokirche, auf die sich bestimmte römische Kreise und ihre Statthalter in Deutschland freilich entschieden hinbewegen.

Das Gegenmodell II lautet: Religionen/Kirchen im Dienst am Menschen. Durch ein Ethos wird die Gesellschaft nur dann zusammenhalten, wenn die Menschen das Gefühl haben: Die ethischen Normen und Maßstäbe, welche die Kirchen/Religionen vertreten,

– sind nicht Ketten oder Fesseln, sondern Hilfen und Stützen, um Lebensrichtung und Lebenswerte, Lebenshaltung und Lebenssinn immer wieder neu zu finden und zu verwirklichen;

– sind nicht Ausdruck einer egoistischen Interessenvertretung durch einen kirchlichen Apparat, sondern Ausdruck einer alle Menschen verbindenden und für alle Menschen verbindlichen Grundüberzeugung;

– wollen nicht ausgrenzen und verurteilen, sondern einladen und verpflichten.

In diesem Sinne möchte ich auf die »Erklärung zum Weltethos« hinweisen, die das »Parlament der Weltreligionen« am 4. September 1993 in Chicago verabschiedet hat. Dieses Dokument ist besonders glaubwürdig, weil hier nicht eine Religion ihre eigene Moral allen anderen überstülpen will, weil hier nicht Vertreter von religiösen Institutionen, sondern religiös engagierte und motivierte Menschen sprechen, und weil von vornherein alle Menschen, ob religiös oder nicht, eingeladen werden, sich dem anzuschließen. In dieser Weltethos-Erklärung heißt es: »Es gibt ein Prinzip, die Goldene Regel, die seit Jahrtausenden in vielen religiösen und ethischen Traditionen der Menschheit zu finden ist und sich bewährt hat: Was du nicht willst, das man dir tut, das füg auch keinem anderen zu. Oder positiv: Was du willt, das man dir tut, das tue auch den anderen! Dies sollte die unverrückbare, unbedingte Norm für alle Lebensbereiche sein, für Familie und Gemeinschaften, für Rassen, Nationen und Religionen.«

Ferner heißt es: »Egoismen jeder Art – jede Selbstsucht, sie sei individuell oder kollektiv, sie trete auf in Form von Klassendenken, Rassismus, Nationalismus oder Sexismus – sind verwerflich. Wir verurteilen sie, weil sie den Menschen daran hindern, wahrhaft Mensch zu sein. Selbstbestimmung und Selbstverwirklichung sind durchaus legitim – solange sie nicht von der Selbstverantwortung und Weltverantwortung des Menschen, von der Verantwortung für die Mitmenschen und den Planeten Erde losgelöst sind. Dieses Prinzip schließt ganz konkrete Maßstäbe ein, an die wir Menschen uns halten sollen. Aus ihm ergeben sich vier umfassende uralte Richtlinien, die sich in den meisten Religionen dieser Welt finden.«

Ich zähle sie nur auf:

1. Verpflichtung auf eine Kultur der Gewaltlosigkeit und der Ehrfurcht vor allem Leben,

2. Verpflichtung auf eine Kultur der Solidarität und eine gerechte Weltwirtschaftsordnung,

3. Verpflichtung auf eine Kultur der Toleranz und ein Leben in Wahrhaftigkeit,

4. Verpflichtung auf eine Kultur der Gleichberechtigung und die Partnerschaft von Mann und Frau.

Dies scheint mir die Grundlage auch für das 21. Jahrhundert zu sein, von der her eine Gesellschaft zusammengehalten werden kann. Ich zitiere zum Schluß die Schlußsätze aus dieser Erklärung: »Unsere Erde kann nicht zum Besseren verändert werden, ohne daß das Bewußtsein des Einzelnen geändert wird. Wir plädieren für einen individuellen und kollektiven Bewußtseinswandel, für ein Erwecken unserer spirituellen Kräfte durch Reflexion, Meditation, Gebet und positives Denken, für eine Umkehr der Herzen. Gemeinsam können wir Berge versetzen! Ohne Risiko und Opferbereitschaft gibt es keine grundlegende Veränderung unserer Situation! Deshalb verpflichten wir uns auf ein gemeinsames Weltethos: auf ein besseres gegenseitiges Verstehen sowie auf sozialverträgliche, friedensfördernde und naturfreundliche Lebensformen. Wir laden alle Menschen, ob religiös oder nicht, ein, dasselbe zu tun!«

Hubert Markl
Gesellschaft und Wissenschaft

»Den Teufel fühlt das Völkchen nie, und wenn er sie am Kragen hätte«, heißt es in Goethes »Faust«. Manche glauben, der Teufel in diesem Satz sei die Wissenschaft. Dabei ist die Wissenschaft eine der wichtigsten Kräfte, die die sich langsam bildende Weltgesellschaft über alle Rassen, Religionen, Geschlechter, Klassen hinweg tatsächlich zusammenführen kann und schon zusammengeführt hat. Wenn es überhaupt einen Bereich der menschlichen Gesellschaft gibt, in dem es schon etwas wie einen Weltkonsens gibt, dann ist es die Gemeinschaft der Wissenschaftler. Wer die Konferenzen in Rio, Kairo oder Berlin mitverfolgt hat, weiß: Die Probleme sind unendlich schwierig, die politischen Schlußfolgerungen heftig umstritten, und es wird noch lange dauern, bis man zu politischen Handlungskonsensen kommt. Aber man kann auch feststellen: Hinsichtlich dessen, was die Wissenschaft zur Bewältigung der globalen Probleme, vor denen wir stehen, beitragen kann, hat sie ihre Hausaufgaben in den letzten Jahren immer besser gemacht. Es wurde ein Fundament gelegt, das die Menschheit, die die Biosphäre als ihren gemeinsamen Lebensraum hat, instand setzt, mindestens die gemeinsamen Probleme richtig zu erkennen und auch – hoffentlich – Lösungen dafür zu finden.

Wissenschaft kontra Religion?

Die Wissenschaft hat es insofern etwas einfacher als die Religionen, die natürlich unter dem Problem leiden, daß sie auch historisch begründet einen Wahrheitsanspruch vertreten, der sich dann, wenn es mehrere Religionen gibt, hart im Raume stößt und deswegen große Bemühungen notwendig macht, das Gemeinsame herauszuarbeiten und zu finden.

Die Wissenschaft kann nicht den Anspruch erheben, ein Totalwissen über die Welt zu haben; ganz im Gegenteil: Der Teil der menschlichen Erfahrung, den die Wissenschaft behandelt, ist beschränkt, bezieht sich im wesentlichen auf die physische Wirklichkeit. Die metaphysische Wirklichkeit bleibt dabei gleichsam ausgeblendet. Insofern sollte es auch längst vorbei sein, daß sich die Diskussion zwischen der Wissenschaft, vor allem der Naturwissenschaft, auf der einen Seite und der Religion auf der anderen, daran festbeißt, sich gegenseitig zu widersprechen. Sie beziehen sich im wesentlichen auf verschiedene Erfahrungs- und verschiedene Bedeutungswelten. Die Religionen haben eine ethische Begründungspflicht, zu der die Wissenschaft relativ wenig beizutragen hat, und deshalb muß es keine großen Widersprüche geben. Richtig ist auch: Das Wissen, das die Wissenschaft bietet, ist intellektuell höchst befriedigend, wenn man sich die Mühe gibt, sich darauf einzulassen. Aber es bleibt dennoch ein etwas kaltes Wissen, das Gemüt wird wohl weniger befriedigt, Emotionen weniger angeregt. Darüber muß sich die Wissenschaft immer im klaren sein.

Wissensbasierte Gesellschaften

Aber dennoch: Was die Wissenschaft in diesem enger gezogenen Rahmen leistet, ist für unsere Gesellschaften unentbehrlich. Die Bedeutung wissenschaftlicher Erkenntnisse für moderne Gesellschaften ist so groß, daß man diese geradezu als »wissensbasierte Gesellschaften« auf den Begriff gebracht hat, genauso wie selten versäumt wird, die heutige Industriezivilisation als »wissenschaftlich-technisch« zu kennzeichnen. Damit ist zwar zutreffend gesagt, daß Wissenschaft und vor allem technisch anwendbarem Wissen dabei eine eminente Rolle zukommt, unsere Lebensprobleme zu bewältigen. Aber das sollte nicht den falschen Eindruck aufkommen lassen, als sei es im wesentlichen die Rolle der Naturwissenschaften und der technischen Wissenschaften, die hierbei gefragt ist. Ohne das über Jahrhunderte systematisch entfaltete Wissen der Jurisprudenz zum Beispiel ist eine moderne Gesellschaft ebensowenig zu organisieren wie ohne das Organisationswissen eines leistungsfähigen Verwaltungssystems oder ohne den Fundus eines hochentwickelten Betriebsführungs-, Volkswirtschafts- und Logistikwissens. Den gewaltigen organisatorischen Leistungen der Produktion und Verteilung von Gütern sowie des Kommunikations- und Verkehrssystems für Menschen, Güter und Nachrichten, des Gesundheitswesens, der sozialen Fürsorge und der Aufrechterhaltung von Sicherheit und Ordnung nach innen und außen liegen unüberschaubar vielfältige Regel- und Vorschriftenbestände zugrunde, die im Idealfall vor allem auch dazu dienen sollten, dem einzeln oder gemeinschaftlich handelnden Menschen Freiräume für selbstverantwortliches Tätigwerden zu sichern. Alle diese organisatorischen Leistungen beruhen nicht nur auf der praktischen Erfahrung mit dem, was sich bewährt hat.

Sicher hatte Hayek recht, als er sagte, das meiste, was Gesellschaften zusammenhält, sei gewachsen in einem Prozeß, der nicht einem Machen gleichkomme, sondern eher einem ständigen Entdecken, Erfinden und dann Übernehmen. Dennoch ist heute unsere Gesellschaft bis in unzählige Details hinein durchdrungen von den Ergebnissen wissenschaftlicher Forschung, sie ist auch durchdrungen von wissenschaftlich begründetem, kritisch geprüftem Handlungswissen. Wer heutzutage ein Haus baut und sich mit den Handwerkern zusammensetzt, um zum Beispiel über die Heizung, die Dämmung des Daches und die elektrische Anlage zu reden, weiß, was ein Handwerksmeister an Sachwissen wissenschaftlicher Art inkorporieren muß in dem, was er tut, wenn er eine Brennwertheizung einbaut und reguliert. Es erfordert im übrigen auch eine große Menge an Vertrauen: Die Geräte, die der Handwerksmeister bestellt und kauft, müssen funktionieren, müssen von den Ingenieuren gemäß den Vorschriften entwickelt und gebaut worden sein. An diesem Beispiel wird deutlich, wie unser Leben tatsächlich ununterbrochen von den Leistungen der Wissenschaft und dem Vertrauen auf sie abhängt.

Aber auch diese, im weitesten Sinne sozialwissenschaftliche Wissensbasis moderner Gesellschaften, in die die Umsetzung naturwissenschaftlich-technischen Wissens für die Lebenspraxis gleichsam eingebettet ist, hat selbst noch weitergehende Voraussetzungen wiederum wissenschaftlicher Art. Denn unsere Fähigkeit zu wissenschaftlicher Erkenntnis, gleich welcher Art, bedarf selbst wieder der ständigen wissenschaftlichen Reflexion und Begründung, mittels derer geisteswissenschaftliche, vor allem philosophische und historische Erkenntnis dem Denken des Menschen eben jene methodische Disziplin anerzieht, mittels derer er dann fähig wird, wissenschaftliche Erkenntnisse zu handhaben, zu kritisieren oder weiterzuentwickeln. Sie ist übrigens nicht, wie es manchmal dargestellt wird, ein Geschenk der Aufklärung, sondern der griechischen Philosophie, tiefgründig bereichert von der mittelalterlichen arabisch-jüdisch-christlichen Philosophie; sie hat durch die Aufklärung allerdings den Dynamisierungsschub erhalten, um voll zur Wirkung zu kommen.

Erkenntniskräfte stärken

Wenn damit die fundamentale Wissens- und damit zugleich Wissenschaftsabhängigkeit hochentwickelter komplexer Industriegesellschaften annähernd zutreffend erfaßt ist, wenn zugleich festzustellen ist, daß solche Gesellschaften in atemberaubender Geschwindigkeit weltweit immer dichter zu einem zusammenhängenden Ganzen vernetzt werden, und wenn es schließlich als unbestreitbar gelten darf, daß eine globale Industriezivilisation von jetzt 6, bald 8 oder 10 Milliarden Menschen keineswegs in einem stabilen Gleichgewicht existiert, sondern weltweit dramatisch wachsende – ökologische, wirtschaftliche, soziale – Probleme zu lösen hat, für die sie überwiegend selbst verantwortlich ist, dann können wir nur hoffen, daß der Fortschritt wissenschaftlicher, innovativer Erkenntnisse zur Lösung all dieser Probleme mit deren Anwachsen Schritt halten kann. Damit soll nicht behauptet werden, die Wissenschaft hätte schon die Lösungen für all die genannten Probleme. Sie hat zum Teil noch nicht einmal die klare Einsicht in die Problemursachen, aber sie bemüht sich darum, und man wird sie brauchen. Wer glaubt, daß man zurückkehren könne zu weniger wissenschaftsbestimmten und -geprägten Zeiten verkennt die Dynamik, die von 6, 8 oder 10 Milliarden Menschen, ihren Erwartungen an das Leben und ihren Wünschen ausgeht. Deshalb müssen wir dafür sorgen, daß die Erkenntniskräfte und das Erfindungsvermögen möglichst vieler Menschen nach Kräften gefördert werden. Genau dies ist die Aufgabe eines wissenschaftlich begründeten Schul- und Hochschul-Ausbildungssystems und vor allem der Universitäten als Stätten wissenschaftlicher Lehre und Forschung in allen Disziplinen menschlicher Erkenntnissuche.

Ein wissenschaftliches Ausbildungs- und Forschungssystem, das allen dafür Begabten und Begeisterten die Chance gibt, ihre geistigen Fähigkeiten zu entfalten, ist also nicht der Luxus einer wohlhabenden Gesellschaft, die es sich leisten kann, möglichst vielen jungen Menschen die intellektuelle Selbstverwirklichung zu ermöglichen; es ist vielmehr eine unentbehrliche Voraussetzung eben dieses Wohlstandes einer solchen modernen Gesellschaft. Es ist eine bittere Notwendigkeit, daß all das, was an Fähigkeiten, an Talenten in der Gesellschaft schlummert oder entwickelt werden kann, auch zur Wirkung kommen kann. Sonst wird diese global vernetzte, wissenschaftlich-technische Industriegesellschaft keine guten Chancen zum Überleben haben. Die Ingenieure sind dabei genauso unentbehrlich wie die Juristen, die Biochemiker genauso wie die Philosophen, die Physiker genauso wie die Historiker. Aber sie müssen in ihrer jeweiligen Profession kundig sein, tüchtig, klar denkend, gut ausgebildet, sie müssen fleißig und hart arbeiten, die Fähigkeit zur Innovation im Denken mitbringen, die man von der Wissenschaft verlangen kann.

Keine Heilslehre

Die Wissenschaft ist allerdings keine Heilslehre, die die Menschheit zu einer irdischen Erlösung führen könnte, noch ist sie der Wegweiser, der unserem Leben den Sinn zeigt, noch eine gütige Mutter, die uns in unseren Nöten zu trösten vermöchte. Sie ist nur – und das ist wahrhaftig nicht wenig – das beste Mittel, um die Welt, in der wir leben, besser zu verstehen, und um unser Handeln wirkungsvoll werden zu lassen.

Eine Gesellschaft, die ganz und gar auf der Grundlage des Wissens lebt, das Generationen von Menschen erworben haben und das immer weiter entwicklungsfähig ist, kann nur dann auf eine gute Zukunft hoffen, wenn sie sich ihrer Abhängigkeit von zuverlässiger wissenschaftlicher Erkenntnis bewußt bleibt, und wenn sie diese Wurzeln ihrer eigenen Existenz versteht, pflegt und akzeptiert.

Die Wissenschaft braucht die Unterstützung der Gesellschaft nicht etwa nur, damit ihr das Geld nicht ausgeht, damit sie viele Menschen beschäftigen kann, damit sie ihrer Neugier folgen kann, sondern sie braucht diese Unterstützung, weil die Wünsche, die die Gesellschaft implizit oder explizit an die Wissenschaft ständig richtet, nur dann wenigstens einigermaßen beantwortet werden können, wenn ein Vertrauensverhältnis besteht.

Und die Wissenschaft muß ihrerseits dafür sorgen, daß sie für, nicht gegen die Interessen der Menschen handelt und auch nicht gleichgültig gegenüber diesen wirkt, und daß ihr die Gesellschaft auch deshalb Vertrauen entgegenbringt, weil sie sich auf die Unbestechlichkeit und Uneigennützigkeit ihres Erkenntnisstrebens verlassen kann. Mit anderen Worten: Wir haben alle dann am meisten von der Wissenschaft zu hoffen, wenn sie genau das tut, was nur sie zu leisten im Stande ist, nämlich für zuverlässige Erkenntnisse zu sorgen, und wenn sie sich dabei nicht nur von Neugier und Eigennutz leiten läßt, sondern von dem Bewußtsein, dem Wohle aller verpflichtet zu sein. Dann tut sie das ihre, um die moderne Gesellschaft zusammenzuhalten.

Tilman Todenhöfer
Perspektiven unternehmerischen Handelns

Wenn wir hoffen wollen, mit Grund hoffnungsvoll sein wollen, wenn wir wissen wollen, was zu tun ist, müssen wir möglichst objektiv ermitteln, wo wir stehen und wohin uns die Entwicklung führen wird, wenn wir so weitermachen wie bisher.

Heute sieht es jede Seite anders; zur Bestätigung der eigenen Einschätzung werden meist kurzfristige Erkenntnisse herangezogen. Schlagworte haben ausgewogene Betrachtungen verdrängt. Der Dialog reduziert sich oft auf Statements. Die Zahl der Statements nimmt zu: Die Medien fordern, die Medien fördern dies. Wir wollen, daß der normale Bürger hoffen und wissen kann, was er tun soll. Indes: Er ist zunehmend überfordert, wird fatalistisch, glaubt bald keinem mehr.

Wir sind alle aktiv. Aktivität, unkontrollierte allemal, gebiert keine Hoffung mehr. Nachdenken, das Formulieren und Anfordern nachvollziehbarer, erfüllbarer, realistischer und klarer Ziele ist gefragt. Nicht zu viele; je weniger, desto besser. Und: Es sollten, wo irgend möglich, gemeinsame Ziele sein.

Viele wissen nicht mehr so richtig, was eigentlich Staat, Unternehmen, Parteien, Gewerkschaften usw. bedeuten. Vorgefaßte Meinungen beherrschen die Szene, man schreibt, man sendet, man liest und hört oft nur noch das, was in das eigene Weltbild paßt.

Welche Aufgabe hat der Unternehmer in diesem Umfeld? Seine wesentliche Aufgabe ist es, den Bestand und die positive Fortentwicklung des ihm anvertrauten oder gehörenden Unternehmens zu sichern. Die Erhaltung von Arbeitsplätzen an einem bestimmten Ort ist kein primäres Unternehmensziel. Sie ist vielmehr die Folge erfolgreichen Wirtschaftens in günstiger Umgebung. Erfolgreiches Wirtschaften in Deutschland heißt nicht nur Erhalt von Arbeitsplätzen, sondern Hilfe für die Arbeitssuchenden durch das Angebot zusätzlicher Arbeitsplätze.

Beachten wir aber auch: Ein multinationales Unternehmen darf seine Verantwortung gegenüber den außerhalb Deutschlands tätigen Mitarbeitern nicht vergessen, um so mehr, als deren soziale Absicherung in vielen Fällen sehr gering ist.

Unternehmertum unterliegt besonderen ethischen Anforderungen. Ethik und betriebswirtschaftliche Notwendigkeit bis hin zum Arbeitsplatzabbau widersprechen sich nicht. Daß der Arbeitsplatzabbau – wo notwendig – ultima und nicht prima ratio ist, muß Grundsatz sein. Wenn ein Arbeitsplatzabbau notwendig wird, ist auch die Form der Durchführung eine ethische Frage.

Erfolgreiches Wirtschaften und verantwortungsvoller Umgang mit dem Ergebnis des Erfolgs erzeugen Vertrauen. Konkret absehbares oder zumindest befürchtbares Scheitern eines Unternehmens oder eines Projektes führt bei den Beteiligten zur Verunsicherung bis hin zur Resignation.

Zuversicht, Mut und Resignation sind auch psychologische Faktoren. Dem einzelnen Unternehmer mag es nicht am Mut gebrechen. Nur: Viele fremdbestimmte Faktoren nehmen ihm den Mut. Er ist überbestimmt; Normen, Regeln, Vorschriften hemmen ihn. So kommen wir zum Beispiel nicht von in anderen Zeiten vereinbarten, heute nicht mehr haltbaren Regeln herunter. »Wohlstand, Wohlergehen – wo noch vorhanden – gibt es nur noch auf Zeit«; »irgendwann knallt es« – das sind verbreitete Befürchtungen. Bei solch einer Grundstimmung kann sich Kreativität nicht entfalten.

Was aber kann einen Unternehmer hoffnungsvoll stimmen, ihn hoffen lassen, zu wissen, was zu tun ist?

Erstens: Die Überbeanspruchung unserer Wirtschaft ist offenkundig. Dies wird vom Individuum erkannt. Die Systeme reagieren noch nicht in ausreichendem Maße. Angst vor der Reaktion des Individuums – zum Beispiel in Form von Wählerstimmen, Beitragsreduzierungen, Austritten usw. – ist der Hauptgrund, das Beharren auf einer einmal gefaßten Meinung oder Entscheidung ein weiterer. Aber der einzelne Bürger ist heute in seiner Erkenntnis oft weiter als die ihn vertretenden Systeme.

Zweitens: Die Leistungsbereitschaft definierbarer und definierter Gruppen in den Betrieben ist sehr groß. Die Unternehmen sind dabei, die Voraussetzungen zur Bildung solcher Gruppen und Gemeinsamkeiten noch zu erweitern und zu verbessern. Verantwortung wird in übersichtlicher Form zugeordnet. Die Akzeptanz zeigt eine steigende Tendenz.

Drittens: Die Unternehmer haben verstanden, daß sie mehr kommunizieren müssen, daß sie sich verständlich, ihre Sorgen nachvollziehbar machen müssen. Das gelebte Vorbild zieht mit. Tägliches Vorbild sein zu müssen, bedeutet mehr Leistung. Viele treten aus ihrer Anonymität heraus, sie verstehen, daß es auf jeden ankommt.

Viertens: Der ausländische Wettbewerb wird mehr und mehr verstanden. Viele Unternehmen und ihre Mitarbeiter und ihre Betriebsräte stellen sich dieser Herausforderung aktiv, soweit sie können, soweit man sie nicht behindert. Unsere Reaktion eilt. Archaische Reformdiskussionen vernichten Arbeitsplätze.

Wir haben Perspektiven. Meine Hoffnung ist eine schnelle gemeinsame und verantwortliche Umgestaltung. Das derzeitige Zerren um einen möglichst großen Anteil am vermeintlich verfügbaren Geld der Unternehmen und der Bürger ist der falsche Weg. Viele unserer Mitbürger denken hier schon ganz anders, positiver. Wenn sie sich durchsetzen, besteht Hoffnung und große Sicherheit darüber, was zu tun ist.

Wir sollten die wirtschaftliche Erholung, so sie kommt, dazu nutzen, Leistungen, die der internationale Wettbewerb nicht mehr duldet, anzupassen. Auf keinen Fall dürfen wir mögliche, vorübergehend höhere Einnahmen zu neuen Leistungszusagen benutzen. Verbände, Gewerkschaften, Parteien, Unternehmen müssen den Dialog über das Machbare und Notwendige suchen und versuchen.

Wir werden vielleicht staunen, wie groß die Akzeptanz für eine Neudefinition des Leistungsangebotes, soweit es zumutbar und erträglich gestaltet wird, bei den Bürgern ist. Wenn ich einzelne spreche und höre, habe ich Hoffnung. Wenn die Artikulation über Gremien erfolgt, sinkt der Grad meiner Hoffnung. Hier ist etwas zu tun.

Walter Riester
Dialog, Verständigung, Solidarität

Zivilisierung des Marktes

Die Versuche, Hoffnungen als politische Utopien für allgemeingültig zu erklären, sind gescheitert. Geschlossene Utopien gründen auf der scheinbaren Gewißheit über der Welten Lauf. Heute sind Gewißheiten über die Auswirkungen politischen Handelns und gesellschaftlicher Eingriffe angesichts der Dynamik gesellschaftlicher, wirtschaftlicher und internationaler Entwicklungen rar geworden. Dort, wo Gewißheiten fehlen, müssen wir uns der Zukunft stellen und Möglichkeiten der Gestaltung erkunden, sie auf ihre Folgen hin überprüfen, sie wagen und gegebenenfalls neu überdenken.

Ich betone dies, weil nach dem Zusammenbruch der politischen Großutopien eine neue neoliberale Variante Auftrieb zu bekommen scheint: Die »unsichtbare Hand« des Marktes wird zum Allheilmittel hochstilisiert. Doch der Markt allein trägt nicht die Verheißung einer freiheitlichen und friedlichen Welt in sich. Er bedarf der Zivilisierung. Frieden heißt auch friedliches, gleichberechtigtes Aushandeln von Interessen, Freiheit heißt auch Freiheit von blanker Not. Wer die Menschen unter das Diktat der Ökonomie stellen will, propagiert die Unfreiheit.

Die Ungewißheiten, denen wir gegenüberstehen, sollten uns nicht dazu verleiten, für postmoderne Beliebigkeit zu plädieren oder eine Politik des »Durchwurstelns« zu betreiben. Es gibt Leitbilder in unserer Gesellschaft, die auf Hoffnungen gründen und die der Mühe eines jeden wert sind: Es ist dies das Leitbild einer friedlichen und freiheitlichen, einer humanen, demokratischen und sozialen, einer umweltbewußten Gesellschaft. Diese Hoffnung gilt es zu bewahren und fruchtbar zu machen.

Wir können sie fruchtbar machen, wenn wir Bilder der Zukunft zeichnen und Vorstellungen ihrer Realisierung entwickeln. Geraten uns diese Bilder zu Luftschlössern, drohen Hoffnungen in Resignation oder gar Gewalttätigkeit umzuschlagen. Die ersten Jahre nach der deutschen Wiedervereinigung belegen das.

Verantwortung des einzelnen

Realisierbare Bilder zu entwickeln heißt, daß wir uns innerhalb unserer Gesellschaft über sie verständigen müssen. Dies ist eine ständige Aufgabe: Denn so wenig gesellschaftliche Gruppierungen starre Größen sind, so wenig taugen einmal gezeichnete Bilder für Jahrzehnte. Das setzt allerdings voraus, daß die einzelnen Menschen und Organisationen, die die Gesellschaft prägen, einander zuhören. Nur so können Zwänge und Abhängigkeiten der Gegenseite verstanden werden. Das Einander-Zuhören ist die Bedingung einer zivilen Gesellschaft und Grundlage, um Interessengegensätze in zivile Bahnen lenken zu können und Konflikte beherrschbar zu machen.

Dieser Verständigungsprozeß setzt die Bereitschaft der gesellschaftlichen Akteure voraus, verbindlich und verläßlich Verantwortung zu übernehmen, also sich der Konsequenzen des eigenen Handelns bewußt zu sein, Sorge zu tragen auch für jene, die nicht mit am Tisch sitzen.

So stark auch der Druck des globalen Wettbewerbs auf uns lasten mag – er kann und darf nicht als Argument dienen, jenen die Solidarität zu verweigern, die nicht, noch nicht oder nur unzureichend den Herausforderungen gewachsen sind, seien es andere Völker, seien es die nachfolgenden Generationen oder unsere unmittelbaren Nächsten.

Allseits wird beklagt, daß Verantwortungsbewußtsein in unserer Gesellschaft abhanden gekommen sei. Als Ursache wird der Individualisierungsprozeß benannt. Zweifel sind angebracht: Vielmehr scheint es für den einzelnen immer schwieriger zu werden, die eigene Verantwortung in einer hochkomplexen Gesellschaft zu definieren. Diese Gesellschaft ist geprägt durch Ungleichzeitigkeiten und Mittelbarkeit: Derjenige, für den der einzelne Sorge zu tragen gewillt ist, entfernt sich. Entwicklungen scheinen von Größen diktiert zu werden, die nicht mehr beeinflußbar sind. Da kann die Forderung, Verantwortung zu übernehmen, für den einzelnen zur erdrückenden Last, zur Überforderung werden.

Angesichts dieser Tendenz gilt es zum einen, durch Aufklärung über den Anderen und durch Wissen über Entscheidungsstrukturen und -optionen, Brücken zu bauen. Zum anderen sind die gesellschaftlichen Gruppierungen aufgerufen, im Bewußtsein um die Grenzen des eigenen Wissens den Dialog zu pflegen, Erkenntnisse und Lösungsmöglichkeiten transparent zu machen, gegebenenfalls zu korrigieren und den Konsens zu suchen.

Im Zentrum der Konflikte unserer modernen Gesellschaft steht die Zukunft der Arbeit, ein Thema, das die Gewerkschaften im Innersten berührt. Ich will in diesem Zusammenhang drei Herausforderungen skizzieren, die nur gemeinsam zu bewältigen sind.

Erwerbsarbeit ohne Zukunft?

Es geht zum ersten um die Zukunft der Erwerbsarbeit. Ein führender Industrieller aus Baden-Württemberg hat gesagt, wir müßten uns wahrscheinlich damit abfinden, daß auch bei steigendem Wachstum 5 bis 6 Millionen Menschen in Deutschland arbeitslos sind – eine hoffnungslose Perspektive. Aber ist die Zukunft der Erwerbsarbeit, die noch immer von zentraler Bedeutung für das Leben der Menschen ist, Bindungen schafft und für den Zusammenhalt der Gesellschaft unverzichtbar ist, wirklich so hoffnungslos?

Diese Frage kann mit »nein« beantwortet werden. Es gibt auf der einen Seite eine enorme Produktivitäts- und Leistungssteigerung, gleichzeitig zeichnen sich auch ganz deutlich Grenzen ab: Grenzen des Wachstums bezogen auf bisherige Produkte und bisherige Dienstleistungen, Grenzen des Verbrauchs von Ressourcen, Grenzen dessen, was Menschen gewillt sind mitzumachen. Auf der anderen Seite gibt es Bedürfnisse, Anforderungen, Probleme, die in dieser Gesellschaft nach wie vor ungelöst sind: Probleme der gesellschaftlichen Infrastruktur, der industriellen Infrastruktur, sozialer Dienstleistungen, der Ökologie. Vor dem Hintergrund dieser Vielzahl an potentiellen Beschäftigungsfeldern ist die Schlußfolgerung, uns ginge die Arbeit, auch die erwerbsbezogene Arbeit aus, nicht zulässig. Aus diesem Spannungsverhältnis heraus müssen neue Wege der Erwerbsarbeit entwickelt werden, die wieder Perspektiven aufzeigen. Anreizsysteme für gesellschaftlich nützliche, ökologische Produktion und soziale Dienstleistungen müssen ebenso neu durchdacht werden wie arbeitsmarktpolitische Instrumente, die Menschen Arbeit in diesen Bereichen ermöglicht. Es geht also um eine Neujustierung zwischen betriebswirtschaftlicher Rationalität und gesellschaftlicher Notwendigkeit in der Beschäftigungspolitik.

Abgesang auf den Sozialstaat?

Es geht zum zweiten um die Zukunft unseres Sozialstaates, der auf der Arbeitsgesellschaft fußt. In dem Maße, wie – um eine grobe Einteilung zu nehmen – sich die Gesellschaft in Modernisierungsgewinner und -verlierer zu spalten droht und Massenarbeitslosigkeit zur Normalität wird, ist der Sozialstaat massiv gefordert. Angesichts der jetzt schon zu hohen Belastung der Beitragszahler, der demographischen Verschiebungen in unserer Gesellschaft und der zunehmenden Dynamik des Wettbewerbes scheint der Zeitpunkt, an dem der Sozialstaat an seine Grenzen stößt, zum Greifen nah.

In den allgemeinen Abgesang auf den Sozialstaat einzustimmen ist kurzsichtig und fahrlässig. Vielmehr müssen wir uns auch hier über eine behutsame Neujustierung verständigen: über die sozial gerechte Finanzierung, etwa durch das Einbeziehen weiterer Gruppen, über das Verhältnis von Basissicherung und beitragsabhängiger Sicherung, über das Verhältnis von privatem Engagement und gesellschaftlicher Unterstützung.

Arbeitnehmerrechte wahren und erweitern

Es geht zum dritten um die Zukunft des Systems der industriellen Beziehungen. Seine ethische Grundlage ist die Erkenntnis, daß Arbeitnehmer keine Waren sind. Seine politische Grundlage ist die Erkenntnis, daß der politischen Demokratie wirtschaftliche Demokratie zur Seite gestellt werden muß, wenn sozialer Frieden Bestand haben soll.

Diese Erkenntnisse scheinen zwar in den neuen Produktionskonzepten, die den Menschen als wesentlichen Produktivitätsfaktor wiederentdeckt haben, aufgegriffen zu werden. Doch gestaltet sich der Versuch, den Arbeitnehmern ihre Rechte zu bewahren und entsprechend der neuen Anforderungen zu erweitern, als äußerst schwierig. Wer den Arbeitnehmern Kreativität, Kompetenz und Motivation abfordert, darf ihnen Mitspracherechte nicht verweigern. Es geht also im Kern darum, das Verhältnis von individueller und kollektiver Mitwirkung und Mitbestimmung, von allgemeiner und betrieblicher Regelung neu zu justieren.

Heute wird zum Beispiel teils sehr theoretisch, teils sehr plakativ darüber diskutiert, ob ein Flächentarifvertrag noch das Richtige sei. Ein wesentlicher Kern des Flächentarifvertrages ist es, für Branchen und Regionen gleiche tarifliche Mindestbedingungen zu vereinbaren, und damit auf der einen Seite die Konkurrenz der Beschäftigten untereinander zu mindern und auf der anderen Seite im vorwettbewerblichen Bereich für die Unternehmen gleiche Mindestbedingungen herzustellen, was letztendlich mit dazu geführt hat, daß es in Deutschland eine sehr homogene Industrieentwicklung gegeben hat. Dies alles wird durch die aktuelle Debatte in hohem Maße gefährdet, obwohl es ein Leitbild der zukünftigen Entwicklung sein könnte über Deutschland hinaus. Sieht es in anderen Ländern etwa besser aus? Ob man nach Frankreich blickt, nach Italien, nach Großbritannien, in die USA oder nach Japan – diese Länder sind keine Leitbilder für die solidarische, friedliche, sozialverträgliche, umweltverträgliche Entwicklung von Gesellschaften. Den Flächentarifvertrag als Modell für Europa attraktiv zu machen setzt aber voraus, daß starke Parteien wie die Gewerkschaften und die Industrie- und Wirtschaftsverbände die Ausgestaltung der Entlohnungs- und Arbeitsbedingungen sachgerecht weiterentwikkeln.

Gespür für soziale Gerechtigkeit

Chancen realisieren sich nicht von allein, sondern sie setzen voraus, daß die Akteure, die gesellschaftlichen Gruppen, die Menschen nicht nur miteinander kommunizieren, sondern auch in der Lage sind, zuzuhören und sich hineinzudenken in die Zwänge, in die Möglichkeiten, in das Denken der jeweiligen anderen Seite. Aus dem Spannungsbogen zwischen gesellschaftlichen Leitbildern und konkreten Problemlagen kann sich viel Produktives entwickeln. Im Gegensatz zu den 80er Jahren scheinen heute nicht Pessimismus und Technologiefeindlichkeit vorzuherrschen, sondern eher Aufgeschlossenheit und die Bereitschaft, Strukturen zu überdenken, anzugehen und zu ändern.

Es gibt auch genügend Hinweise darauf, daß jenseits der allgemein beklagten Individualisierung in unserer Bevölkerung ein feines Gespür für soziale Gerechtigkeit, Verantwortung und Freiheit besteht, daß Bereitschaft vorhanden ist, Schritte aus der Resignation und auch Gleichgültigkeit zu gehen, wenn der gesellschaftliche Konsens wirklich gesucht wird. Wer jedoch versucht, aus dem Gefühl der Stärke heraus partikulare Interessen durchzusetzen, wird einen Pyrrhussieg erringen, stellt die Gesellschaft vor eine Zerreißprobe. Die Gewerkschaften wollen den Dialog führen, sie sind bereit, an Problemlösungen mitzuarbeiten und Verantwortung zu übernehmen.

Peter Conradi
Politik braucht Glaubwürdigkeit
Was müssen wir tun?

Subsidiarität

»Subsidiarität« ist ein Lieblingsschlagwort der neueren Politik. Nähmen wir es ernst, dann müßten wir zugeben, daß ein großer Teil – die Hälfte? – dessen, was heute in Brüssel, Luxemburg und Straßburg entschieden wird, sachgerechter im Bundestag entschieden würde. Dann gäben wir auch zu, daß vieles, was der Bundestag beschließt, besser in den Landtagen und von den Landesregierungen geregelt würde. Dann gäben wir zu, daß die Landtage und die Landesregierungen manches regeln, was eigentlich in die Zuständigkeit der Gemeinden gehört. Gerade, weil es Probleme gibt, die nur noch weltweit oder mindestens europäisch zu lösen sind, und das heißt weit entfernt und ohne wirksame Einflußmöglichkeit der betroffenen Menschen, ist es zwingend, daß alles, was nicht zentral geregelt werden muß, an die Ebene zurückgegeben wird, die es in eigener Verantwortung regeln kann.

Es geht nicht um das Zauberwort »Deregulierung« – weniger regeln in einer ständig komplexeren Welt, das verstehe, wer mag. Es geht darum, die politischen Entscheidungen so nahe wie möglich an die Betroffenen heranzuholen, damit sie mitreden können.

Was können die deutschen Wählerinnen und Wähler gegen die EU-Kommission unternehmen? Nichts. Gegenüber dem Deutschen Bundestag und der Bundesregierung haben sie schon ein bißchen mehr Einfluß. Den Landtag und die Landesregierung kann der Wähler sogar umstimmen – ich denke an die Rücknahme der Entscheidung zur Streichung des Pfingstmontags in Baden-Württemberg. Und in den Kommunen gibt es viele Fälle, in denen zornige Bürger eine Änderung der Politik bewirkt haben.

Es geht hierbei nicht um eine Frage der Effizienz, sondern es geht um eine Frage der demokratischen Verantwortung. Wenn die politischen Entscheidungen näher an die Menschen herankommen, dann wird auch deren Bereitschaft, sich damit auseinanderzusetzen und zu identifizieren, größer sein.

Meine Partei, die aus ihrer Geschichte eher zentralistisch und aus ihrem Selbstverständnis oft paternalistisch angelegt ist, tut sich schwer damit, zu begreifen, daß Subsidiarität in Wirklichkeit Selbstbestimmung heißt. Wer für die Kurden in der Türkei ein größeres Maß an Selbstbestimmung fordert, muß im eigenen Land und in der EU gegen den bürokratischen Zentralismus, gegen die um sich greifende Fremdbestimmung ankämpfen.

Was müssen wir also tun? Nicht nur von Subsidiarität reden, sondern politische Entscheidungen so nahe wie sinnvoll und möglich zu den Menschen holen, das heißt uns »oben« gesetzgeberisch zurücknehmen und möglichst viel »unten« entscheiden zu lassen.

Worte und Taten

Politiker müssen sich und ihre Politik an den Forderungen messen lassen, die sie öffentlich an andere stellen. Wenn das Steuersystem von der überwiegenden Zahl der Steuerzahler als ungerecht empfunden wird, wenn eine wirksame Besteuerung von Kapitalerträgen von seiten der Politik bewußt verhindert wird, – ähnliches könnte man zur Bodenbesteuerung sagen –, wenn es soweit kommt, daß das Bundesverfassungsgericht die steuerliche Freistellung des Existenzminimums oder eine gerechte Bodenbesteuerung erzwingen muß, dann klingen die Forderungen nach Gemeinsinn aus dem Mund von Politikern nicht eben überzeugend.

Wer als Politiker von den Menschen Rücksicht fordert, kann nicht gleichzeitig im Verkehr den Stärkeren gegenüber dem Schwächeren privilegieren. Wieviel Geld geben Bund, Länder und Gemeinden für den Autofahrer aus und wieviel für die anderen Verkehrsteilnehmer? Solange auf den Straßen das Vorrecht des Stärkeren gilt – freie Fahrt für die schnelleren Autos – klingt die Forderung nach Rücksicht hohl.

Wer als Politiker von den Menschen Gewaltlosigkeit fordert, darf nicht offen oder unterschwellig Fremdenfeindlichkeit verbreiten. Wer die zunehmende Bindungslosigkeit beklagt, darf die Menschen nicht weiter in die Vereinzelung treiben, in dem er ihre Arbeitszeit freigibt, das heißt, ihr Leben immer mehr den Forderungen der Wirtschaft unterwirft.

Was müssen wir tun? Wir sollten als Politiker aufhören, uns gegenseitig und gegenüber den Wählerinnen und Wählern vorzuhalten, welche Defizite wir an Moral und Werten haben. Wir sollten uns statt dessen im Streit der Parteien um die richtige Politik auch darum bemühen, daß unsere Politik den moralischen Forderungen entspricht, die wir an andere stellen.

Rechtschaffenheit

Wer als Politiker von den Bürgern Rechtstreue, Rechtschaffenheit, Ehrlichkeit fordert, darf nicht zulassen, daß in Politik und Verwaltung Untreue, Vorteilsnahme und Betrug zu Kavaliersdelikten werden. Die um sich greifende Korruption – ob der Filz rot ist oder schwarz – gefährdet die Moral, gefährdet die Demokratie.

Wir Volksvertreter sind nicht besser als das Volk; ob wir gute Vorbilder sind, möchte ich bezweifeln. Aber wenn »oben« Bestechlichkeit und Steuerbetrug geduldet werden -ich denke etwa an den früheren Chefredakteur der größten deutschen Tageszeitung, der von einem großen Automobilunternehmen jahrelang mit Millionenbeträgen über Schweizer Konten geschmiert wurde und für Steuerbetrug eine Strafe von über einer Million D-Mark bekam, ohne daß ihm das in seinem öffentlichen Ansehen in Bonn geschadet hätte, – wenn so etwas als normal angesehen wird, was können wir dann von Polizisten, Lehrern, Baubeamten, was können wir vom gemeinen Mann erwarten?

Was müssen wir tun? Die italienische Demokratie ist durch Korruption der Parteien in eine tiefe Krise geraten, eine Vertrauenskrise, die man auch bei uns nicht ausschließen kann, wenn wir nicht wirksamere Instrumente gegen Bestechlichkeit, Untreue, Vorteilsnahme und Betrug in der Politik einsetzen.

Gewohnheiten des Herzens

Von den »Habits of the heart«, den Gewohnheiten des Herzens, die es zu lernen gilt, ist oft die Rede. Politik kann diese Gewohnheiten stärken und schwächen. Wenn die Scheidungshäufigkeit zunimmt, dann nützt es wenig, den hohen Wert der Ehe zu beschwören und die (kinderlose) Ehe steuerlich mit Milliardensummen zu begünstigen. Wenn wir Bindungen zwischen zwei Menschen in unserer Gesellschaft für vernünftig, für erstrebenswert halten, dann sollten wir andere, neuere eheähnliche Formen des Zusammenlebens nicht diskriminieren. Dann sollten wir das Zusammenleben von zwei Menschen rechtlich absichern, auch wenn es unseren Vorstellungen von Ehe nicht entspricht, z. B. bei Lesben und Schwulen.

Wenn die meisten Kinder heute in Einkindfamilien aufwachsen, dann lernen diese Kinder nicht mehr die sozialen Fähigkeiten, die sie früher in der Mehrkinderfamilie lernen konnten. Wenn wir wollen, daß diese Kinder lernen, wie man sich streitet und verträgt, wie man teilt, wie man sich behauptet und wie man nachgibt, dann sind der Ganztageskindergartenplatz und die Ganztagesschule wichtigere Aufgaben dieser Gesellschaft als vieles andere. Die reiche Stadt Stuttgart zum Beispiel ist nicht in der Lage, jedem Kind einen Ganztageskindergartenplatz anzubieten, doch sie diskutiert über eine neue Großsporthalle für 20000 Passivsportler.

Der Kindergartenplatz für jedes Kind wird von vielen vor allem als ein Element in der Diskussion über den Schutz des werdenden Lebens verstanden. Andere sehen ihn vor allem im Hinblick auf die Berufstätigkeit der Mutter.

Beides ist richtig. Wichtiger erscheint mir, daß im Kindergarten die »Gewohnheiten des Herzens« gebildet werden. Und wenn es stimmt, daß die Schule zunehmend für Defizite der Familie einspringen muß, dann ist es zu wenig, den Wert familialer Erziehung zu beschwören, dann müssen wir über eine andere Schule reden, die andere Werte, andere Fähigkeiten vermittelt. Mancher Kritik an den Lehrern ist durchaus zuzustimmen. Wir sollten weniger über die schulischen Quantitäten, über Lehrerzahlen und Deputatstunden reden und mehr über die schulischen Qualitäten, die Inhalte von Schule in dieser Zeit.

Die »Gewohnheiten des Herzens« kommen nicht von selbst. Gewissenlosigkeit und Jugendgewalt gegen Minderheiten gibt es überall in Deutschland, nicht nur in Ostdeutschland. Wer als Politiker nicht will, daß der Ellenbogen unser Zusammenleben bestimmt, muß bei den Entscheidungen Prioritäten setzen, muß das fördern, was er an Zusammenleben will. Was zur Zeit im Bund, in den Ländern und in den Städten bei den Kindergärten, bei den Schulen, in der Jugendarbeit, nicht zuletzt in der Jugendkultur gestrichen wird, das werden wir eines Tages an anderer Stelle bitter spüren.

Was müssen wir tun? Wir können nicht den Gemeinsinn bestimmen. Aber wir können das Lernen von Gemeinsinn überall dort stützen, wo es geschieht, nicht indem wir plakativ an den Gemeinsinn und die Verantwortung der Menschen appellieren, sondern in der Politik die Institutionen, die Ressourcen und Möglichkeiten fördern, in denen Gemeinsinn wächst. Es gibt viele ungenützte Ressourcen von Kreativität, von Selbsttätigkeit, von Gemeinsinn, die wir noch lange nicht erschlossen haben.

X.

Den Wertewandel nicht beklagen, sondern gestalten – Chancen und Aufgaben der Politik

Erwin Teufel
Den Wertewandel nicht beklagen, sondern gestalten
Chancen und Aufgaben der Politik

Zum Schluß seines Vortrages über Freiheit und Autorität im Jahre 1951 forderte Karl Jaspers seine Zuhörer auf:

»Statt sich den Stimmungen von verzweifeltem Pessimismus und gewaltsamem Optimismus zu überlassen, gilt es in der Ungewißheit unserer Welt, nicht nur die ungeheure Gefahr, sondern auch die Chancen zu sehen. Die größte und eigentliche Chance aber liegt in der Verantwortung des Menschen, jedes einzelnen. Es liegt an ihm selbst, was aus ihm wird.«

Denn in der Tat: je stärker Traditionen sich verflüchtigen, je mehr die gesellschaftlichen Vorgaben für das persönliche Verhalten an Bedeutung verlieren, je deutlicher alles Naturwüchsige in der Lebensgestaltung zurücktritt, je verfügbarer die physische Welt durch technische Eingriffe wird, um so mehr kommt es auf uns selbst an.

Es wird uns allmählich bewußt, daß in Fragen menschlichen Zusammenlebens, von der Erziehung bis zur Bewältigung der gesellschaftlichen und technischen Zukunftsrisiken, nichts von allein geht und nichts sich selbst überlassen werden darf, sondern ohne sichere Vorgaben der Tradition gestaltet und verantwortet werden muß.

Je freier der Mensch ist, um so mehr Verantwortung wächst ihm zu. Ich habe nicht den Eindruck, daß dies allen genügend klar ist, denn immer noch wird zuerst nach dem Staat, nach den Kirchen, Verbänden und Institutionen gerufen, wenn es um die Lösung von Problemen geht. Dabei läge doch als erstes die Frage nahe: Was können wir Bürger tun?

Betrachten wir unsere Gesellschaft, so ist der Befund widersprüchlich.

Es wird darüber geklagt, der Mensch sei zum Orientierungswaisen geworden, ein jeder gehe seine Wege, die sozialen Bindekräfte seien zerschlissen, Egoismus, Materialismus und Hedonismus seien hervorstechende Merkmale dieser Gesellschaft.

Der Bremer Kulturwissenschaftler Lothar Probst hat in diesem Zusammenhang – bemerkenswerterweise in der »taz« – festgestellt:

»Selbst dort, wo Bürgereinmischung und Bürgerpartizipation stattfinden, geht es keinesfalls nur um Gemeinwohlorientierung, sondern immer öfter um einen gruppenegoistischen und besitzindividualistischen Lobbyismus.«

Dem steht gegenüber, daß unzählige Menschen sich in der Nachbarschaftshilfe, in der Kirche, in der Sozialarbeit, Jugend- und Vereinsarbeit, für ausländische Mitbürger, für die Kinderbetreuung, für Jugendclubs, für die Pflege von Alten und Behinderten, für die Umwelt engagieren.

Unsere Demokratie ist gefestigt. Die Bejahung der demokratischen Institutionen ist ungebrochen, sie haben sich gerade im Prozeß der deutschen Vereinigung neu bewährt. Der Grundkonsens über die Geltung der Grund- und Menschenrechte, über Gewaltlosigkeit, Toleranz und Mitmenschlichkeit wird nach wie vor von einer ganz großen Mehrheit der Menschen mitgetragen.

Im übrigen gehört zu den erfreulichsten Ergebnissen der Allensbacher Langzeitumfragen: Ein sehr hoher Prozentsatz der Bevölkerung baut im Falle von persönlicher Not auf Hilfe durch die Familie (87 %) und von Freunden (72 %).

Trotzdem gibt es keine Veranlassung, sich selbstzufrieden in den Sessel zurückzulehnen.

Wenn es um unsere Antworten auf die gewaltigen gesellschaftlichen Veränderungen geht, um den Auftrag zur politischen Gestaltung, möchte ich zunächst auf folgende Aspekte hinweisen:

Das erste: Wir müssen auf alles vordergründige Moralisieren verzichten. Es endet bloß bei billigen Schuldzuweisungen. Moral hat erst dort eine Chance, wo das Moralisieren aufhört.

Ein zweites: Wir dürfen es uns nicht so einfach machen mit dem sogenannten Wertewandel. Richtig ist: In einer materiell gesättigten Gesellschaft treten Werte der materiellen Grundversorgung zurück, postmaterielle Werte, Kulturwerte gewinnen an Bedeutung. Sogenannte Pflicht- und Akzeptanzwerte treten in freiheitlichen Gesellschaften zurück gegenüber Selbstentfaltungswerten.

Aber wieviel soziale Wirklichkeit wird durch solche Schemata erfaßt? Entscheidend sind doch die Auswirkungen auf das mitmenschliche und soziale Verhalten und damit auf die Familie, auf die Erziehung, auf das Rechtsbewußtsein. Darüber vor allem werden wir uns politisch noch viel gründlicher auseinandersetzen müssen.

Ein drittes: Wir dürfen nicht einem mechanistischen Welt- und Gesellschaftsverständnis erliegen. Wir haben uns als Folge des wissenschaftlichen Analysierens und Erklärens des Menschen zu sehr an der – für mich – brüchigen Erkenntnis orientiert, menschliches Verhalten regele sich von selbst, sofern nur die richtigen Mechanismen freigesetzt würden.

Dies ist in meinen Augen eine fundamentale Verkennung von menschlicher Freiheit und damit der persönlichen Verantwortung des Menschen.

Viertens: Ich empfehle dringend, die unergiebige Rhetorik über Primär- und Sekundärtugenden sein zu lassen. Ein Gemeinwesen braucht um seiner Menschen willen beides: Rücksichtnahme, Ordnungssinn, Pünktlichkeit und Fleiß wie Unabhängigkeit, Kritikfähigkeit und Toleranz. Mißbraucht und totalitär vereinnahmt werden kann beinahe alles: Fleiß, berufliche Tüchtigkeit, selbst Opferbereitschaft und Gemeinsinn. Aber heute besteht nicht mehr die Gefahr der ideologischen Vereinnahmung, sondern es geht um die innere Reform und Vitalität der freiheitlichen Gesellschaft.

Auch die schlichte Rücksichtnahme im täglichen Umgang miteinander versteht sich nicht von selbst und muß um so mehr eingeübt werden, je weniger Verhaltensregeln durch Tradition und Herkunft diktiert werden.

Fünftens: Wenn wir die Selbstverantwortung und das Engagement der Bürger für das Gemeinwesen stärker herausfordern und ermöglichen wollen, dann wird dies nur gelingen, wenn sie eine gute Meinung über ihr Gemeinwesen, über den demokratischen Staat und seine Repräsentanten haben. Für einen maroden oder gar korrupten Verein engagiert sich niemand.

Deshalb muß staatliches Handeln in Politik und Verwaltung so effizient, sachbezogen und bürgernah sein, wie es der Wirtschaftsbürger in seinem täglichen Umfeld im Bereich der Wirtschaft erlebt. Deswegen muß sich jeder Politiker darüber klar sein, daß sein Verhalten ganz entscheidend für das Ansehen des demokratischen Staates ist. Gewiß ist Führung durch das Wort gefragt. Aber noch mehr überzeugt, wenn Politiker beispielhaft vorleben, was Engagement für dieses Gemeinwesen, was praktizierter Gemeinsinn bedeutet.

Sechstens: Die Politik muß in ihrem Gestaltungsanspruch insofern bescheidener werden, als sie mit gesetzlichen Regelungen, Verordnungen und Vorschriften behutsamer umgeht. Gerade in einer immer pluralistischeren Gesellschaft ist der Staat in seiner Rolle als Anreger, Partner und Moderator in gesellschaftlichen Angelegenheiten gefragt.

Ich habe es persönlich erlebt, welche erstaunlichen Berührungsängste und Kommunikationsstörungen es zwischen Politik, Wissenschaft, Unternehmen und Gewerkschaften geben kann und welche fruchtbaren Ergebnisse, welchen Konsens man durch intensive Gespräche und Beratung erreichen kann.

Nicht das Diktat der Politik, sondern die Organisation eines Dialogs, das Gespräch am Runden Tisch mit allen wichtigen Gruppen der Gesellschaft zur Lösung von gemeinsam interessierenden Problemen wird eine immer wichtigere Aufgabe der Politik. Dadurch wird Akzeptanz geschaffen und sind problemadäquate Lösungen möglich, die durch staatliche Regelungen oft gar nicht zu erreichen sind.

Derartige, auf Kooperation und Konsens ausgerichtete Gesprächsformen befreien die Politik nicht von der Notwendigkeit zu entscheiden. Der freiheitliche Verfassungsstaat achtet zu Recht auf Religions- und Weltanschauungsneutralität. Aber er kann sich Ethosneutralität, Wertneutralität dort nicht leisten, wo es um die Voraussetzungen seiner eigenen Führungs- und Integrationsfähigkeit geht.

Subsidiarität: Am Anfang ist der Bürger

Wenn es darum geht, das Verhältnis von Individuum und Gemeinschaft neu zu definieren, gehört dazu die konsequente Anwendung des Subsidiaritätsprinzips.

Wir werden in Deutschland Subsidiarität auf zwei Gebieten neu bestimmen und anwenden müssen:

Zum einen müssen wir fragen, ob die Zuweisung von Aufgaben und Kompetenzen auf die jeweiligen Ebenen wie Kommunen, Land, Bund und Europa noch sachgemäß ist. Die Kompetenzverlagerung von den Nationalstaaten auf die EU-Ebene darf keine Einbahnstraße sein. Manches, was heute in Brüssel bis ins letzte Detail geregelt wird, muß wieder in die Verantwortung der Nationalstaaten oder der Länder oder gar auf die Ebene der Selbstverwaltung zurückverlagert werden.

Wenn es richtig ist, daß sich die Bürger mit ihrer Stadt, mit ihrer Region und Heimat am ehesten identifizieren, dann muß der Trend zur Zentralisierung gestoppt werden, dann dürfen Gemeinden und Länder nicht immer mehr durch bundespolitische Entscheidungen belastet, dann dürfen ihre Kompetenzen nicht immer weiter ausgehöhlt werden.

Ich glaube, daß wir noch zu sehr der Vorstellung der »Einheitlichkeit der Lebensverhältnisse« anhängen, wonach alles bundeseinheitlich oder sogar europaeinheitlich normiert werden muß. Mehr Vielfalt, mehr Problem- und Praxisnähe durch mehr Kompetenzen auf der örtlichen und regionalen Ebene sind das Gebot der Zeit. Der Staatsaufbau muß vom Kopf auf die Füße gestellt werden.

Zum anderen möchte ich auf den ersten Teil des Subsidiaritätsprinzips verweisen: Das, was der einzelne aus Eigeninitiative und damit mit seinen eigenen Kräften leisten kann, kann ihm nicht entzogen und der Gesellschaft zugewiesen werden.

Noch nie haben so viele Menschen so viel Freiheit, einen so hohen Wohlstand, so viel soziale Sicherheit, so viel Freizeit, einen so hohen Bildungsstand, derartig hohe Vermögen gehabt wie heute. Trotzdem tun wir so, als wenn der Staat wie vor 100 Jahren oder wie unmittelbar nach dem Zweiten Weltkrieg alle Lebensrisiken absichern und beinahe alles organisieren müsse.

Es ist an der Zeit, daß wir stärker auf die Leistungsfähigkeit und Lösungskompetenz des einzelnen Bürgers setzen, daß wir Selbstverantwortung fordern und ermutigen, daß wir dem Bürger mehr zutrauen und vertrauen.

Die richtige Devise für das 21. Jahrhundert ist nicht: Am Anfang ist der Staat, sondern: Am Anfang ist der Bürger.

Gemeinwohlinteressen wahren

Ein noch viel kontroverseres Thema als die konsequente Anwendung des Subsidiaritätsprinzips ist der Grundsatz, daß Individualinteressen nur gemeinschaftsorientiert und gemeinwohlorientiert wahrgenommen werden können. In der Vergangenheit sind die Rechte des einzelnen immer mehr in den Vordergrund getreten. Ein Kinderspielplatz im Wohngebiet kann heute genauso verhindert werden wie die dringend benötigte Umgehungsstraße oder der Bau einer notwendigen Müllverbrennungsanlage.

Ich weiß, daß man über jedes einzelne Beispiel streiten kann, aber mir geht es um den Trend, um die Tatsache, daß im Zweifel für die Individualinteressen und gegen die Gemeinwohlinteressen entschieden wird. Lebten wir auf Kuba oder in China, müßten wir uns vorrangig für die Realisierung und den Ausbau der individuellen Freiheitsrechte einsetzen. In unserer Gesellschaft haben wir aber einen Grad von individueller Freiheit erreicht, der mich fragen läßt, ob wir künftig die soziale Verantwortung gegenüber den Mitmenschen und dem Gemeinwesen nicht stärker betonen müssen.

Soziales und humanes Kapital stärken

In der kritischen Auseinandersetzung mit der neoliberalen Theorie ist von verschiedenen Seiten herausgearbeitet worden, daß der Mensch nicht allein durch Nutzen- und Vorteilskalküle gesteuert werde. Die Entscheidungen des einzelnen seien auch stark durch moralische und soziale Bindungen beeinflußt, durch die Prägung seines sozialen Umfeldes und der Gemeinschaften, in die er eingebunden ist.

In jedem Fall scheint mir richtig zu sein, daß die Gesellschaft kein zusammengewürfelter Haufen von Egoisten ist, sondern daß der einzelne durch eine Vielzahl von Bindungen geprägt ist, die sein Verhalten beeinflussen.

Die Existenz und die Vitalität von Gemeinschaften, von Familie, Kirchengemeinde, Nachbarschaft, Vereinen, Initiativen, Selbsthilfegruppen ist deshalb so ungeheuer wichtig, weil sie dem einzelnen Betätigung und Bestätigung, Halt und Orientierung geben. Die Mitarbeit und das Leben in Gemeinschaften stabilisiert soziales Verhalten, stiftet Sinn, löst Konflikte, vermittelt emotionale Bindung. Diese Form von sozialer Stabilität und gefestigter Personalität ist eine entscheidende Voraussetzung für die Modernisierung und die Vitalität einer Gesellschaft.

Ich bin fest davon überzeugt, daß das Fehlen dieses individuell geknüpften sozialen Netzes in den neuen Bundesländern – eine Folge des totalitären Machtanspruchs der SED – eine wesentliche Ursache dafür ist, daß die Menschen mit dem radikalen Umbruch seit der Wende so schwer fertig werden. Sie haben nur den Staat oder sich selbst und vielleicht ihre Familie. Aber die große Vielfalt sonstiger freier Zusammenschlüsse von Bürgern, wie sie in den alten Bundesländern noch selbstverständlich sind und die dem einzelnen Halt geben, fehlen dort.

Deshalb kann es uns nicht gleichgültig sein, wenn das ehrenamtliche Engagement, die Mitarbeit in den Vereinen zurückgeht. Deshalb muß die Politik alles tun, um dieses Engagement zu ermutigen und anzuerkennen, auch durch finanzielle und steuerliche Maßnahmen.

Die einseitige Fixierung auf wirtschaftliche Effizienz und wirtschaftliches Wachstum hat große Schäden an unserer Umwelt und die Verschwendung kostbarer Ressourcen zur Folge gehabt. Dies ist uns allen heute bewußt. Aber genauso können vordergründiges Effizienzdenken und Gedankenlosigkeit die soziale Ökologie und soziale Stabilität unserer Gesellschaft gefährden. Die soziale Umwelt darf, genauso wie die natürliche Umwelt, nicht als gegeben betrachtet werden.

Das soziale und humane Kapital unserer Gesellschaft muß

künftig bei unseren politischen Überlegungen und Entscheidungen mindestens denselben Stellenwert haben wie das Kapital in der Wirtschaft.

Die Familien – Fundament einer menschlichen Gesellschaft

Wie sehr wir gegen diesen Grundsatz verstoßen, wird an der Situation der Familien deutlich. Kinder zu haben ist heute die entscheidene Ursache für soziale Ungleichheit. Das verfügbare Einkommen eines Facharbeiters mit 2 Kindern in einer Großstadt, dessen Frau nicht berufstätig ist, nähert sich dem Sozialhilfeniveau. Von den Leistungen der Familien lebt die Gesellschaft wie selbstverständlich, ohne zu merken, daß sie unverzichtbare soziale Ressourcen ausbeutet, die sich nicht von selbst erneuern. Die Kinderkosten werden privatisiert, und der Kindernutzen wird sozialisiert.

Deshalb kann die jetzt gefundene Lösung für die Neugestaltung des Familienlastenausgleichs nur ein erster Schritt sein. Deshalb muß der eigenständige Rentenanspruch für Frauen, die sich der Kindererziehung und Familienarbeit widmen, schrittweise ausgebaut werden. Die Wohnungsbauförderung muß noch stärker auf Familien mit Kindern konzentriert werden.

Viele Frauen wollen heute Familie und Beruf miteinander verbinden. Dazu müssen die Arbeitszeiten flexibilisiert, mehr Teilzeitarbeitsplätze angeboten und genügend Kinderbetreuungseinrichtungen angeboten werden. Angesichts der finanziellen Engpässe verlangt das viel Einsicht und Engagement von seiten der Betriebe und der Kommunen. Diese Verantwortung kann ihnen aber niemand abnehmen.

Wenn wir die Familie in die Krise treiben lassen, müssen wir wissen, was dies bedeutet: Es schwindet das humane und kulturelle Fundament, auf dem eine Gesellschaft basiert.

Wachstum oder Rückgang gibt es nicht nur in der Wirtschaft, sondern auch in der Gesellschaft. Es gibt soziales Wachstum und sozialen Niedergang in einer Gesellschaft, und beides läßt sich nicht am Sozialbudget ablesen.

Die Frage ist: Wie kann die Gesellschaft produktiver werden in den sozialen und mitmenschlichen Beziehungen? Wie kann man verhindern, daß die Quellen des Gemeinsinns und der Solidarität austrocknen? Ich denke, Politik hat die Aufgabe, auch hier die Rahmenbedingungen richtig zu setzen: für die wirtschaftliche, aber auch für die soziale Produktivität einer Gesellschaft. Für ein menschliches Miteinander, für eine Gesellschaft mit menschlichem Gesicht.

Wir müssen den Sozialstaat so umbauen, daß er finanzierbar bleibt und daß den wirklich Bedürftigen geholfen wird. Und wir müssen ihn ergänzen durch eine sozial aktive Bürgergesellschaft. Länder und Gemeinden haben eine besondere Verpflichtung, die Mängel des Sozialstaates zu überwinden.

Ich sehe diese Mängel vor allem in zwei Problemen: In der finanziellen Fehlsteuerung, die oft zu einer Verschwendung öffentlicher Mittel führt, und in einer Mentalität der Abhängigkeit, die durch Fürsorge und Betreuung befördert wird. Die sozialen Ressourcen der Familie, der Nachbarschaft, der Gemeinde, der Gesellschaft bleiben dann brachliegen. Es sind nicht nur die finanziellen Grenzen, an die der Sozialstaat stößt.

An einem positiven Beispiel will ich deutlich machen, was ich meine: Der schwedische Wohlfahrtsstaat ist nicht mehr zu finanzieren. Interessant ist, wie manche schwedischen Bürgermeister auf die Finanzkrise reagieren. Sie streichen nicht einfach zusammen, sie lassen sich etwas Neues einfallen. Es ist Ebbe in den Kassen, nicht aber in den Köpfen. Sie verändern die Regeln, um für weniger Geld mehr zu bekommen.

Statt die anbietenden Institutionen, zum Beispiel Kindergärten oder Schülerhorte, zu subventionieren, geben sie das Geld in die Hände der Eltern, die diese sozialen Dienste für ihre Kinder nachfragen. Diese wählen dann unter den Angeboten diejenige Einrichtung aus, die sich am meisten um die Bedürfnisse der Eltern und ihrer Kinder kümmert. Es entsteht Wettbewerb.

Das Ergebnis ist überraschend: Plötzlich entwickeln die kulturellen und sozialen Einrichtungen Phantasie, wie sie günstiger wirtschaften können; wie sie die oft leerstehenden Räume anderweitig nutzen können; wie sie Mahlzeiten anbieten können in Zusammenarbeit mit Altersheimen, deren Großküchen nicht ausgelastet sind; wie sie Fachkräfte unterstützen können durch ehrenamtliche, auch ältere Mitbürger, die sich über eine sinnvolle Tätigkeit genauso freuen wie die Kinder über eine »Großmutter«, wenn die eigene weit weg ist.

Und so entstehen aus Einrichtungen, die sich bisher nach außen, zur Nachbarschaft, abgeschottet haben, soziale Netzwerke, die für viele Dinge gut sind. Und am Ende geht es allen besser: den Kindern, den Eltern, den Alten und – dem Kämmerer.

Dieser Gedanke läßt sich verallgemeinern: Wir brauchen mehr Wettbewerb in den sozialen und kulturellen Dienstleistungen.

Klagen über unser Bildungssystem gibt es ja auch bei uns genug. Die »Reformen«, die vorgeschlagen werden, laufen allzu häufig auf eins hinaus: Mehr Geld, mehr Personal, mehr Stellen. Ich muß gestehen, daß meine Zweifel an einer solchen Bildungspolitik zunehmen. Mehr Geld und mehr Stellen machen alleine noch keine bessere Schule, noch keine bessere Universität. Wir müssen in einer anderen Richtung suchen.

Die Bildungsforschung belegt vielmehr die hohe Bedeutung schulinterner Selbsterneuerungsprozesse. Wichtig ist, daß Schule – mit der Kraft neuer Ideen – pädagogische und didaktisch-methodische Innovationen aufnimmt und daraus ein individuelles Profil entwickelt.

Die Dynamik der Informations- und Kommunikationsgesellschaft verweist auf einen neuen, offenen Bildungsbegriff. Dieser wandelt sich ständig entsprechend den veränderten Anforderungen von Gesellschaft und Kultur, Wissenschaft und Wirtschaft. Schule von heute ist nicht die geschlossene Veranstaltung von gestern. Die Erziehung Jugendlicher stellt sich neu – nämlich als gesamtgesellschaftliche Aufgabe.

Die Bildungspolitik in Baden-Württemberg hat dies erkannt. Unsere Schulen haben sich in ihr Umfeld geöffnet: Sie verstehen sich als eine Gemeinschaft, in der Lehrer und Eltern, Verbände und Vereine, die kulturellen Einrichtungen der Gemeinden und nicht zuletzt – in der Begegnung junger Menschen mit der Berufs- und Arbeitswelt – die Betriebe zur Sozialisation von Kindern und Jugendlichen beitragen.

Nur so, über eine offene, dialog- und teamorientierte, leistungsmotivierende Schulkultur, die alle am Schulleben Beteiligten in aktive Rollen einbindet, kann Schule von heute ihren erzieherischen Aufgaben für morgen gerecht werden: nämlich die Eigenschaften und Fähigkeiten herauszubilden, die für den heutigen Staats-, Wirtschafts- und Kulturbürger erforderlich sind: Ein hohes Fach- und Allgemeinwissen, Selbständigkeit, Kommunikations- und Teamfähigkeit, Fähigkeit zum vernetzten Denken und Handeln. Insofern sind die Selbstentfaltungswerte nicht nur die subjektiv angestrebten, sondern auch die gesellschaftlich erwünschten. Sie sind im Prinzip nichts anderes als die mentale Anpassung an das, was die offene Gesellschaft verlangt: Die eigenständige und zugleich durchsetzungsfähige Persönlichkeit. Genau mit diesem Ziel haben wir die Bildungspläne an den baden-württembergischen Schulen überarbeitet.

Ich möchte wiederholen: Die Einfluß- und Gestaltungsmöglichkeiten der Politik sind begrenzt. Die seelische Temperatur in einem Land steigt nicht durch Kabinetts- und Parlamentsbeschlüsse, nicht durch mehr Ausgaben in den öffentlichen Haushalten; die seelische Temperatur in unserer Gesellschaft steigt mit jedem Beitrag, den ein Bürger für einen Mitmenschen und für die Gemeinschaft leistet, mit jeder Gesinnung und Tat aus Barmherzigkeit und Gerechtigkeit, mit jeder Zivilcourage gegen Gewalt und Brutalität, mit jedem Akt, der Menschenwürde und Persönlichkeit achtet.

Um nochmals auf das Eingangszitat von Karl Jaspers zurückzukommen: Was wir jetzt tun, entscheidet mit über die Zukunft von uns allen. Wir stehen in der Verantwortung. Nichts, was jetzt möglich ist, darf versäumt werden. Nichts darf verlorengehen. Ich wünsche mir, daß wir umsetzen, was wir als richtig und notwendig erkannt haben.

Über die Autorinnen und Autoren

Bertram, Hans
Prof. Dr., geb. 1946 in Soest/Westfalen. Studium der Soziologie, Psychologie und Rechtswissenschaften. Professor für Mikrosoziologie an der Humboldt-Universität zu Berlin.

Böckenförde, Ernst-Wolfgang
Prof. Dr. jur., Dr. phil., geb. 1930 in Kassel. Professor für Öffentliches Recht, Rechts- und Verfassungsgeschichte und Rechtsphilosophie an der Universität Freiburg. Seit 1983 Richter des Bundesverfassungsgerichts.

Buch, Hans Christoph
Dr., geb. 1944 in Wetzlar. Studium der Germanistik und Slawistik an der FU und TU Berlin. Lebt als freier Schriftsteller in Berlin und Port-au-Prince (Haiti).

Cohn-Bendit, Daniel
Geb. 1945 in Montauban in Südfrankreich. Studium der Soziologie an der Universität Nanterre in Paris. Seit 1994 Mitglied des Europäischen Parlaments für Bündnis 90/Die Grünen sowie ehrenamtlicher Stadtrat und Dezernent für multikulturelle Angelegenheiten der Stadt Frankfurt/Main.

Conradi, Peter
Geb. 1932 in Schwelm. Von 1953-1961 Architekturstudium an der TH Stuttgart. Oberregierungsbaudirektor. Seit 1972 Mitglied des Deutschen Bundestages.

Dönhoff, Marion, Gräfin
Dr., geb. 1909 in Friedrichstein/Ostpreußen. Studium der Volkswirtschaft an den Universitäten Frankfurt und Basel. Publizistin. Chefredakteurin und seit 1973 Herausgeberin der »ZEIT«.

Dubiel, Helmut
Prof. Dr., geb. 1946 in Essen. Studium der Soziologie und Philoso-

phie an den Universitäten Bochum und Bielefeld. Professor für Soziologie an der Justus-Liebig-Universität Gießen und Ko-Direktor am Institut für Sozialforschung, Frankfurt.

Evers, Adalbert
Prof. Dr. rer. pol., geb. 1948 in Schloß Neuhaus/Paderborn. Professor für vergleichende Gesundheits- und Sozialpolitik an der Universität Gießen und Mitarbeiter beim Europäischen Zentrum für Wohlfahrtspolitik und Sozialforschung, Wien.

Gabriel, Karl
Prof. Dr. Dr., geb. 1943 in Nordmähren im heutigen Tschechien. Studium der Theologie in Tübingen und der Soziologie in Bielefeld. Seit 1980 Professor für Soziologie an der Katholischen Fachhochschule Norddeutschland, Osnabrück/Vechta.

Geißler, Heiner
Dr. jur., geb. 1930 in Oberndorf/Neckar. Studium der Philosophie, dann Studium der Rechtswissenschaften in München und Tübingen. 1982-1985 Bundesminister für Jugend, Familie und Gesundheit. Von 1977-1989 Generalsekretär der CDU. Seit 1991 stellvertretender Vorsitzender der CDU/CSU-Bundestagsfraktion.

Gohde, Jürgen
Geb. 1948 in Rotenburg/Wümme. Studium der evangelischen Theologie und Erziehungswissenschaften in Marburg. Seit 1994 Präsident des Diakonischen Werkes der Evangelischen Kirche in Deutschland (EKD) e. V.

von Hentig, Hartmut
Prof. Dr., geb. 1925 in Posen. Ab 1945 Studium der Alten Sprachen in Göttingen und Chicago. Von 1963-1987 Professor der Pädagogik an den Universitäten Göttingen und Bielefeld.

Höffe, Otfried
Prof. Dr., geb. 1943 in Leobschütz. Studium der Philosophie, Geschichte, Theologie, Soziologie an der Universität Münster, Tübingen, Saarbrücken und München. Von 1978-1992 Ordinarius für Phi-

losophie in Freiburg/Schweiz. Seit 1992 Ordentlicher Professor für Philosophie an der Universität Tübingen.

Jüngel, Eberhard
Prof. Dr. D. D., geb. 1934 in Magdeburg. Studium in Naumburg/Saale. Studium am Sprachenkonvikt in Ost-Berlin, an der Universität Zürich und Basel. Professor für Systematische Theologie und Religionsphilosophie an der Universität Tübingen und Ephorus des Evang. Stifts Tübingen. Mitglied mehrerer in- und ausländischer Akademien, Mitglied des Ordens Pour le mérite für Wissenschaften und Künste.

Klages, Helmut
Prof. Dr., geb. 1930 in Nürnberg. Studium der Wirtschaftswissenschaften an den Universitäten Erlangen und München. 1961-1964 Abteilungsleiter an der Sozialforschungsstelle der Universität Münster. 1964-1974 Ordinarius für Soziologie und Institutdirektor an der TU Berlin. Seit Oktober 1974 o. Professor an der Hochschule für Verwaltungswissenschaften Speyer, Lehrstuhl für Soziologie, Organisationssoziologie, insbesondere Verwaltungssoziologie.

Küng, Hans
Prof. Dr. Dr. h. c. mult., geb. 1928 in Sursee/Kanton Luzern, Schweiz. 1948-1955 Studium der Philosophie und Theologie an der päpstlichen Universität Gregoriana in Rom, 1954 Ordination. 1955-1957 Studium an der Sorbonne. 1960 Berufung an die Universität Tübingen als o. Professor für Fundamentaltheologie. Seit 1963 Professor der dogmatischen und ökumenischen Theologie und Direktor des Instituts für ökumenische Forschung, seit 1980 fakultätsunabhängig Professor für ökumenische Theologie und Direktor des Instituts für ökumenische Forschung an der Universität Tübingen.

Luckmann, Thomas
Prof. Ph. D., Dr. Dr. h. c., geb. 1927 in Jesenice (Slowenien). Studium der Philosophie und Soziologie in den USA. Lehre an US-Universitäten von 1955-1965, von 1965-1970 Professor an der Universität Frankfurt und von 1970 -1994 an der Universität Konstanz.

Maier, Hans
Prof. Dr. phil., geb. 1931 in Freiburg. Studium der Geschichte, Romanistik, Germanistik und Philosophie in Freiburg und München. Von 1970-1986 Bayerischer Staatsminister für Unterricht und Kultus. Seit 1988 o. Professor für Christliche Weltanschauung, Religions- und Kulturtheorie an der Universität München.

Markl, Hubert
Prof. Dr., geb. 1948 in Regensburg. Seit 1974 Professor für Biologie an der Universität Konstanz. 1986-1991 Präsident der Deutschen Forschungsgemeinschaft. Seit 1993 Präsident der Berlin-Brandenburgischen Akademie der Wissenschaften. Ab 1. 11. 1995 Rektor der Universität Konstanz.

McElvoy, Anne
Geb. 1965 in Durham. Studium der Germanistik und Philosophie an der Universität in Oxford und der Humboldt-Universität zu Berlin. Seit Ende 1995 stellvertretende Chefredakteurin des *Spectators* und politische Kolumnistin des *Daily Telegraph*.

Michnik, Adam
Dr. h. c., geb. 1946 in Warschau. Studium der Geschichte an der Universität Posen. Führendes Mitglied von Solidarnocz in den 80er Jahren und Mitglied des ersten nicht-kommunistischen polnischen Parlaments von 1989-1991. Seit 1989 Chefredakteur der führenden polnischen Tageszeitung »Gazeta Wyborcza«.

Müller, Herta
Geb. 1953 in Nitzkydorf (Rumänien). Studium der Germanistik und Rumänistik in Temeswar. Arbeit als Übersetzerin in einer Metallwarenfabrik. 1987 Ausreise nach Deutschland. Heute lebt sie als freie Schriftstellerin in Berlin.

Riester, Walter
Geb. 1943 in Kaufbeuren. Lehre als Fliesenleger (Meisterprüfung). Akademie der Arbeit, Frankfurt, Studienschwerpunkt Betriebs- und Volkswirtschaftslehre, Sozialpolitik, Arbeitsrecht. Seit 1993 Zweiter Vorsitzender der IG Metall.

Schäuble, Wolfgang
Dr., geb. 1942 in Freiburg. Studium der Rechts- und Wirtschaftswissenschaften an den Universitäten Freiburg und Hamburg. Von 1984-1989 Bundesminister für besondere Aufgaben und Chef des Bundeskanzleramtes. Von 1989-1991 Bundesminister des Innern. Seit November 1991 Vorsitzender der CDU/CSU-Bundestagsfraktion.

Schooß, Hildegard
Geb. 1944 in Neheim-Hüsten. Initiatorin der Mütterzentren. Gründung und Aufbau des ersten Mütterzentrums in Salzgitter-Bad. Mitbegründerin des Mütterzentren-Bundesverbandes.

Schwarz, Hans-Peter
Prof. Dr., geb. 1934 in Lörrach/Baden. Seit 1982 Ordinarius für Politische Wissenschaften und Zeitgeschichte an der Universität Bonn.

zu Schwarzenberg, Fürst, Karl
Geb. 1937 in Prag. Von 1990-1992 Kanzler der Kanzlei des Präsidenten der CSFR. Gründer der NADACE BOHEMIAE und deren geschäftsführender Direktor bis 1994.

Senghaas, Dieter
Prof. Dr., geb. 1940 in Geislingen/Steige. Professor für internationale Gesellschaft, insbesondere Friedens-, Konflikt- und Entwicklungsforschung an der Universität Bremen.

Sontheimer, Kurt
Prof. Dr., geb. 1928 in Gernsbach/Baden. Studium der Geschichte, Soziologie und Politikwissenschaft in Freiburg, Kansas/USA, Erlangen und Paris. Seit 1969 Professor für Politische Wissenschaft am Geschwister-Scholl-Institut, Universität München, 1993 Emeritierung.

Teufel, Erwin
Ministerpräsident; geb. 1939 in Rottweil. Diplom-Verwaltungswirt (FH). Mit 25 Jahren Bürgermeister in Spaichingen. Seit 1972 Mitglied des baden-württembergischen Landtags. Vorsitzender der

CDU-Landtagsfraktion von 1978 bis 1991. Seit 1991 Ministerpräsident des Landes Baden-Württemberg und Vorsitzender der baden-württembergischen CDU. Stellvertretender Vorsitzender der CDU Deutschlands seit 1992.

Todenhöfer, Tilmann
Geb. 1943 in Calw/Württemberg. Studium der Rechtswissenschaften in Tübingen, Berlin und Madrid. Von 1975-1992 Anwalt in Madrid. Seit 1992 Geschäftsführer der Robert Bosch GmbH, zuständig u. a. für Personal- und Sozialwesen, Recht, Öffentlichkeitsarbeit.

Vogel, Hans-Jochen
Dr., geb. 1926 in Göttingen. Studium der Rechtswissenschaften an den Universitäten München und Marburg. 1960-1972 Oberbürgermeister der Stadt München. 1972-1974 Bundesminister für Raumordnung, Bauwesen und Städtebau. 1974-1981 Bundesminister der Justiz. 1981 kurzzeitig Regierender Bürgermeister in Berlin. SPD-Vorsitzender von 1987-1991 und 1983-1991 Fraktionsvorsitzender der SPD im Deutschen Bundestag.

Geschichte
in der edition suhrkamp

Aus der Zeit der Verzweiflung. Zur Genese und Aktualität des Hexenbildes. Beiträge von Gabriele Becker, Silvia Bovenschen, Helmut Brackert, Sigrid Brauner, Ines Brenner, Gisela Morgenthal, Klaus Schneller, Angelika Tümmler. es 840

BRD ade! Vierzig Jahre in Rück-Ansichten. Herausgegeben von Otthein Rammstedt und Gert Schmidt. es 1773

Calic, Marie-Janine: Der Krieg in Bosnien-Hercegovina. es 1943

Dalos, György: Ungarn – Vom Roten Stern zur Stephanskrone. Aus dem Ungarischen von György Dalos und Elsbeth Zylla. es 1687

Eisner, Freya: Kurt Eisner: Die Politik des libertären Sozialismus. es 422

Eisner, Kurt: Sozialismus als Aktion. Ausgewählte Aufsätze und Reden. Herausgegeben von Freya Eisner. es 773

Europa im Krieg. Die Debatte über den Krieg im ehemaligen Jugoslawien. es 1809

Evans, Richard J.: Im Schatten Hitlers? Historikerstreit und Vergangenheitsbewältigung in der Bundesrepublik. Aus dem Englischen von Jürgen Blasius. es 1637

Farge, Arlette / Michel Foucault: Familiäre Konflikte: Die »Lettres de cachet«. Aus dem Französischen von Albert Gier und Chris Paschold. es 1520

Farouk-Sluglett, Marion / Peter Sluglett: Irak seit 1958: Von der Revolution zur Diktatur. Aus dem Englischen von Gisela Bock. es 1661

Folgen der Französischen Revolution. Herausgegeben von Henning Krauß. es 1579

Goytisolo, Juan: Notizen aus Sarajewo. Reportagen. Aus dem Spanischen von Meralde Meyer-Minnemann. Mit zahlreichen Abbildungen. es 1899

Guilhaumou, Jacques: Sprache und Politik in der Französischen Revolution. Aus dem Französischen von Kathrina Menke. Mit einem Vorwort von Brigitte Schlieben-Lange und Rolf Reichardt. es 1519

Hennig, Eike: Bürgerliche Gesellschaft und Faschismus in Deutschland. Ein Forschungsbericht. es 875

– Thesen zur deutschen Sozial- und Wirtschaftsgeschichte 1933 bis 1938. es 662

Die Hexen der Neuzeit. Studien zur Sozialgeschichte eines kulturellen Deutungsmusters. Herausgegeben von Claudia Honegger. es 743

Rumänien. Geschichte, Wirtschaft, Politik 1944–1990. Aus dem Ungarischen von Anna Bak. es 1673

Jarusch, Konrad H.: Die eilige Einheit. Ein historischer Versuch. es 1877

312/1/3.95

Geschichte in der edition suhrkamp

Judentum im deutschen Sprachraum. Herausgegeben von Karl E. Grözinger. es 1613

Ketzer, Zauberer, Hexen. Die Anfänge der europäischen Hexenverfolgungen. Herausgegeben von Andreas Blauert. es 1577

Kritisches Wörterbuch der Französischen Revolution. 5 Bde. Herausgegeben von François Furet und Mona Ozouf. es 1522

Leroi-Gourhan, André: Die Religionen der Vorgeschichte. Paläolithikum. Aus dem Französischen von Michael Bischoff. es 1073

Lottes, Günther: Sozialgeschichte Englands. es 1546

Meier, Christian: Die Ohnmacht des allmächtigen Diktators Caesar. Drei biographische Skizzen. es 1038

Meuschel, Sigrid: Legitimation und Parteiherrschaft in der DDR. es 1688

Negt, Oskar / Alexander Kluge: Geschichte und Eigensinn. Gewalt des Zusammenhangs. 3 Bände. Mit zahlreichen Abbildungen. es 1700

Scherrer, Jutta: Gegenüber dem Weißen Haus. Moskauer Tagebuch Herbst 1993. es 1903

Schrift und Materie der Geschichte. Vorschläge zur systematischen Aneignung historischer Prozesse. Herausgegeben von Claudia Honegger. es 814

Silj, Alessandro: Verbrechen, Politik, Demokratie in Italien 1943–1993. Aus dem Italienischen von Ulrich Hausmann. es 1911

Soboul, Albert: Französische Revolution und Volksbewegung: die Sansculotten. Die Sektionen von Paris im Jahre II. Bearbeitet und herausgegeben von Walter Markov. Die Übersetzung aus dem Französischen besorgte Claus Werner. es 960

Der Spanische Bürgerkrieg. Eine Bestandsaufnahme fünfzig Jahre danach. Manuel Tuñón de Lara, Julio Aróstegui, Ángel Viñas, Gabriel Cardona, Joseph M. Bricall. es 1401

Thompson, Edward P.: Die Entstehung der englischen Arbeiterklasse. 2 Bde. Aus dem Englischen von Lotte Eidenbenz, Mathias Eidenbenz, Christoph Groffy, Thomas Lindenberger, Gabriele Mischkowski, Ray Mary Rosdale. es 1170

Trotzki, Leo: Denkzettel. Politische Erfahrungen im Zeitalter der permanenten Revolution. Herausgegeben von Isaac Deutscher, George Novack und Helmut Dahmer. Übersetzungen aus dem Englischen von Harry Maòr. es 896

Veyne, Paul: Foucault: Die Revolutionierung der Geschichte. Aus dem Französischen von Gustav Roßler. es 1702

– Geschichtsschreibung. Was sie nicht ist. Aus dem Französischen von Gustav Roßler. es 1472

312/2/3.95

Geschichte
in der edition suhrkamp

Von deutscher Republik 1775-1795. Texte radikaler Demokraten. Herausgegeben von Jost Hermand. es 793

Vossler, Otto: Die Revolution von 1848 in Deutschland. es 210

Wahrnehmungsformen und Protestverhalten. Studien zur Lage der Unterschichten im 18. und 19. Jahrhundert. Mit Beiträgen von Edward P. Thompson, Rainer Wirtz, Pierre Caspard, Josef Ehmer, Detlev Puls, Patrick Fridenson, Douglas A. Reid, W. R. Lambert, Gareth Stedman Jones. Herausgegeben von Detlev Puls. es 948

Der Zusammenbruch der DDR. Herausgegeben von Hans Joas und Martin Kohli. es 1777

312/3/3.95

314/1/3.95

Neue Historische Bibliothek in der edition suhrkamp

Kluxen, Kurt: Geschichte und Problematik des Parlamentarismus. NHB. es 1243

Kraul, Margret: Das deutsche Gymnasium 1780-1980. NHB. es 1251

Langewiesche, Dieter: Deutscher Liberalismus. NHB. es 1286

Lehnert, Detlef: Sozialdemokratie zwischen Protestbewegung und Regierungspartei 1848-1983. NHB. es 1248

Lenger, Friedrich: Sozialgeschichte der deutschen Handwerker seit 1800. NHB. es 1532

Lönne, Karl-Egon: Politischer Katholizismus im 19. und 20. Jahrhundert. NHB. es 1264

Lottes, Günther: Sozialgeschichte Englands. es 1546

Marschalck, Peter: Bevölkerungsgeschichte Deutschlands im 19. und 20. Jahrhundert. NHB. es 1244

Mitterauer, Michael: Sozialgeschichte der Jugend. NHB. es 1278

Möller, Horst: Vernunft und Kritik. Deutsche Aufklärung im 17. und 18. Jahrhundert. NHB. es 1269

Pankoke, Eckart: Die Arbeitsfrage. Arbeitsmoral, Beschäftigungskrisen und Wohlfahrtspolitik im Industriezeitalter. NHB. es 1538

Peukert, Detlev J.K.: Die Weimarer Republik. NHB. es 1282

Radkau, Joachim: Technik in Deutschland. Vom 18. Jahrhundert bis zur Gegenwart. NHB. es 1536

Reulecke, Jürgen: Geschichte der Urbanisierung in Deutschland. NHB. es 1249

Rohe, Karl: Wahlen und Wählertraditionen in Deutschland. Kulturelle Grundlagen deutscher Parteien und Parteiensysteme im 19. und 20. Jahrhundert. es 1544

Schönhoven, Klaus: Die deutschen Gewerkschaften. NHB. es 1287

Schröder, Hans-Christoph: Die Revolutionen Englands im 17. Jahrhundert. NHB. es 1279

Schulze, Winfried: Deutsche Geschichte im 16. Jahrhundert. NHB. es 1268

Sieder, Reinhard: Sozialgeschichte der Familie. NHB. es 1276

Siemann, Wolfram: Die deutsche Revolution von 1848/49. NHB. es 1266

– Gesellschaft im Aufbruch. Deutschland 1849-1871. NHB. es 1537

Staritz, Dietrich: Geschichte der DDR 1949-1985. NHB. es 1260

Ullmann, Hans-Peter: Interessenverbände in Deutschland. NHB. es 1283

Wehler, Hans-Ulrich: Grundzüge der amerikanischen Außenpolitik 1750-1900. Von den englischen Küstenkolonien zur amerikanischen Weltmacht. NHB. es 1254

314/2/3.95

Neue Historische Bibliothek in der edition suhrkamp

Wippermann, Wolfgang: Europäischer Faschismus im Vergleich 1922-1982. NHB. es 1245

Wirz, Albert: Sklaverei und kapitalistisches Weltsystem. NHB. es 1256

Wunder, Bernd: Geschichte der Bürokratie in Deutschland. NHB. es 1281

Ziebura, Gilbert: Weltwirtschaft und Weltpolitik 1922/24-1931. Zwischen Rekonstruktion und Zusammenbruch. NHB. es 1261

314/3/3.95

Literaturwissenschaft in der edition suhrkamp

Bachtin, Michail M.: Die Ästhetik des Wortes. Herausgegeben und eingeleitet von Rainer Grübel. Aus dem Russischen übersetzt von Rainer Grübel und Sabine Reese. es 967

Barthes, Roland: Der entgegenkommende und der stumpfe Sinn. Kritische Essays. Band III. Aus dem Französischen von Helmut Becker. es 1367

– Kritik und Wahrheit. Übersetzt von Helmut Scheffel. es 218

– Literatur oder Geschichte. Aus dem Französischen übersetzt von Helmut Scheffel. es 303

– Mythen des Alltags. Deutsch von Helmut Scheffel. es 92

– Das Reich der Zeichen. Aus dem Französischen von Michael Bischoff. es 1077

– Semiologisches Abenteuer. Aus dem Französischen von Dieter Hornig. es 1441

– Das Spiel der Zeichen. Ein Lesebuch. Herausgegeben von Raimund Fellinger. es 1841

– Die Sprache der Mode. Aus dem Französischen von Horst Brühmann. es 1318

Benjamin, Walter: Das Passagen-Werk. 2 Bde. Herausgegeben von Rolf Tiedemann. es 1200

– Versuche über Brecht. Herausgegeben und mit einem Nachwort versehen von Rolf Tiedemann. es 172

Bertaux, Pierre: Hölderlin und die Französische Revolution. es 344

Bildlichkeit. Herausgegeben von Volker Bohn. es 1475

Boal, Augusto: Theater der Unterdrückten. Übungen und Spiele für Schauspieler und Nicht-Schauspieler. Aus dem brasilianischen Portugiesisch von Henry Thorau und Marina Spinu. es 1361

Bohrer, Karl Heinz: Die Kritik der Romantik. es 1551

– Der romantische Brief. Die Entstehung ästhetischer Subjektivität. es 1582

Bovenschen, Silvia: Die imaginierte Weiblichkeit. Exemplarische Untersuchungen zu kulturgeschichtlichen und literarischen Präsentationsformen des Weiblichen. es 921

Brecht, Bertolt: Über Politik auf dem Theater. Herausgegeben von Werner Hecht. es 465

Brecht-Journal. Herausgegeben von Jan Knopf. es 1191

Brecht-Journal 2. Herausgegeben von Jan Knopf. es 1396

Briegleb, Klaus: »1968«. Literatur in der antiautoritären Bewegung. es 1669

Buch, Hans Christoph: Die Nähe und die Ferne. Bausteine zu einer Politik des kolonialen Blicks. es 1663

310/1/3.95

Literaturwissenschaft in der edition suhrkamp

310/2/3.95

Literaturwissenschaft in der edition suhrkamp

Johnson, Uwe: Begleitumstände. Frankfurter Vorlesungen. es 1820

Kenner, Hugh: Ulysses. Aus dem Englischen von Claus Melchior und Harald Beck. es 1104

Krippendorff, Ekkehart: Politische Interpretationen. Shakespeare, Stendhal, Balzac, Wagner, Hašek, Kafka, Kraus. es 1576

– »Wie die Großen mit den Menschen spielen.« Goethes Politik. es 1486

Kristeva, Julia: Geschichten von der Liebe. Aus dem Französischen von Dieter Hornig. es 1482

– Mächte des Grauens. Ein Versuch über den Abscheu. Aus dem Französischen von Xenia Rajewski. es 1684

– Die Revolution der poetischen Sprache. Aus dem Französischen übersetzt und mit einer Einleitung versehen von Reinold Werner. es 949

– Schwarze Sonne – Depression und Melancholie. es 1594

Kultur und Konflikt. Herausgegeben von Jan Assmann und Dietrich Harth. es 1612

Lejeune, Philippe: Der autobiographische Pakt. Aus dem Französischen von Wolfram Bayer und Dieter Hornig. es 1896

»Literaturentwicklungsprozesse«. Die Zensur der Literatur in der DDR. Herausgegeben von Ernest Wichner und Herbert Wiesner. es 1782

Mahony, Peter: Der Schriftsteller Sigmund Freud. Aus dem Englischen von Helmut Junker. es 1484

de Man, Paul: Allegorien der Lektüre. es 1357

– Die Ideologie des Ästhetischen. Aus dem Amerikanischen von Jürgen Blasius. Herausgegeben von Christoph Menke. es 1682

Mayer, Hans: Das Geschehen und das Schweigen. Aspekte der Literatur. es 342

Über Hans Mayer. Herausgegeben von Inge Jens. es 887

Meckel, Christoph: Von den Luftgeschäften der Poesie. Frankfurter Vorlesungen. es 1578

Menninghaus, Winfried: Paul Celan. Magie der Form. es 1026

– Schwellenkunde. Walter Benjamins Passage des Mythos. es 1349

Moser, Tilmann: Romane als Krankengeschichten. Über Handke, Meckel und Martin Walser. es 1304

Mythos und Moderne. Begriff und Bild einer Rekonstruktion. Herausgegeben von Karl Heinz Bohrer. es 1144

Oehler, Dolf: Pariser Bilder I (1830-1848). Antibourgeoise Ästhetik bei Baudelaire, Daumier und Heine. es 725

– Ein Höllensturz der Alten Welt. Pariser Bilder II. es 1422

310/3/3.95

Literaturwissenschaft in der edition suhrkamp

Ein Pronomen ist verhaftet worden. Die frühen Jahre in Rumänien – Texte der Aktionsgruppe Banat. Herausgegeben von Ernest Wichner. es 1671

Reichert, Klaus: Vielfacher Schriftsinn. Zu »Finnegans Wake«. es 1525

Romantik. Literatur und Philosophie. Internationale Beiträge zur Poetik. Herausgegeben von Volker Bohn. es 1395

Rühmkorf, Peter: agar agar – zaurzaurim. Zur Naturgeschichte des Reims und der menschlichen Anklangsnerven. Textillustrationen vom Autor. es 1307

Schlaffer, Hannelore / Heinz Schlaffer: Studien zum ästhetischen Historismus. es 756

Schlaffer, Heinz: Der Bürger als Held. Sozialgeschichtliche Auflösungen literarischer Widersprüche. es 624

Sozialistische Realismuskonzeptionen. Dokumente zum 1. Allunionskongreß der Sowjetschriftsteller. Herausgegeben von Hans-Jürgen Schmitt und Godehard Schramm. es 701

Szondi, Peter: Theorie des modernen Dramas. es 27

Tendenz Freisprache. Texte zu einer Poetik der achtziger Jahre. Herausgegeben von Ulrich Janetzki und Wolfgang Rath. es 1675

Typologie. Internationale Beiträge zur Poetik. Herausgegeben von Volker Bohn. es 1451

Übersetzung und Dekonstruktion. Herausgegeben von Alfred Hirsch. es 1897

Uspenskij, Boris Andreevič: Poetik der Komposition. Struktur des künstlerischen Textes und Typologie der Kompositionsform. Herausgegeben und nach einer revidierten Fassung des Originals bearbeitet von Karl Eimermacher. Aus dem Russischen übersetzt von Georg Mayer. es 673

Vargas Llosa, Mario: Gegen Wind und Wetter. Literatur und Politik. Aus dem Spanischen von Elke Wehr. es 1513

Verteidigung der Schrift. Kafkas »Prozeß«. Herausgegeben von Frank Schirrmacher. es 1386

Zimmermann, Hans Dieter: Der babylonische Dolmetscher. Zu Franz Kafka und Robert Walser. es 1316

– Vom Nutzen der Literatur. Vorbereitende Bemerkungen zu einer Theorie der literarischen Kommunikation. es 885

310/4/3.95